경상감영의 인재 선발과 낙육재 위상

경상감영의 인재 선발과 낙육재 위상

장 인 진

도서출판 지성人

◀ 장인진(張仁鎭) ▶

영남대학교 국어국문학과를 졸업하고, 같은 대학의 대학원에서 「영남 문집의 문헌적 연구」로 문학박사 학위를 받았다. 계명대학교 고문헌실장, 대구광역시 문화재위원, 경상북도 문화재위원, 경상북도문화재위원회 부위원장 겸 동산분과 위원장을 지낸 바 있으며, 계명대학교 한국학연구원 자문위원을 맡고 있으면서 현재 한강학연구원 부원장을 맡고 있다. 주로 한국 문헌학에 대하여 연구하고 있다.

저서로는 『영남문집의 출판과 문헌학적 양상』(계명대학교출판부, 2011), 『4대한림 한강학의 기반, 칠곡 석담 이윤우 종가』(경북대학교출판부, 2020) 등이 있고, 공저서로 『동아시아의 목판인쇄 - 한중일 목판인쇄의 실태와 현상』(한국국학진흥원, 2008), 『계명대학교 동산도서관 소장 고서의 자료적 가치』(계명대학교출판부, 2010), 『한국족보의 특성과 동아시아에서의 위상』(계명대학교출판부, 2013), 『강안학이란 무엇인가』(도서출판 역락, 2023) 등 10여 책이 있다.

발표한 논문은 「조선후기 역관 족보의 고찰 - 『금산이씨세보』를 중심으로」(성균관대 대동문화연구원, 대동문화연구, 2016)을 포함하여 40여 편이고, 최근 KCI급 논문으로는 「원나라 유진옹 평점본의 조선전기 출판 현상」(계명대, 한국학논집, 2019), 「노봉 김정의 목민관으로서의 삶」(영남퇴계학연구원, 퇴계학논집, 2021), 「석담 이윤우의 한강학파 기반 조성」(경북대, 영남학, 2023), 「경상감영의 인재 선발과 낙육재 동연록」(계명대, 한국학논집, 2023), 「동호 이서의 생애와 한강학파 활동」(경북대, 영남학, 2024) 등이 있다.

E-mail ; injin0222@daum.net / cij@kmu.ac.kr

경상감영의 인재 선발과 낙육재 위상

2025년 1월 25일 초판 1쇄 발행
2025년 9월 05일 초판 2쇄 발행

저 자 장인진
펴낸이 엄승진
책인편집.디자인 도서출판 지성인 편집실
펴낸곳 도서출판 지성인
주 소 서울 영등포구 여의도동 11-11 한서빌딩 1209호
메 일 Jsin0227@naver.com
연락주실 곳 T) 02-761-5915 F) 02-6747-1612
ISBN 979-11-89766-54-2 93010

정가   31,000원

잘못 만들어진 책은 본사나 구입하신 곳에서 교환하여 드립니다.
이 책은 저작권법에 의해 보호를 받는 도서이오니 일부 또는 전부의 무단 복제를 금합니다.

•• 저자의 말

　필자가 20대 후반이었던 1977년 대구시교육청 공무원으로서 대구시립도서관에 소장된 고문헌에 대하여 목록을 작성한 적이 있다. 이 가운데 '낙육재'라는 장서인藏書印이 찍힌 책을 다수 발견하게 되었다. 낙육이란 무엇인가? 바로『맹자』의 "천하의 영재를 얻어서 교육시키는 것이 세 번째 즐거움이다[得天下英才而敎育之 三樂也]."에서 온 말이기 때문에 '낙육재'는 조선시대 대구지역의 교육 기관으로 짐작하였다. 필자가 이에 대한 궁금증을 풀기 위해 조사한 결과로 내놓은 것이 1978년 발표한「영남 낙육재고」였다.
　이 논문에서 필자는 낙육재의 설립, 위치, 재생의 선발, 거재 등을 다루었다. 이 과정에서 발굴한 필사본『재록』,『강목강어』,『정읍강론록』등을 중심으로 낙육재에서 공부한 영남 유생들의 출신 지역과 연령 및 선발과 거재 횟수 등을 파악하였다. 생각해보면 필자가 청년기 열정으로 이룬 것이므로 후속 연구자를 위해 조그만 기여를 한 것으로 자부한다.
　낙육재는 경상도 영학營學으로, 도내 71개 고을의 유능한 선비를 경상감영에서 뽑아서 무료로 숙식 제공하며 교육을 시킨 곳이었다. 필자가 첫 연구 성과를 내놓을 때까지 낙육재는 학계에서조차 거의 알려지지 않았다. 첫 논문을 발표했던 그 즈음에 필자는 이 일에 대한 자긍심으로 스스로 호號를 지을 때 '낙樂'을 취하여 낙와樂窩라 하였다. 그뿐 아니라 개인적으로는 낙육재를 연구한 성과를 인정받아 1978년 계명대학교에 임용되고, 계명대학교로부터 학술연구비를 지원을 받게 되는 영광도 있었다. 연구 지원금으로 쓴 논문이「조선후기 경상감사 고」(『도협월보』, v.21,

1·2·3, 1980)이다.

　필자는 낙육재에 대해 잠시도 관심을 놓지 않았다고 자신한다. 계명대학교로 이직한 이후에도 낙육재에 거재하였던 사람들의 시문과 명단에 대해서는 비록 편언척자라도 가볍게 여기지 않고 수집해 두었다. 그간에 다섯 차례에 걸쳐 관련 논문을 발표하였다. 지금 필자가 자서를 쓰면서 가만히 생각해보니, 「영남 낙육재고」를 처음 발표한 후로 지난해 발표에 이르기까지 어언 46년이란 세월이 지났음을 깨닫는다. 낙육재에 대한 관심이 필자의 한 생애 가운데서 참으로 긴 인연을 이어온 셈이다.

　이 책에서 필자는 낙육재의 역사를 주요 관찰사의 부임 시기별로 구분하고, 낙육재 재생 교육을 주도적으로 공헌한 6명을 설정하였다. 1721년 경상감사 조태억이 낙육재를 설립한 이후 1730년에 부임한 조현명은 침체된 낙육재를 중창하여 절목[학규]을 확정하고, 토지[학전]를 마련하였다. 조현명의 건의로 낙육재는 영조로부터 도서 3종의 내사본內賜本을 받았다. 1806년에 부임한 윤광안은 새롭게 관선당, 장서각을 마련하고, 도서를 확충하였다. 이후 엄세영, 조기하, 이헌영 등이 차례로 부임해 와서 낙육재의 재원을 충당하고 인재를 양성하는 교육목표에 관심을 꾸준히 기울였다.

　낙육재 재생의 선발은 감영에서 백일장을 열어서 인재를 선발하였다. 낙육재 정원은 30명이었다. 설립 초기에는 선발된 이들은 절반으로 나누어서 낙육재에서 1개월씩 교대로 학습하였다. 1800년경부터는 15명을 선발하였다. 선발된 유생은 관비 지원을 받아 1년간 낙육재에 무료로 거재할 수 있었다. 1902년부터는 대개 1개월 단위로 선발하여 1개월씩 거재하였다. 신교육이 대두되던 시기에 명맥을 유지하는 차원이었다.

　낙육재는 경상감사의 인재 양성 의지에 힘입어 교육 예산이 비교적 풍족하였고 교육여건이 좋아서 한 사람이 한 번 지원하는데 그치지 않고 4회까지 선발되어 거재한 경우도 있었다. 수차례 선발되어 거재한다는 것은 유생들이 낙육재 선발을 매우 영예롭게 여겼다는 뜻이다. 낙육재 거재자를 연령별로 살펴보면 15세에서 73세까지 다양하였다. 낙육재가 기초 학습기관이 아닌 연학硏學의 교육기관임을 입증한다.

필자가 1978년부터 최근까지 조사한 결과 낙육재 재생들 가운데 문집을 남긴 선비 80명을 확인하였다. 이들이 남긴 시에서 낙육재 재생들의 생활사를 엿볼 수 있다. 재생들이 번갈아 시구를 지었던 연구, 학습 시제에 대한 차운시 등이 다양하게 나타나고. 독서의 감흥, 사물 관찰, 계절 관조 등에서 재생齋生들의 삶의 태도를 살필 수 있다. 그밖에 임기를 마친 관찰사와 송별할 때의 전별시, 동연의 벗과 이별할 때의 임별시 같은 것이 여러 편이었고, 향음례·정읍례를 행할 때 읊은 시도 더러 있다.

또한 낙육재를 이건해야 하는 상황이 담긴 시를 통하여 낙육재의 전통 교육이 신교육에 밀려나는 시대상을 볼 수 있었다. 한편으로 재생의 글 가운데 사실과 부합하지 않는 오록이 나타나기도 하였다. 세월이 지나서 편집한 글임을 감안하면 고증이 잘못되었을 것이라고 추측한다.

낙육재 재생 가운데는 구한말 애국 계몽의식을 지닌 사람이 여럿 있었으니, 위정척사를 주창한 허원식을 포함하여 9명을 확인하였다. 1906년 낙육재가 철폐된 이후 재생 가운데는 문우관을 세워 경학을 강구하며 풍속순화에 노력하기도 했고, 대구에 협성학교를 창립하여 신교육을 담당하기도 했다.

지금까지 낙육재에 관심을 가지고 조사·연구를 해온 필자는 그동안 발표하였던 논문을 재 검토하는 과정에서 일부 오류가 있는 것은 바로잡고, 내용을 보완하여 『경상감영 인재 선발과 낙육재 위상』이라는 서명으로 도서를 간행하게 되었다. 이 글과 함께 책 말미에 붙인 '낙육재 동연록'[동문록] 683명(실인원 505명)은 조선시대 경상도 공교육의 '영학 동연파營學 同研派'이라는 지금까지 알려지지 않았던 새로운 학단의 면모를 살필 수 있을 것이라고 판단한다. 앞으로 낙육재 출신의 인물에 대한 연구 자료로써 활용을 기대해 본다.

    이 책을 간행함에 있어 원고를 검토해주신 신태수 박사와 남상권 박사께 고마움을 표하며, 출판을 맡아주신 엄승진 도서출판 지성인 대표와 편집위원들께도 감사드린다.

2024년 12월 01일

도원동 낙와에서 **장인진**

↳ 저자의 말 5

I. 서언　　11

II. 영학의 수용과 낙육재 설치　17

1. 영학營學의 수용 ··· 18
2. 조태억의 낙육재 설립 ·· 26
3. 조현명의 낙육재 중창과 기반 조성 ······························· 30
　　1) 낙육재 절목 ··· 38
　　2) 장서 ·· 45
4. 낙육새 운영과 학습 ·· 51
　　1) 학전 규모 ··· 51
　　2) 운영비 ·· 53
　　3) 학습 ·· 58

III. 후대 감사의 낙육재 관심과 교육 의례　73

1. 낙육재 관심 ··· 74
　　1) 조시준·정동관·정만석 감사의 재정 확충 ············· 74
　　2) 윤광안 감사의 낙육재 증축 ···································· 75
　　3) 엄세영 감사의 낙육재 중수 ···································· 78
　　4) 조기하·이헌영 감사의 관선당 중수 ······················ 82
2. 교육 의례의 실상 ·· 86
　　1) 정읍례 ·· 86
　　2) 향음례 ·· 98

Ⅳ. 인재 선발과 낙육재 동연생   111

1. 인재 선발 ·· 112
2. 낙육재 동연생 ·· 126
   1) 인적 규모 ·· 126
   2) 거재 횟수별·연령별·지역별 통계 ························· 132
   3) 문집을 남긴 재생들 ·· 138
   4) 재생들의 낙육재 관련 글 ···································· 142
   5) 한말 애국 계몽가 ·· 176

Ⅴ. 낙육재 교육이 대구 교육 문화에 끼친 영향   181

Ⅵ. 결어   189

- 참고문헌 ··· 196
- 색인 ·· 201

〈부록 1〉 낙육재 동연록 ··· 209
〈부록 2〉 낙육재 도서목록 ·· 234
〈부록 3〉 낙육재 『시부詩賦』[재록] 영인본 ················· 282
〈부록 4〉 낙육재 『재록齋錄』 영인본 ·························· 334

I. 서언

조선은 건국과 함께 고려 말의 유학을 계승하였다. 중앙에는 성균관과 사학四學을 설립하여 인재의 양성에 주력하였고, 지방의 주부군현州府郡縣에서도 향교를 설립하여 흥학興學과 양사養士의 정책을 추진하였다. 서원의 경우 1542년(중종 37)에 주세붕이 강학과 사현祀賢을 목적으로 백운동 문성공묘서원白雲洞 文成公廟書院을 창건하였는데 그 후로 전국 각처에서 서원이 발흥하였다.

임진·병자 양란 이후인 17세기 후반에 이르면 향교 교육에 대한 양반들의 외면과 교육 기능 약화, 교육적 효과 부족 등으로 인해 점차 교육기관으로서 기능이 쇠퇴하게 되었다. 서원도 강학보다는 사현祀賢 기능에 치우친 현상이 나타나며 급기야 당파를 형성하는 데 일조하였다.

이 시기에 실학자 또는 지방관을 중심으로 교육과 과거제 등에 대한 개혁의 조짐을 보이기 시작하였다. 특히 주목되는 것은 반계 유형원이 지은 『반계수록磻溪隨錄』의 내용이다. 이 가운데 〈학교사목學校事目〉에서는 영학營學의 신설을 포함한 교육 개혁을 역설하였고, 〈공거사목貢擧事目〉에서는 과거제의 폐단을 지적하여 천거에 의한 공거제貢擧制의 도입을 주창主唱하였다. 유형원의 『반계수록』의 〈학교사목〉, 〈공거사목〉은 당시 조야에 큰 관심을 불러일으켰고 후일 경상감영에서 관립교육기관 낙육재를 설립하는 데도 지대한 영향을 끼쳤다.

경상감영에서 설치한 낙육재는 인재양성과 문풍 진흥을 위해 설립한 경상도의 영학營學으로 1721년(경종 원년)에 경상감사 조태억趙泰億(1675-1728)이 설립하였다. 도내 재주 있고 뜻이 돈독한 선비를 선발하여 학업을 권장하고 문풍을 진흥하고자 대구부의 남문 밖에 설치하였으며,1) 그 명칭은 『맹자孟子』에서 말한 "천하의 영재를 얻어서 교육시키는

---

1) 현재 대구향교 경내에는 1990년 10월에 건축한 30여 평 규모의 낙육재라는 대구향교의 부속 건물이 있다. 이 건물은 전통 교육의 맥을 잇기 위한 목적으로 건립하였지만 원래 자리가 아닌 대구향교 경내에 터를 잡았다. 낙육재는 설립

것이 세 번째 즐거움이다 [得天下英才 而敎育之 三樂也]."에서 취한 것이다. 낙육재는 감영의 공적 교육 기관이었으므로 영학營學 또는 영재營齋라는 별칭으로 불리기도 하였다.

낙육재의 설립 당시 규모는 강당 겸 기숙사 1채

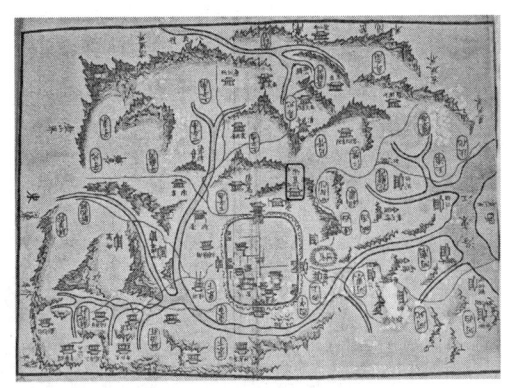

대구부 지도, 낙육재(1830년경)

정도가 있었을 것으로 짐작된다. 1730년(영조 6)에 조현명趙顯命 감사가 낙육재를 중창할 때 좌재左齋[講讀], 우재右齋[製述]를 증설하였다. 1808년(순조 8)에는 시설이 더 확장되어 그 구내에 낙육재에서 부족한 것을 돕고자 별도로 관선당觀善堂을 지었으며, 도서를 보관하는 장서각藏書閣이 추가로 설치되었다. 이 외에도 식당食堂, 고자청庫子廳, 색리방色吏房, 재고齋庫 등이 따로 있었다.

교육재정은 연간의 세입과 지출 비목費目이 규정되어 있었다. 지출비목을 살펴보면 재생들의 거재居齋생활에 필요한 비용의 일체를 감영에서 지급하고 있어 재지 유생들을 입학시키기 위해 후한 대우를 했음을 엿볼 수 있다.

낙육재 구성원으로는 관찰사觀察使가 교육책임을 지고 있었으니 교장 격이다. 도사都事가 운영에 대한 감사업무를 맡고 있었으니 교감 격이다. 재생 가운데서 공령功令[直月] 1명을 선출하여 그로 하여금 재생을 검독檢督하게 하였다. 서책유사書冊有司 1명을 선출하여 도서를 관리하

당시 도道 단위 학교로서 하위 교육기관인 읍邑 단위의 향교보다 위상이 높았다. 1990년 대구시에서 낙육재를 대구향교 경내로 결정한 것은 고증의 오류라고 할 수밖에 없다.

게 하였다. 또 낙육재의 재생을 돕기 위해 색리色吏 1명, 공궤고자供饋庫子 1명, 재직齋直 3명, 식모食母 1명, 책장册匠 1명 등을 두었다.2) 그리고 향음례 같은 행사가 있을 때 관찰사가 도내의 명유名儒를 초빙하여 문답 형식의 특강을 베풀기도 하였다.

대구향교 경내의 낙육재(1990년 10월 건립)

필자는 경상감영에 설치한 낙육재에 대하여 최초 연구자라는 점에서 자부심을 느낀다. 낙육재에 대한 필자의 관심은 1978년부터였다. 필자의 첫 연구인「영남 낙육재 고」3)에서는 낙육재가 성종 때 시행한 독서당의 성격을 지녔다는 인식에 따라 도서관적 관점에서 구명하였다. 이 연구는 낙육재의 설립과 재생의 선발 및 거재, 행사 등을 다룬 최초 연구보고서이기도 하다. 여기서 낙육재에서 편성한 필사본『재록齋錄』2책,『강목강어綱目講語』2책,『정읍강론록庭揖講論錄』1책 등을 발굴하여 자료의 성격을 논하였고, 이 자료를 중심으로 선발·거재 횟수별, 연령별, 지역별로 구분하여 통계를 작성하였다. 또 현존 낙육재 장서 목록도 작성하였다.

---

2) 경북대 영남문화연구원 편,『事例Ⅰ, 慶尙監營』(경북대학교출판부, 2009), 102쪽, 254쪽.
3) 장인진,「영남 낙육재 고 - 특히 영남지방의 도서관적 기능과 그 효시로서」, 대구시립도서관,『圖書館報』, 3호《대구광역시통합도서관》통합도서관》발간자료》圖書館報, 3호), 1978, 89-114쪽.

이후 1992년에 고찰한 「경상감영의 낙육재 교육에 대하여」[4]에서는 낙육재를 경상도 영학營學으로 정의하고 시설 규모와 재원財源, 연간 세입과 지출 비목, 거재생활, 철폐와 후대 영향 등에 대해 논급한 뒤 『정읍강론록』을 중심으로 정읍례를 고증하였다. 2011년에는 「경상감영 낙육재의 교육과 문화 소통」[5]이라는 논제로 유형원의 〈학교사목〉에 근거하여 영학營學으로서의 성격을 밝히고 문화 소통양상을 구명하였다. 2014년에 발표한 「경상감영 낙육재의 교육문화와 재생」[6]에서는 교육 내용에 관한 부분을 심화하고 향음주례를 고찰하였다.

지난해에는 「경상감영의 인재 선발과 낙육재 동연록」[7]이라는 논제로 경상감영에서 선발한 낙육재 재생들의 동연록[동문록]을 총 정리하여 발표하였다. 동연록에 수록된 명단은 대개 이곳에서 공부한 사람들의 개인 문집과 관련 문헌에서 발굴한 것이다.

이 책의 구성은 Ⅰ장 서문에 이어서 Ⅱ장에서는 경상감영 영학의 수용과 설립에 대하여 살펴보았다. 여기서는 먼저 반계 유형원의 교육개혁 방안 가운데

낙육재인장

영학의 성격을 살펴보고 교육 제도를 수용한 배경을 구명하였다. 그리고 낙육재의 설립과 관련하여 조태억의 「낙육재 절목서」, 조현명이 정한 「낙육재 권학절목」과 「낙육재 절목」 등에서 교육적 기반을 살펴보고 장

---

[4] 장인진, 「경상감영의 낙육재 교육에 대하여」, 『漢文學硏究』 8, 계명한문학회, 1992, 177-198쪽.
[5] 장인진, 「경상감영 낙육재의 교육과 문화소통」, 『嶺南學』 20, 경북대학교 영남문화연구원, 2011, 247-287쪽.
[6] 장인진, 「경상감영 낙육재의 교육문화와 재생」, 『漢文學硏究』 23, 계명한문학회, 2014, 107-150쪽.
[7] 장인진, 「경상감영의 인재 선빌과 낙육재 동연록」, 『한국학논집』 93, 계명대학교 한국학연구원, 2023, 107-188쪽.

서 구성을 도출하였다. 낙육재 운영과 관련하여 학전의 규모, 운영비, 학습과 관련하여 권장 도서를 짚어보고 강독과 제술의 실상을 살펴보았다.

Ⅲ장에는 후대 경상감사의 낙육재에 대한 관심과 교육 의례를 살펴보았다. 여기서 낙육재에 관심을 보인 경상감사 몇 사람의 행적을 추적하여 흥학적 관점에서 낙육재의 흥망을 구명하고 감사가 행한 교육 의례 행사인 정읍례, 향음례에 대하여 고찰하였다.

Ⅳ장은 필자가 1978년부터 낙육재 동연생同研生의 명단을 수집하고 정리한 내용을 중심으로 전개하였다. 동연생이란 동창생을 의미하며, 전체의 명단이 동연록同研錄[동문록]이다. 이것을 중심으로 먼저 선발된 자의 거재 횟수별 현황을 살펴보았다. 여기에 수차례 지원하여 거재한 사실이 있다면 당시 선비들이 낙육재에 대한 자긍심과 교육기관으로서의 위상을 가늠할 수 있기 때문이다. 다음으로 연령별 현황을 살펴보았다. 낙육재가 교육기관으로서의 어떤 성격을 지녔는가를 최초 선발·거재 당시의 연령을 통하여 파악하기 위함이다. 또, 지역별 현황을 살펴서 학풍이 어느 정도 확산되고 있는지에 대해서도 구명해 보았다. 마지막으로 재생들의 문집 현황과 낙육재 관련 글은 어떤 것이 있는지 살펴본 후, 행적이 두드러진 사람들과 한말의 애국 계몽의식을 보인 재생들에 대해서도 간략하게 언급하였다.

Ⅴ장에서는 낙육재 교육이 대구 교육 문화에 끼친 영향을 다루었다. 주로 낙육재 철폐 이후 지역의 교육과 문화 계승에 대한 내용이다.

끝으로 부록에 낙육재 동연록, 낙육재 도서목록, 낙육재『재록』의 원문 영인본을 수록하여 연구에 참고가 되도록 하였다.

Ⅱ. 영학의 수용과 낙육재 설치

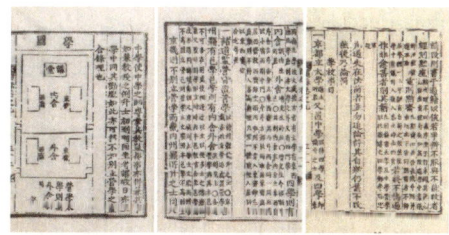

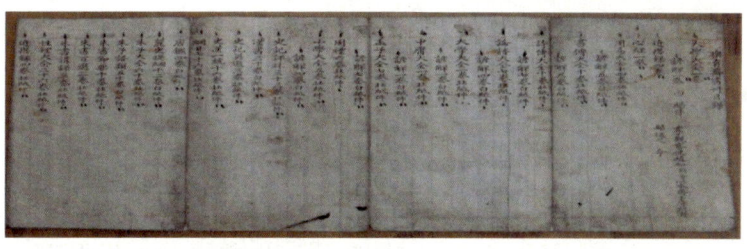

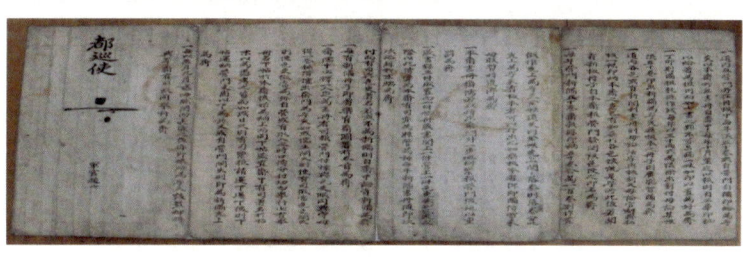

1. 영학營學의 수용

17세기 후반부터 실학자 또는 지방관을 중심으로 교육 개혁의 조짐을 보이기 시작하였다. 과거제의 폐단이나 지방 향교의 교육 해이 현상, 각 서원이 강학보다는 사현 기능에 치우친 현상 등은 장차 한 나라의 인재를 양성하고, 선발하여 관료로 임용해야 한다는 측면에서 반드시 시정해야할 과제였기 때문이다. 이를 반영하듯 반계 유형원柳馨遠(1622-1673)이 『반계수록磻溪隨錄』을 저술하였다.

유형원은 『반계수록』을 1652년에 기고起稿하여 1670년에 완성하였다. 전체 26권 13책으로 구성되어 있다. 주제는 권1-8은 전제田制, 권9-12는 교선지제敎選之制, 권13-14는 임관지제任官之制, 권15-18은 직관지제職官之制, 권19-20은 녹제祿制, 권21-24는 병제兵制, 권25-26은 속편續編 등 7편으로 구분하였다.

『반계수록』의 내용 가운데 「교선지제敎選之制」의 〈학교사목學校事目〉과 〈공거사목貢擧事目〉에서는 교육 개혁의 필요성과 과거제의 폐단을 지적하였다.[1] 우선 〈학교사목〉에 수록된 서울의 태학, 중학, 사학과 각 도의 영학[감영 학교]에 대한 부분을 살펴보면 아래와 같다.[2]

> 一. 경도京都에 태학[選士가 거주하는 곳]을 세운다. 또 중학中學[四學에서 논의하여 올리는 선비를 기다린다] 및 사학四學[즉 동·서·남·북학]을 둔다. 상고해보건대, 「대대례大戴禮」를 보면 옛날에 대학이 있었고, 동·

---

1) 『숙종실록』, 숙종 8년(1682) 11월 2일, "이번 감시監試의 회시會試에서 어떤 사람은 남의 글을 빌었고, 어떤 사람은 남의 글을 대신 써 주었으니, 법을 어기고 과장科場에 난입한 것이 헤아릴 수 없을 정도로 문란하였습니다."를 비롯하여 "관시館試에서 인재를 뽑을 때 합격되어야 할 사람이 낙방하고 낙방되어야 할 사람이 합격하는"(1613.4.13.) 등 왕조실록 곳곳에서 과거제 폐단을 지적한 내용이 보인다.
2) 아래에서 인용한 원문의 주석은 [ ]로 표기하였다.

서·남·북학이 있었다. 당제唐制 또한 대학 외에 또 사문학이 있었다. 사학에 내사內舍[액내생 거주], 외사外舍[증광생 거주]가 있다. ○증광생은 지금은 액외생으로 칭한다. ○그 제도는 내사는 안에 두었고, 동서재로 나누어 세웠다. 외사는 바깥에 두었다. 역시 동서재로 나누어 세웠다. 내외 양 사는 동일한 담장이다. 작은 담장으로 간격을 두고 중간에 문을 열도록 하였다. ○지금 외방의 향교에는 양반은 동재에 거하고 서류庶類는 서재에 거하는 까닭으로 서재가 비록 비어도 양반은 들어가려 하지 않고, 동재가 비록 비어도 서류는 들어오지 못하니 매우 무의미한 일이다. 다만 일체 편의에 따라 거하는 것이 마땅하다. 일체 동서 재실로 하지 말고 등차를 나누어 정해야 한다.3)

一. 제 도의 감영에는 모두 영학營學을 둔다[주현에서 논의하여 올리는 선비를 기다린다]. ○경기도 역시 경영京營의 근처에 영학을 둔다. 각 주현에 읍학이 있다. 읍학은 내사, 외사가 있다[그 제도는 위와 같다]. ○각 도의 영학은 그 본읍本邑의 읍학과 더불어 각각 다른 곳에 있어서는 안 된다. 서로 연접하여 근처에 세운다. 많은 선비들이 강마講磨하는데 편의를 주어 서로 도움 되게 한다. 또 감사가 영학에 도착하면 마땅히 수시로 본읍의 교관과 합좌해야 한다. 읍학의 유생들도 또한 한가지로 강독을 권과 한다. 또 경성에는 태학에 문묘를 세우지만 중학 사학 등에는 별도로 세우지 않는다. 영읍營邑에서는 영학에 문묘를 세우지만 본 읍의 읍학에는 별도로

---

3) 柳馨遠, 『磻溪隨錄』(목판본, 1770년) 권9, 「敎選之制」上, 〈學校事目〉, "京都立大學[選士所居], 又置中學[以待四學論升之士]及四學[卽東西南北學, 按大戴禮古者有太學, 有東西南北學, 唐制大學之外, 又有四門學]. 四學則有內舍[額內生所居]外舍[增光生所居]. ○增光生 今稱額外生. ○其制內舍在內, 分立東西齋, 外舍在外. 亦分立東西齋. 其內外兩舍, 同一周垣, 隔以小墻而開中門. ○今外方鄕校, 兩班居東齋, 庶類居西齋, 故西齋雖空, 而兩班則不肯入, 東齋雖空, 而庶類則不得入, 甚爲無理, 只宜一體隨便人居, 切勿以東西齋室, 分定等差."

세우지 않는다.[4]

유형원은 이처럼 영학의 도입의 근거를 제시하였다. 주목할 만한 것은 영학에 문묘를 세우라고 하고, 향교의 동서재 거재에 대한 문제도 제기하고 있다. 또, 감사는 교육에 대해 관심을 가지라고 권고하고 있다.

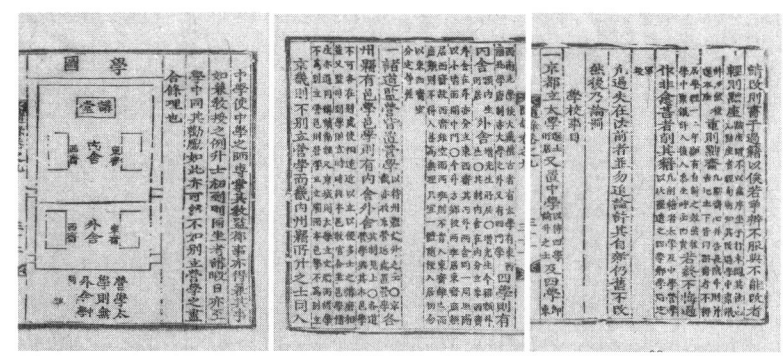

磻溪隨錄, 學校事目의 營學圖

이 밖에도 〈학교사목〉에서는 학교의 운영에 대한 여러 가지 사항을 제시하고 있다. 경기도 영학은 세우지 않고 중학의 교관이 교육을 맡게 했다. 태학, 중학, 영학을 포함한 제학諸學의 교육 담당 관원과 품계, 경성의 사학과 외방의 학생 액수[정원], 주현州縣의 교관 봉록, 주현학州縣學 유생의 공량公糧, 주현의 학전學田, 태학과 영학 유생에 대한 공궤[음식 대접]와 필요한 물품 제공, 식당 예절, 읍례 등에 대하여 설명하고 있다. 지방 향교의 경우는 그간에 양반들의 외면 등으로 교육 해이와 기능

---

4) 위의 〈학교사목〉, "諸道監營, 皆置營學[以待州縣論升之士]. ○京畿亦於京營近處置營學. 各州縣有邑學[邑學則有內舍外舍, 其制見上]. ○各道營學, 與其本邑學不可各在別處, 使相連近以立, 以便多士之講磨相益, 又監司到學則宜時時與本邑教官合坐, 邑學儒生亦通同, 講讀勸課, 又京城則太學立文廟, 而諸學不爲別立, 營邑則營學立文廟, 而本邑學不爲別立."

쇠퇴 현상이 나타나서 교육기관으로서의 실효를 얻지 못했다. 〈학교사목〉에서 다시 학생수, 공량, 학전 등을 규정하였으니, 그동안 침체되었던 향교의 기능 회복과 교육 활성화를 꾀한 것이라 하겠다. 나아가 배우는 유생뿐만 아니라 각 학교의 사장師長[영학의 경우 관찰사]에게도 교육적 책무를 요구하였다.

> 제학諸學의 사장師長은 선생안을 비치해 두고 전후로 임명된 자의 성명을 기록하되 임명되고 교체되어 나간 연월을 아울러 기록함으로써 마땅히 소임을 맡은 사람으로 하여금 살펴보고 경계로 삼을 수 있도록 한다.[5]

이처럼 학교에서는 사장師長에 대한 '선생안'이라는 명부를 작성하여 후일에 경계로 삼게 하였다. 또 말미에는 서원이 쟁립爭立하는 것을 문제점으로 지적하고 있다.

〈학교사목〉의 내용을 요약하면 주부군현州府郡縣의 읍학邑學[향교]과 서울의 사학四學을 1차 교육기관으로, 각 도의 영학營學과 서울의 중학中學을 2차 교육기관으로, 중앙의 태학太學[성균관]을 최고 학교로 설정하고 있다. 교육 단계를 '읍학 → 영학 → 국학'으로 제도화하여 인재 양성을 도모하고자 하였다.

이 같은 3단계의 교육 방식은 향교를 포함한 지방교육을 활성화하고, 능력에 따라 단계별로 진학하며, 각 교육 기관을 통하여 교육 시킨 후에 현명하고 능력 있는 자를 천거하는 공거제貢擧制를 제안한 것이다. 한편으로 능력 있는 우수한 인재를 관료로 임용하는 방안으로써 과거제의 폐단을 극복하기 위한제안이다.[6]

---

5) 위의 〈학교사목〉, "諸學師長, 置先生案, 錄前後任人, 幷書任遞年月, 使當任者有所考閱而欽戒."

● 유형원의 반계수록에 대하여

『반계수록』은 유형원이 1670년에 완성하였지만 영조 시대에 와서야 조야에서 크게 주목하였다. 하지만 유형원의 사상은 동시대 유학자인 배상유裵尙瑜(1622~1686), 윤증尹拯(1629-1712)으로부터 이미 주목을 받았고 이익(1681-1763), 안정복(1712-1791) 등 후학들에게 큰 자극을 줌으로써 영·정조 시대에 실학을 꽃피우는 데 이바지하였다. 사례를 보면 1678년 6월에 전 참봉 배상유가 이 책 가운데 전제田制·병제兵制·학제學制 등 7조목을 진달進達하며 차례로 시행할 것을 청한 일이 있다.[7] 이즈음 유학자 윤증의 집에서도『반계수록』을 소장하고 있었다.[8] 윤증이 이 책을 열람했다는 뜻이다.

현재 유통되고 있는『반계수록』판본은 1770년(영조 46)에 왕명에 의하여 경상감영에서 이미李瀰가 간행하였다.

1770년에 쓴 경상도관찰사 이미의 서문을 본다.

도량稻粱[곡물]과 시마枲麻[숫삼]는 백성들이 날마다 입고 먹는 데 필요한 기구이니, 뭇 초목의 잡초와 함께 묻혀 있지만 않는다. 군자의 세상을 경륜하는 글 또한 그러하니, 비록 그 글이 산속의 쓸쓸한 가운데 감추어져 있다고 하여도 마침내 천지에 발현하고 이목을 환하게 비추어서 한 왕[시대]의 법이 되는 것이니, 선비들의 실속 없는 빈

---

6) 柳馨遠, 앞의 책, 권10,「敎選之制」下,〈貢擧事目〉
7) 『조선왕조실록』, 숙종 4년(1678) 6월 20일 기축 조, "전전 참봉 배상유裵尙瑜가 상소하여 … 또 고故 진사進士 유형원柳馨遠이 저술한『반계수록磻溪隨錄』속의 전제田制·병제兵制·학제學制 등 7조목을 진달하며 차례로 시행하기를 청하므로, 묘당廟堂을 내렸더니, 묘당에서 그 말이 오활迂濶하다 하여서 내버려 두었다."
8) 『조선왕조실록』, 영조 17년(1741) 2월 23일 조에 前承旨 梁得中이 經筵에서『朱子語類』대신『磻溪隨錄』을 講하도록 상소하니, 그 책자를 道臣으로 하여금 가져다 바치도록 비답을 내렸는데, 내용 중에 이 말이 언급되어 있다.

말처럼 "반짝 빛나서 날로 없어지는 것."9)과 더불어 하는 것에 비할 바가 아니다. 반계처사 유형원柳馨遠의 '수록' 1책은 곧 국가를 경영하고 백성을 구제하는 훌륭한 글이다. 그러나 이 사람은 이미 곤궁하게 살다가 일생을 마쳤는데, 누가 그것을 발휘해 줄 수 있겠는가. 근자에 관원 여러분이 서로 이어서 이 사실을 조정에 아뢰자, 임금이 그 원고를 가져오게 하여 보고는 매우 가상히 여겨서 인쇄하여 널리 배포하라고 명하였다. 내가 마침 경상도관찰사가 되어 그 일을 맡았는데, 드디어 그 책을 살펴서 연구해보니 백성의 생계 대책을 마련해 주고, 학교를 숭상하며, 인재를 선발하고, 관제를 바로잡으며, 군사를 잘 훈련시키고, 예악을 기술하는 것이 삼대三代의 태평했던 법규가 아님이 없었다. 옛 것과 지금 것을 참작했는데도 거리끼거나 막힘이 없고, 경권經權[정상적인 법도와 임기응변의 도리]을 절충했는데도 서로 어긋나는 부분이 없으니, 이를 비유하자면 장씨匠氏[목수]가 큰 집을 지을 때 간가間架와 동우棟宇를 제각기 자리에 두고서는 단청으로 채색을 하여 문채와 바탕이 딱 알맞도록 한 것이니, 마땅히 임금의 마음을 움직여서 '반드시 실제의 쓰임을 보고 싶다'고 하신 후 당대에 선포한 것이다.10)

서문을 보면 처사 유형원의 글이 세상을 경륜하는 글로써 한 시대의

---

9) 『중용장구』, 제33장에 "『시경』에 '비단옷을 입고 홑옷을 덧입는다.' 하였으니, 이는 문채가 너무 드러나는 것을 싫어하기 때문이다. 그러므로 군자의 도는 어둑하여 은은한 가운데 날로 드러나고, 소인의 도는 반짝 빛나서 날로 없어진다[詩曰衣錦尙絅 惡其文之著也 故君子之道 闇然而日章 小人之道 的然而日亡]."라는 말이 있다.

10) 柳馨遠, 앞의 책, 李瀰 序, "稟麻稻粱, 爲生民日用服食之具, 不與眾卉同其蕪沒, 君子 經世之文亦然, 雖其書藏於山林巖穴黯漠之中, 而卒乃發宣天地, 照映耳目, 爲一王法, 不與操觚之士無實空言, 的然日亡者比也. 磻溪柳處士馨遠隨錄一書, 乃經濟大文字也, 然斯人旣隱約以沒世, 孰有能發揮之哉, 近者搢紳諸公相繼聞于朝, 上徵其稿覽之, 大加嘉賞, 命鋟梓廣布. 不佞適按節嶺藩而掌其役, 遂得究觀其書, 制民產崇學校選人才正官制詰戎兵述禮樂, 無非三代治平之規, 參酌古今而無泥礙, 折衷經權而無牴牾, 譬之匠氏作巨室, 間架棟宇, 各有位置, 塗塈丹艧, 咸中文質, 宜其有槩淵衷, 必欲見諸實用, 布示當世也."

법이 될 수 있고, 그 내용에 대해서도 항목을 제시하며 높게 평하고 있다. 당시 『반계수록』의 교정 사업은 대구 옻골에 있는 백불암崔興遠의 고택인 보본당報本堂에서 하였다고 한다. 권수 서명은 『수록隨錄』으로 되어 있고, 각 주제별로 살펴보면 절반은 중국과 우리나라의 사례를 모아서 저자의 주장을 뒷받침한 고설攷說이라 하겠으므로, 현실 개혁안은 13권으로 이루어졌다. 권수卷首를 보면 관찰사 이미의 서문 외에 오광운吳光運의 서문이 있고, 이어서 부록으로 유형원의 「전傳」과 「행장」 등이 수록되어 있으며, 권말에는 저자의 간략한 발문이 붙어 있다.

● 낙육재에 대하여

낙육재는 1721년에 설립된 경상감영의 영학이다. 무료로 숙식을 제공하는 교육기관이라는 점에서 의의가 있다. 이즈음 각 도에서 설치한 영학의 실태를 살펴보면 일부이긴 하지만 전라감영의 희현당希顯堂,[11] 황해감영의 사황재思皇齋[12] 등이 있다.[13] 장학기구로서는 평양에 설치한

---

11) 全羅監營 편, 『全羅監營誌』(필사본, 1789년), 希顯堂 조, "在州城西二里, 居接儒生通一年, 元數四十人試取, 每三朔十人式入接, 做工糧饌, 自養士庫上下." 및 『輿地圖書下』(한국사료총서 제20집) 〉 補遺篇(全羅道) 〉 「完山誌」, "希顯堂在府西四里司馬齋舊址, 肅宗庚辰觀察使金公時傑創建此堂, 選一道有文才者爲莊修之所, 英宗戊午觀察使李周鎭重修, 設置屯田益廣養士之規."에서 보듯이, 1700년에 전라감사 김시걸이 설립하였다. 낙육재보다 설립은 더 빨랐으나, 본격적 운영은 1738년 이후였다. 전라도 유생 40인을 定額으로, 1년에 한 번씩 전라감영에서 선발하여 居齋토록 하였는데, 뽑힌 40인을 10인씩 나누어서 1년에 3개월간 교육시켰으므로 경상도 낙육재의 교육 연한[6개월 또는 1년]과는 다르다.
12) 海州郡 편, 『海州誌』(필사본)의 思皇齋 조에 의하면 해주 西門 밖에 있었다. 1723년에 감사 宋成明이 향교 앞에 養士齋를 설치했으나 철폐되었고, 1731년에 徐宗玉이 城西에 설치하여 齋名을 思皇齋라 하고 記文을 지었다.
徐命膺, 『保晚齋集』(聚珍字本, 1838년) 권8, 「遺愛閣記」, "思皇齋, 先公[徐宗玉]之所剏設, 而士至今肄業.", 같은 책, 권14, 「先考文敏公府君行狀」, "己酉…十二月出爲黃海司…立思皇齋, 置贍學田養士錢, 試取一道士居業, 賞罰其勤怠."
13) 이성심, 「조선후기 지방교육 연구」, 한국교원대대학원 박사학위논문, 2017. 에는

섬학고瞻學庫가 있었다.14)

영학을 중시하고 있었다는 사실은 1798년 칠원현감 박명섭朴命燮의 상소에서도 확인된다.

> 교화의 근본은 유학儒學보다 앞서는 것이 없으며 유사시에 대한 대비책은 오로지 군비軍備를 갖추는 데 있습니다. 그런데 근래에 들어서 문무文武가 모두 쇠퇴하여 시골에는 풍속을 바로잡을 만한 훌륭한 선비가 없고 고을에는 군사들을 격려할 만한 군율이 없습니다. 그러니 열읍列邑들로 하여금 선비를 뽑아 향교에 넣어 경서를 강론하고 의리를 궁구하게 하되, 특별히 스승이 될 만한 어진 사람을 택해 과정課程을 세우고 근만勤慢을 살피게 하고, 그로 하여금 날마다 좋은 점과 나쁜 점을 기록하기를 한결같이 향약의 규범대로 하게 하소서. 그런 다음 과연 경서를 잘 익힌 사람이 있을 경우 일체 공도회公都會에 입격入格한 자의 숫자에 의거하여 현縣에서는 순영巡營의 낙육재樂育齋로 올려 보내고 순영에서는 그 가운데서 다시 뽑아 성균관으로 올려 보내서 뽑아 쓰는 데 대비하게 하소서. 그러면 고을이나 도에서 인재를 추천하기를 기다리지 않아도 시골에 있는 훌륭한 인재가 버려지는 일이 없을 것입니다.15)

상소의 내용을 요약하면 인재를 쓰는 데는 ①고을[郡縣]에서 뽑아 향교에 보내어 경서를 강론하고 의리를 궁구토록 할 것. ②고을에서 추천하여 감영의 낙육재로 올려 보낼 것. ③감영에서 추천하여 성균관으로 올려

영학으로 함경도의 양현당(1469), 평안도의 장도회(1507), 황해도의 사황재(1723)[1731], 충청도의 영학원(1887) 등을 추가하였다.
14) 尹游 편, 『平壤續誌』(목판본, 1730) 卷1, 瞻學庫 조에 의하면 甲子年(1684)에 감사 柳尙運이 창설한 것인데, 養士하는 各齋에 需給을 관장하였다.
15) 『조선왕조실록』, 정조 22년(1798) 11월 15일 조.

보내어 그 재주를 시험하여 채용하는 데 대비할 것. 등 3단계를 강조하고 있다.

박명섭의 상소에 대하여 비변사에서는 다음의 의견을 아뢰었다.

> 선비들을 뽑아 태학太學으로 올려 보내는 일에 대한 것입니다. 시골에서 추천하고 마을에서 뽑는 것[鄕擧里選]은 삼대三代 시대의 아름다운 규례로서, 인재를 장려하고 선발함에 있어서 이 방법을 버려 두고서는 할 수가 없으니, 상소 가운데서 논한 바는 바로 근본을 따르는 논의입니다. 우리 나라에서 사람을 뽑아씀에 있어서 비록 과거 시험을 숭상하기는 하지만 학식과 덕행이 있는 사람을 추천하고 숨어 있는 인재를 방문하여 찾아내는 일도 과거 시험과 병행해서 시행하지 않은 적이 없었습니다. 더구나 지금 『향례합편鄕禮合編』을 간행해서 반포한 것은 오로지 백성들을 교화하고 풍속을 바로잡으려는 지극한 뜻에서 나온 것입니다. 그러니 인재가 많은 영남 지방에서 반드시 풍문을 듣고 흥기하는 자가 있을 것이므로, 따로 새로운 제도를 만들지 않더라도 수시로 채용할 수 있는 길이 자연히 있을 것입니다.[16]

이러한 비변사의 의견을 임금이 받아들이고, 박명섭이 상소한 내용에 대해서는 따로 시행하지 않았다.

2. 조태억의 낙육재 설립

경종 즉위년(1720)년 11월에 경상도 관찰사로 부임한 조태억趙泰億 (1675-1728)은 1721년에 낙육재를 설립하였다. 그곳에서 경상도 내의 선

---

16) 위의 책, 같은 날의 기록.

Ⅱ. 영학의 수용과 낙육재 설치

비를 선발한 후 친히 문의文義에 대해 강론하고, 그 공부한 것을 평가하여 상벌을 시행하니, 여러 선비가 낙육재 곁에 돌을 세워서 유학의 교화를 칭송하였다.17) 그리고 낙육재 유생들의 청에 의하여「낙육재절목서樂育齋節目序」를 지었다.

내가 관찰사로 부임하자마자 이를 안타까이 여겨 관할고을을 순행하면서 번번이 인재가 있고 없느냐를 물으니, 여러 읍에서는 한갓 속례俗例를 따르기만 하여 있지 않다고 범칭하였다. 전傳에서 말하기를, '열 집 되는 읍에도 반드시 충신忠信이 있다.'고 했으니, 촉蜀의 궁벽함과 호湖의 비루함 같은 데서도 오히려 장씨·조씨의 발흥이 있었다. 하물며 이 남쪽 땅 수천 리를 돌아보면서 본래 '인재의 부고府庫'라 일컬어졌지만 단 한 사람도 없다고 하니, 한 도를 속이는 것에 가깝지 않겠으며, 어찌 깊이 은둔하고 세상에 나오지 않는 선비들이 한갓 궤 속의 옥 같은 의리를 품을 수 있겠는가? 금을 자랑하는 것을 크게 부끄러워함이다. 그러므로 주와 군이 또한 이 사실을 전혀 듣지 못해서 그러한가. 아니면 내가 사람을 구하는 정성이 지극하지 않았음인가. 주와 군이 마음을 다하지 않은 것은 캐묻기만 해서 그렇게 된 것이 아니겠는가.18)

조태억은 경상도가 예로부터 인재부고人材府庫[인재의 창고]로 칭송되어온 사실을 주목하고 도내 각 읍을 순시하면서 인재의 유무를 살폈

---

17) 李德壽,『西堂私載』권12,「議政府左議政趙公[泰億]行狀」, "立樂育齋於營下, 充以道內儒士, 親與講論文義, 課其所業而賞罰之, 多士立石齋傍, 以頌儒化."
18) 趙泰億,『謙齋集』(필사본) 권41,「樂育齋節目序」, "不佞於按節之初, 慨然於斯, 巡到列邑, 輒問人材有無, 列邑徒循俗例, 汎稱無有, 傳曰十室之邑, 必有忠信, 如蜀之僻, 湖之陋, 猶有張趙之勃興, 則況玆嶺南土數千里之地, 素稱人材府庫, 而謂之都無一人, 則不幾於誣一路乎, 豈深莊不市之士, 徒懷櫝玉之義, 深恥躍金之衒, 故州郡亦不得聞知而然耶, 抑不佞求之不誠, 州郡不爲之悉心, 採問而然歟."

으나 인재가 없다고 하니 매우 안타깝게 생각하였다.

사실 조선왕조는 국초로부터 숭유주의崇儒主義에 입각한 흥학 징책을 펴 왔으므로 성리학이 크게 발전하였다. 그 가운데 영남은 팔도 가운데서도 추로지향으로 일컬어질 만큼 유학이 흥하였고 경학지사經學之士도 많았다. 그러나 전국적으로 18세기 이후 서학西學과 실학이 대두되면서 백성들의 의식구조의 변화와 함께 전통 유학에 대한 학습풍토가 해이해질 조짐을 보였으니, 영남도 예외는 아니었다.

조태억, 낙육재 절목서

영남 각 읍의 순시를 마치고 돌아온 조태억 감사는 교도敎導의 도가 옛날 만 같지 못한 상황에서 특히 도의 사기士氣를 진작하는 일과, 도의 영재를 기르는 것이 감사의 책임이라는 사실을 인식하고, 부임한 이듬해인 1721년에 유형원의 영학을 수용하여 낙육재를 설립하였다. 조태억의 「낙육재 절목서」에는 '인재를 양성하는 것은 나무를 가꾸어 기르는 것과 같다[人材之養育 如養木].'라고 하면서 구체적 교육의 방안을 제시하였다.

한 도의 선비의 기상을 진작하고 한 도의 영재를 양성하는 것이 진실로 감사의 책임이라 하겠으니, 마음과 힘을 다 쏟아야 하지 않겠는 가? 이에 관서의 섬학고贍學庫의 예를 모방하여 재재를 설치하고 학전 을 두며 또 미곡, 노비, 기명器皿을 출연하여 공양하는 여러 선비들의 자금으로 삼았고, 한 도 안에 나아가 재주 높고 뜻이 돈독한 선비를 초선抄選하여 재사에 머물게 하고 학업을 권장하여 성취하는 바가 있 게 하니, 이 또한 한나라 때 효렴孝廉과 향공鄕貢의 끼친 뜻이다.[19]

그는 평안도 섬학고의 예를 모방하여 낙육재를 설치하였다. 학전學田 을 두었으며 미곡米穀과 노비, 기명器皿[그릇들] 등을 출연하여 여러 선 비들을 양성하는 자금으로 삼았다. 그리고 도내에서 재주 높고 뜻이 돈 독한 선비를 뽑아서 재사齋舍에 머물게 하면서 학업을 권장하였는데 그 결과가 크지는 않았다.

조태억의 이러한 교육 열망이 있었음에도 당시 영남 유생들로부터 큰 호응을 받지 못했는지 10년이 못되어 학풍이 해이해지고 말았다. 이 만부李萬敷(1664-1732)는 이 점에 대하여 "본 재는 선배[조태억]가 창건하 였는데 그 뜻은 비록 아름답지만 도회都會에서 선발된 우등자 몇 사람에 지나지 않을 따름이니, 낙육樂育의 본 뜻은 아니다."[20]라고 지적하였다.

조태억이 정하였던 낙육재 절목은 후대에 전해지지 않는다. 절목은 그의 문집에도 실려 있지 않아서 내용을 확인하기 어렵다. 그러나 후일 조현명 감사가 낙육재의 절목을 정할 때 근거나 참조가 되었을 것으로 추측한다. 또한 조태억의 『겸재집謙齋集』에는 그가 경상감사로 재임할

---

19) 위의 책, 「樂育齋節目序」, "其所以作一路之士氣, 育一路之英才, 是誠按臬者之責, 其 可不盡心乎哉. 乃倣關西之贍學庫例, 設齋置田, 又捐出米穀奴婢器皿, 以爲供養多士 之資, 就一道之中 抄選高才篤志之士 延置齋舍 勸課學業, 俾有成就, 是亦漢時孝廉鄕 貢之遺意也."
20) 李萬敷, 『息山先生續集』(목판본, 1813년) 권4, 「答趙時晦[顯命]」, '別紙樂育齋節目', "本齋乃前輩所創, 其意雖美, 然只聚都會優等若十人而已, 非樂育之本意."

당시에 지은 시는 몇 수 있으나, 낙육재생과 지은 시문은 확인할 수 없다. 당시에 「낙육재 절목서」를 청한 낙육재생도 알기가 쉽지 않다.

3. 조현명의 낙육재 중창과 기반 조성

낙육재를 경상감영의 교육기관으로 기반을 다진 사람은 1730년 7월부터 1732년에 10월까지 재임한 조현명趙顯命(1690-1752) 관찰사이다. 그는 부임한 해인 1730년에 낙육재를 중창重創하고 손수 「낙육재상량문樂育齋上樑文」을 지었다.

경상감영에서 편한 『영영사례嶺營事例』의 「낙육재」편에 다음의 기록이 있다.

> 감영 안에는 옛날 낙육재가 있었으나, 중간에 폐지되어 중수하지 않았다. 그런데 영종 임자년(1732) 조현명趙顯命 감사가 재임할 때 『권학절목勸學節目』을 도내 각처에 하달하고 겸하여 절목節目과 별단別單을 갖추어서 상소하여 서적을 내려 줄 것을 청하였다. 많은 선비들을 장려하였으니, 상주의 이만부李萬敷, 영천永川의 정규양鄭葵陽, 안동의 이만李槾 및 김성탁金聖鐸, 상주의 성이홍成爾鴻 등 5인은 재식才識[재주와 식견]으로 상당한 벼슬을 제수하였다. 영천의 정만양鄭萬陽은 재학才學으로 적용하였고 상주의 성헌징成獻徵은 조예造詣가 더욱 정명精明하였으나, 모두 시험하지 못하고 죽었으니 초목과 더불어 썩게 됨을 면치 못하였다. 포증襃贈을 해야 한다는 용동聳動하는 뜻이 있어 "해조該曹로 하여금 품처稟處하도록 하라."는 임금의 윤허가 있었다.[21]

---

21) 慶尙監營 편, 『嶺營事例』(필사본, [1841년] 대구가톨릭대학교 도서관 소장), 「樂育齋」篇, "營中舊有樂育齋, 中廢不修而英宗壬子, 趙諱顯命等內, 以勸學節目, 通諭道內, 兼以所成節目, 別單疏進, 請降書籍, 以獎多士. 且擧尙州李萬敷, 永川鄭葵陽, 安東李槾金聖鐸, 尙州成爾鴻五人, 才識相當職除授, 永川鄭萬陽, 適用之才學, 尙州成

Ⅱ. 영학의 수용과 낙육재 설치 31

　인용문을 보면 조현명 관찰사가 1732년에 「권학절목勸學節目」[22]을 도내 각처에 하달한 것으로 되어 있다. 「권학절목」의 앞부분에는 「통유도내사우문通諭道內士友文」[23]이 붙어 있다. 이와 관련하여 「권학절목」을 하달한 날짜를 고증해보면 1732년이 아닌 1731년 3월임을 알 수 있다. 그리고 「낙육재절목樂育齋節目」을 제정하여 학규學規로 삼았다.
　각 읍邑에 하달한 「권학절목」 14조 가운데 8개 조항을 살펴본다.

一. 한 읍邑 중에서 문학, 행의로 명망이 가장 두드러진 자로, 문과, 남행, 생원, 진사, 유학을 막론하고 1명을 가려 뽑아서 도훈장都訓長으로 정하는데, 수령이 친히 가서 예禮 로써 돈청敦請 한다.

一. 이미 도훈장이 정해진 뒤에는 수령과 도훈장이 상의하여 생원, 진사, 유학 중에서 문행 있는 사람을 교임校任으로 차정을 한다.

一. 이미 교임이 정해진 뒤에는 도훈장과 교임이 상의하여 각 면 중에서 문행 있는 사람 1명을 가려 뽑아서 면훈장面訓長으로 정히는데, 큰 면에서는 두서너 사람으로 정하고, 면이 작아서 합당한 사람이 없으면 부근에 따라 겸하여 정한다.

一. 도훈장과 교임, 면훈장 등이 상의하여 사족士族 가운데 15세 이상으로서 총명·단수하고 지행과 문재가 있으면 별도로 뽑는데, 소읍은 5명, 중읍은 10명, 대읍은 15명이며, 이 가운데 혹은 향교에 들어가도록 권하기도 하고, 관官에서 식량과 찬, 땔나무와 기름 값을 지급하기도 하며, 교임校任으로 하여금 오로지 과업을 권장

　　獻懲, 超詣之精明, 俱不見試而死, 不免草木同腐, 褒贈聳動之意, 令該曹稟處, 蒙允."
22) 趙顯命, 『歸鹿集』(필사본) 권19, 「通諭道內士友文」에 '권학절목' 14조를 넣었다, 한편 鄭萬陽·鄭葵陽, 『壎篪兩先生文集』(목판본), 권8, 「答趙方伯」을 보면 정규양이 '通諭節目添補二條'를 건의하였다.
23) 洪檠, 『我室遺稿』(필사본, 계명대학교 동산도서관 소장), 附錄, 「通諭道內士友文」 말미에 "歲辛亥(1731)春三月日 慶尙道觀察使豊原君趙顯命撰."이라고 되어 있어서 글을 하달한 날짜가 1731년 3월임을 알 수 있다.

하고, 도훈장都訓長으로 하여금 통솔하게 한다.

一. 각 면에는 비록 면훈장이 있다고 하여도 한 면의 거리가 혹은 수십 리가 되고, 작아도 아래로 8·9리를 밑돌지 않으면 학도學徒는 조석으로 왕래하면서 수학受學할 수 없고, 훈장도 또한 사람마다 입으로 가르칠 수 없다. 각각 그 부형이나 혹은 이웃의 숙사塾師가 과업을 가르치고, 매월 삭·망 두 차례에 걸쳐 서원 또는 산당 등에 모이도록 날짜와 시기를 약속하고, 훈장과 학도들이 글의 뜻을 강론하여 그 근면과 태만함을 살펴서 강지講紙를 본관本官[지방 고을의 원]에게 보고한다. 본관으로부터 3삭朔의 통通을 합하여 24획이 채워지면 본관이 지필묵紙筆墨으로 논상論賞 한다.

一. 거재 유생은 그 문학文學을 시험해 보고 그 뜻과 행실을 살펴서 연말에 수령이 별도로 천거하면 영문營門에 모여서 고시한 후에 낙육재樂育齋 입학을 허가한다. 각 면의 학도學徒 가운데서 승보升補 시험에서 가려 뽑아 재유齋儒에 대신하게 한다.

一. 이상 거재 유생과 각 면의 학도 가운데서 혹 부모에게 불효하고, 손위 형에게 공손하지 않으며, 장기와 바둑 놀이하고, 주색을 좋아하며, 재화를 좋아하고, 송사訟事에 출입하며, 당론 짓는 것을 좋아하고, 망녕되이 조정의 시비와 관부官府의 득실을 논하며, 사람의 장단長短을 논하고, 입술과 혀를 놀리며, 향당에 소란을 일으키고, 강함을 믿고 약한 자를 능멸하며, 잔약한 백성을 학대하고, 관문에 사사로이 알현을 청하여 청탁을 사사로이 행하며, 부지런히 독서하지 않고 남을 시켜서 글을 짓는 등 이 중에 한 가지라도 있다면 각각 그 훈장이 찬찬히 타이르고서도 따르지 않은 뒤에는 도훈장에게 고하여 회초리로 종아리를 때리고, 종아리를 때리고서도 따르지 않은 뒤에는 수령에게 고하여 엄하게 처리하도록 한다.

一. 도훈장 이하를 가려 뽑을 때는 색목色目에 구애받지 않고 공론에 따르도록 힘써서 오직 문학과 명망만을 위주로 한다.[24]

＜ 권학절목 8개 조항 요약 ＞

一. 각 읍邑 수령은 그 읍에서 명망 있는 자를 도훈장都訓長으로 뽑는다.
一. 수령과 도훈장이 상의하여 교임校任을 뽑는다.
一. 도훈장과 교임이 상의하여 각 면의 면훈장面訓長을 뽑는다.
一. 도훈장, 교임, 면훈장 등이 상의하여 사족士族 가운데 15세 이상의 재주 있는 학생을 뽑는다.(소읍 5명, 중읍 10명, 대읍 15명)
一. 각 면에 면훈장이 있어도 거리가 멀 경우는 이웃의 숙사塾師등이 과업을 가르치고, 매월 1일과 15일에 서원 등에 모여서 훈장과 학생들이 글의 뜻을 강론하여 그 근면성과 태만함을 살펴서 수령에게 보고하고, 소정의 과정을 통과하면 수령이 지필묵紙筆墨으로 상을 내린다.
一. 향교의 거재 유생은 그 문학을 시험하고 뜻과 행실을 살펴서 연말에 수령이 별도로 천거하면 영문營門에 모여서 고시한 후에 낙육재에 입학을 허가 한다.
一. 읍 유생과 면 학도로서 금해야 할 사항 10여 개를 세세하게 열거함
一. 도훈장 이하를 가려 뽑을 때는 색목色目에 구애 받지 않는다.

24) 위의 책,「通諭道內士友文」, "一邑中有文學行誼名望最著者, 毋論文南生進幼學, 另擇一人, 定爲都訓長, 守令親往, 以禮敦請./旣定都訓長, 然後守令與都訓長相議, 另擇生進幼學中有文者, 差定校任./旣定校任, 然後都訓長與校任相議, 另擇各面中有文行者一人, 定爲各面訓長, 大面則定數人, 面小而無可合人, 則從附近兼定./都訓長與校任面訓長等相議, 別擇士族中十五歲以上聰明端秀有志行文才者, 小邑五人, 中邑十人, 大邑十五人, 或勸入鄕校, 官給粮饌柴油, 使校任專意勸課, 而都訓長統領./各面雖有訓長, 一面遠或數十里, 小不下八九里, 學徒不可朝夕往來受學, 訓長亦難人人口授, 各其父兄或比隣塾師, 逐日課授, 每月朔望兩次, 約日期會於書院, 或山堂等處, 訓長學徒講論文義, 考其勤慢, 講紙報于本官, 自本官通三朔合計, 滿二十四畫者, 自本官以紙筆墨論賞./居齋儒生, 試其文學, 察其志行, 歲末守令別爲擧薦, 自營門聚會考試, 然後許入樂育齋, 就各面學徒中, 另擇升補於齋儒之代./凡此居齋儒生, 各面學徒中, 或有不孝於父母, 不悌於兄長, 博奕好酒色, 好貨財, 出入訟庭, 喜黨論, 妄論朝廷是非官府得失, 論人長短, 往來唇舌, 起鬧鄕黨, 恃强凌弱, 侵虐小民, 干謁官門私行請托, 讀書不勤, 倩人製作, 有一於此, 則各其訓長, 諄諄敎戒, 不從, 然後告于都訓長撻

하달한 「권학절목」을 살펴보면 각 읍의 도훈장, 교임, 면훈장 등의 자격, 대·소읍의 학도 정수, 면학의 기능, 향교 거재 유생들의 시험에 따른 낙육재 추천, 각 면 학도들의 승보시에 따는 향교 거재, 인력을 뽑을 때 공론을 중시하고 색목 배제하는 것 등을 강조하고 있다.

14조의 절목 가운데 나머지 7조에서는 향교의 거재 유생 외의 학습자에 대한 조처, 읽은 책을 표기하여 수령에게 보고, 독서할 서책의 목록, 학습의 우열 판단, 벌칙 등인데, 낙육재 절목과 겹치는 부분이 있다.

이 권학절목은 도에서 주州로, 주에서 면面으로, 면에서 리里로 질서정연하게 하달되었다.[25]

조현명 감사가 주창한 교육제도를 살펴보면 '면학面學 → 읍학邑學[향교] → 영학營學[樂育齋]'과 같이 진학하도록 되어 있다. 이 점은 유형원이 『반계수록』의 「교선지제敎選之制」에서 제시한 교육제도와 유사하다. 면학에서 읍학으로 진학하는 것을 승보升補, 향교에서 영학[樂育齋]으로 진학하는 것을 승주升州라 하였으며, 진학생의 경우 당색에는 구애받지 않는다고 하였다. 그 가운데 낙육재의 입학에 있어서는 경상도내 각 읍의 수령이 지행志行·재예才藝한 선비를 뽑아서 감영에 천거하고, 감영에서는 백일장을 열어서 시험으로 취하게[試取] 되는데, 이를 선현승주법選縣升州法이라 하였다. 낙육재가 이처럼 위상이 강화되어 당시 낙육재를 '현사 선승지소賢士 選升之所'[어진 선비를 고을에서 선발하여 올린 감영의 학교]라 하였고, 낙육재에 입격하는 것을 '선사방選士榜'에 들었다고 하였다. 즉 선사방에 들어야만 낙육재에 입학이 가능한 것이다.

당시 향교는 지방 교육 기관으로서 기능이 매우 중한데도 양반들의

　　之, 撻之不從, 然後告于守令, 以爲從重處置之地./自都訓長以下抄選之際, 勿拘色目, 務從公論, 唯以文學名望爲主."
25) 李光庭, 『訥隱先生文集』(목판본, 1808) 권5, 「與齋儒」, "觀方伯勸學節目, 自道而州, 自州而面, 自面而里, 亦旣井井有序矣."

입학 외면, 교육적 효과 부족 등 교육 기능이 쇠퇴하기에 이르렀다. 이점에 대하여 「권학절목」 하달은 향교를 포함한 관학 교육의 회복을 바라고자 한 측면이 있다. 조현명은 면학을 설치하고 향교 기능을 강화하여 영남의 명유를 향교의 도훈장으로 삼아 교육시킬 계획이었다.

조현명이 정한 「권학절목」은 도내 향교에 영향을 미쳤다. 한 예로 군위 향교의 경우, 「과강절목課講節目」을 작성할 때 그 첫머리에 "모두 '상공 조현명이 정한 옛 학습의 규례'와 같이 했다."라고 하였다.[26]

조현명은 낙육재 상량문을 지었고, 학전學田을 경상도 여러 곳에 마련하여 지역별로 지원이 되도록 하였다. 그런 후에 낙육재를 중창한 사실을 영조께 상소하여 1732년 윤5월에 『대학大學』, 『심경心經』, 『근사록近思錄』 등 3종을 낙육재에 하사받게 하여 교육을 진작시켰다.[27]

한편 조현명 감사가 낙육재를 중창하고 절목節目을 제정하여 가르치고자 한 데 대해서는 영남의 선비들이 주목하였다. 이러한 사실은 유정원柳正源, 이광정李光庭, 김성탁金聖鐸, 이만부李萬敷 등의 글에서 확인할 수 있다.

> 상주의 이 처사[李萬敷]가 작성한 「낙육재규약樂育齋規約」과 감사와 왕복한 편지, 사림士林을 깨우치는 글 등은 고열하고 평정하는 자료가 될까 염려가 되므로 베껴서 올립니다.[28]

---

26) 李廷佑, 『所庵先生文集』(목활자본, 1920) 卷4, 「課講節目」, "一如趙相公顯命 課學古規"
27) 『조선왕조실록』, 영조 8년(1732), 윤5월 29일(갑인) 기사. 당시 內賜 받은 3종의 도서 가운데 『近思錄』(戊申字本) 낙질본이 현재 대구광역시립중앙도서관에 소장되어 있다.
28) 柳正源, 『三山先生文集』(목판본) 卷3, 「與李顧齋(槾)」, "商山李處士所爲樂育齋規約, 與巡相往復書及諭士林文字, 恐或爲考閱評訂之資, 故謄寫仰呈 云云."

❖ 낙육재를 수즙修葺한 후에 합하[趙顯命]께서는 한 도의 영재를 불러 모으고자 각 읍에 관문關文을 보내었고, 수취收聚한 재유齋儒를 도시都試하여 이튿날 시詩·부賦·의疑·의義의 과목으로 15인을 선발한다고 들었습니다. 스스로 고열考閱하여 선비를 올리고 물리친 것은 진실로 합하閣下께서 심간審簡하게 살핀 성의라 하겠습니다.29)

❖ 감영의 관문關文 내용에는 재유齋儒 15인으로 하여금 공도회公都會에 가서 시험을 치르고, 다음날 그 시험의 성적에 따라 우수한 자를 취하여 낙육재에 입학시킨다고 합니다. 그런데 우리 집안의 자제들은 모두가 역질[마마]을 치르지 않아서 응시하지 않았습니다.30)

❖ 매년 정월에 본 주州와 소속 주현州縣의 선비들에게 통문을 내어 그 자제子弟들 중에 가르칠만한 자를 가려 뽑아 본 서원에 모아서 가르치는 데는 춘추의 강습에 모두가 일정한 법식이 있습니다. 세말에는 비로소 낙육재에서 가르칠 선비를 도회소都會所에 모아서 관찰사가 친히 살펴보고 물어서 그 배운 바가 깊은지 얕은지를 시험한 후에 우등 자를 선발하여 해마다 추천하는 자리에 충원한다면 양육養育의 도가 점차 착실해 질뿐만 아니라 서원書院의 고질적 폐단도 가히 한 번에 소멸될 수 있을 것입니다.31)

---

29) 李光庭, 앞의 책 권5, 「與趙方伯(顯命)」, "竊聞 樂育齋已得修葺, 閤下欲招延一路之英才, 行關列邑, 收聚齋儒, 於都試翼日, 以詩賦疑義, 試取十五人, 親自考閱以升黜其士, 誠閤下審簡之誠意也."
30) 金聖鐸, 『霽山先生文集』(목판본, 1893) 卷7, 「與李訥翁天祥」, "營關內, 使齋儒十五人, 往試於公都會, 翼日, 隨所業試之, 取其優者, 入於樂育齋云, 而鄙家子弟, 皆未疫, 不得赴試."
31) 李萬敷, 앞의 책 권4, 「與趙時晦[顯命]」, "每歲首, 通本州及所屬州縣士子, 簡取其子

위 인용문은 중수重修와 규약, 정원定員과 시험 등에 관한 글이다. 이만부는 서원의 유생 중에서도 우수한 자를 선발하여 낙육재에서 교육시킨다면 양육의 도가 착실해지고 서원의 고질적 폐단도 한 번에 소멸될 수 있음을 조현명 감사에게 건의하고 있다.

낙육재를 중창할 당시의 낙육재 입학 정원은 15명이었다.[32] 낙육재 중창을 전후하여 상황을 살펴보면 조현명 감사가 이만부를 1731년 8월에 상주부의 도훈장都訓長으로 삼아서 향교의 『대학』강講에 참여하게 하였고,[33] 이광정에게는 예를 차려 모셔서 안동부의 도훈장으로 삼았다.[34] 김성탁에게는 학업을 청한 사실이 있고,[35] 1737년에 김성탁이 올린 갈암 이현일李玄逸의 신구소伸冤疏가 문제가 되어 호역죄護逆罪로 국문을 받게 될 때는 그가 불이익을 감수하며 신구伸救한 바 있다. 정규양鄭葵陽의 경우는 그 문인록에 조현명 감사가 수록되기도 했다.[36] 그리고 이광정을 포함한 여러 사람을 조정에 천거하여 상당한 벼슬을 받게 하였다. 일련의 사실을 종합해보면 낙육재 설립으로 인하여 조현명 감사가 영남의 여러 선비들에게 협조와 자문을 구하는 등 감사와 유생 간에 교분이 매우 좋았음을 알 수 있다.

弟之可敎者, 聚敎于本院, 春秋講習, 俱有常式. 及歲末, 始會都會所敎之士于樂齋, 方伯親自考問, 驗其所學淺深, 拔其優者, 充于歲薦之窠, 則非但養育之道漸入著實, 書院旣痼之弊, 可以一擧消弭."

32) 1732년 당시의 정원은 15명으로 정했으나, 조현명의 「권학절목」을 보면 30명을 뽑아서 15명씩 양번으로 나누어 진퇴한다고 하였다. 바로 선발인원을 조정한 듯하다.
33) 權相一, 『淸臺先生文集』(목판본) 권1, 「謹次鄕校慕齋先生韻」, "辛亥仲秋, 道伯趙公顯命, 巡到本州, 會州內選士於鄕校之明倫堂, 講大學, 息山李丈, 以都訓長與焉."
34) 李象靖, 『大山先生文集』(목판본) 권50, 「訥翁李公行狀」, "趙公顯命按嶺節, 選士立師, 以風勵一方, 禮致公爲本府都訓長."
35) 金聖鐸, 앞의 책 권6을 보면 趙顯命 관찰사와 여러 차례 서신 내왕이 있었으며, 附錄의「年譜」, 庚戌(1730)의 '答監司豊原君趙公(顯命)書'에 "趙公書, 有執贄請學之語, 先生辭謝, 還其所送紙物."이라 하였다.
36) 烏川鄭氏 門中 편, 『橫溪書堂記』(2006년) 49쪽, 趙述立 편, 「壎篪兩叟同門錄」참조.

1) 낙육재 절목

낙육재의 학규學規라고 할 수 있는 「낙육재 절목」은 전체 7개 항목으로 구성되어 있다. 낙육재 절목은 경상감사 조현명이 이만부李萬敷에게 내품來稟하여 정한 것이다.[37] 7개 항의 절목 가운데 중요한 내용을 살펴보기로 한다.

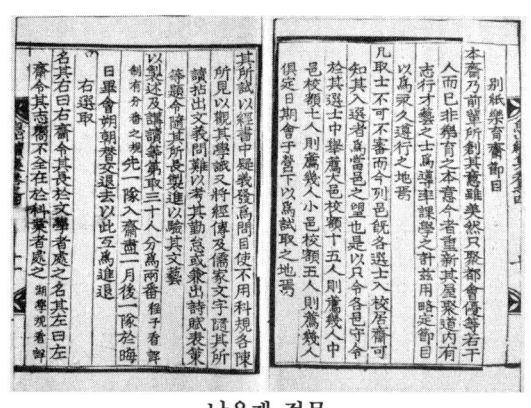

낙육재 절목

① 선취選取 [선발 방법]

시험은 경서 가운데 의의疑義로써 질문 제목으로 내어놓는데, 과규科規는 쓰지 못하게 하고 각자의 소견을 아뢰게 하여 그 학식을 관찰한다. 또한 장차 경전과 유가 문자를 그 읽는 부분에 따라 문의文義, 문난問難을 끄집어내어 근태勤怠를 살핀다. 혹은 시·부·표·책詩賦表策 등에서 제목을 내고, 잘하는 것으로써 지어 올리도록 하여 그 문예를 시험한다. 제술 및 강독으로 30인을 뽑아서 두 번번으로 나누고, 선발 1대[15인]가 입

---

37) 李萬敷, 앞의 책 권4, 「答趙時晦[顯命]」, '別紙樂育齋節目' 참조. 증손 李敬儒가 撰한 息山의 墓誌를 보면 "趙相國之觀察嶺南也, 重修樂育齋, 以養士學規, 來稟于先生以定焉."이라 하였다.

재入齋하여 1개월을 다하면 후발 1대와 그믐날에 다 모였다가 초하룻날 교체하고 물러난다. 이로써 서로가 진퇴進退한다.[38]

② 재규齋規[좌·우재 규정]

오른쪽은 우재右齋라고 이름하여 문학에 뛰어난 사람들을 거처토록 하고, 왼쪽에는 좌재左齋라고 이름을 붙여 지향志嚮에 온전히 두지 않은 과업科業에 있는 자를 거처토록 한다.[39] 각 번마다 좌·우재 가운데 연장자 1인을 추천하여 공령功令으로 삼고, 제생의 지위를 검독檢督하게 한다.[40]

보름마다 우재에서는 출제한 글을 지어 올린 것이 '몇 번'이라 하고, 좌재에서는 독서를 아무 책에서 강학講學한 것이 '몇 판'이라 한다. 보름 후에도 또한 그와 같이 한다.

비록 우재의 사람이 스스로 겸강兼講[강독을 겸함]을 원하면 들어주고, 좌재의 사람이 스스로 겸술兼述[제술을 겸함]을 원하면 들어준다.

날마다 식당에 갈 때는 북[41]을 한 번 쳐서 울리게 하고, 회강會講할 때는 북을 세 번 쳐서 울리게 하며, 일이 있어서 개좌開坐할 때도 북을 세 번 쳐서 울리게 한다.[42]

---

38) 위의 책, 「選取」, "其所試, 以經書中疑義, 發爲問目, 使不用科規, 各陳所見, 以觀其 學識. 又將經傳及儒家文字, 隨其所讀, 拈出文義問難, 以考其勤怠. 或兼出詩賦表策 等題, 令隨其所長製進, 以驗其文藝, 以製述及講讀等第, 取三十人分爲兩番, 先一隊 入齋盡一月, 後一隊於晦日畢會, 朔朝替交退去, 以此互爲進退."
39) 註를 보면 송나라 호원胡瑗의 湖州學規와 송나라 정이程頤의 看詳制를 참작하여 취하였다.
40) 註를 보면 漢書에 功令이라는 이름이 있고, 여씨향약에 月直이라는 소임이 있다.
41) 북[鼓]에 대해서는 낙육재생 李尙斗의 『雙峯集』에 「樂育齋與諸賢詠堂鼓聯句」가 보인다.
42) 李萬敷, 앞의 책, 「齋規」, "名其右曰右齋, 令其長於文學者處之, 名其左曰左齋, 令其 志嚮不全在於科業者處之. 每一番, 左右齋中推其年長者一人, 作功令, 以爲撿督諸生 之地. 每一望, 右齋則出題製呈幾度, 左齋則讀某書來講幾板, 望後亦如之, 雖右齋之 人, 自願兼講則聽, 雖左齋之人, 自願兼述則聽. 每日食堂時鳴一鼓, 會講時鳴三鼓, 有 事開坐時鳴三鼓."

③ 강규講規[강독 규정]

초하루와 보름날에 마땅히 회강會講을 한다. 관장官長[관찰사]이 친히 왕림하면 제생諸生은 건복巾服을 갖추고 동·서 뜰에서 남쪽을 윗자리로 하여 정중히 맞으며, 관장이 당 위로 올라가서 정좌正坐한 후에 좌·우의 두 반수班首는 공수拱手하며 빨리 나아가고 제생도 차례로 뒤따라간다. 계단 아래에 이르면 북쪽을 향하는데, 두 반수는 가운데서, 제생은 동서로 서립序立하여 읍례揖禮를 행한다. 두 반수가 제생을 인솔해서 물러갔다가 다시 제자리로 돌아와서 또 상읍례相揖禮를 행하고 예를 마치면 차례로 당 위로 올라가서 나이순으로 앉는다.[43]

읽어야 할 책을 양손으로 받들고 나아가서 책상에 두고, 조금 물러나서 읍揖을 한 뒤 강석講席에 나아가는데, 글귀를 끄집어내는 데 따라 몸을 바르게 하고 단정히 앉아서 조용히 강독講讀한다. 요컨대 구절句切은 분명히 하고 목소리는 우렁차고 맑아야 한다. 만약 글 뜻을 질문하면 비록 자세히 강론한 것이라도 또한 경솔하게 응대해서는 안 되고, 다시 생각을 일으키고 살펴서 소견을 모두 진달한다. 만약 지시하는 바가 있으면 마땅히 유념하여 받아들이고, 만약 의심스러운 점이 있으면 마땅히 표시하여 질문[44]해야 한다.[45]

④ 술규述規[제술 규정]

각자 동접同接[함께 공부하는 사람]을 따라 정좌하여 제술하며, 출처나

---

43) 註를 보면 이 조항은 太學의 학규 및 한강 鄭逑의 月朝會儀를 대략 모방하였다
44) 註를 보면 이 조항은 童蒙須知를 모방하였다.
45) 李萬敷, 앞의 책, 「講規」, "凡朔望當行會講, 官長親往, 則諸生具巾服, 東西庭南上祇迎, 官長上堂, 定坐後左右兩班首, 拱手趨進, 諸生以次隨之, 至階下北面, 兩班當中, 諸生東西序立行揖禮, 兩班首率諸生還退復位, 又行相揖禮畢, 以次陞堂序齒坐. 將所讀書, 兩手奉冊, 詣置于案, 少退揖就講席, 隨拈出正體端坐, 從容講讀, 要使句切分明, 聲音暢亮, 若質問文義, 雖所熟講, 亦不可率爾應對, 更爲念起提省, 畢陳所見, 如有所指敎, 當留心聽受, 如有所疑晦, 當標出請質."

글 뜻에 미달한 곳이 있으면 마땅히 학문이 우수한 자에게 묻고, 학문이 우수한 사람도 마땅히 알고 있는 바에 따라 숨김없이 다 진술해야 한다.

제술製述할 때는 두건 벗고 옷자락 헤치며 맨발로 벌렁 누워서는 안 된다. 제술을 마치면 각자 시권을 올리고 물러나서 앉아야 하며, 당 위에 올라가서 고점考點[시험지]을 엿보아서는 안 된다. 제술하는 문체는 순정純正·아건雅健하도록 힘쓰고, 경의經義에 근거를 하며, 불경하고 허탄한 고사를 사용하여 현란하고 눈을 즐겁게 하는 계책을46) 꾸며서는 안 된다.47)

⑤ 독법讀法[독서 방법]

읽어야 할 책은 오서[소학, 대학, 논어, 맹자, 중용]와 오경[시경, 예기, 서경, 역경, 춘추]인데, 순환해가며 이해해야 한다. 유가의 여러 책[근사록, 가례, 심경, 이정전서, 주자대전, 주자어류, 주자서절요 및 기타 성리서]으로 강구하고, 여력이 있으면 역대의 사전史傳을 겸해서 보게 한다.

만약 제술 유생이 사장詞章을 겸하여 취하고자 한다면 사마천의 사기史記, 반고의 한서漢書, 한·류·구·소韓柳歐蘇의 문초류는 읽도록 허락하지만 이단異端과 잡기雜技 같은 부정한 책에 이르러서는 잠시라도 읽어서는 안 된다.48)

독서 할 때에는 먼저 책상을 정돈해서 정결하고 단정하게 하고 서책을 놓는다. 몸을 바르게 하여 찬찬히 읽되 글자마다 분명히 하고, 터무니없이 억지로 암기해서는 안 되며, 단지 저절로 익숙해지도록 해야 한다.

옛사람이 말하기를 독서는 삼도三到가 있어야 하니, 심도心到[마음에

---

46) 註를 보면 이 것은 朱熹가 汪尙書에게 답한 편지의 뜻을 대략 취한 것이다.
47) 李萬敷, 앞의 책, 「述規」, "各隨同接, 定坐製述, 如有出處文義未達處, 當問於學優者, 學優者亦當隨其所知, 畢陳毋隱. 雖在製述之時, 不可脫巾披襟跣足偃臥, 凡製述旣畢, 各自呈券退坐, 不可上堂, 窺見考點, 凡製述, 文體務爲純正雅健, 根據經義, 不可使用不經虛誕故實, 以爲眩耀悅眼之計."
48) 註를 보면 율곡 李珥의 擊蒙要訣을 모방한 것이다.

이름], 안도眼到[눈에 이름], 구도口到[입에 이름]를 말한다.49) 마음이 여기에 있지 않으면 눈이 자세하게 보지 못하고, 마음과 눈이 한 곳에 집중하지 못하면 허랑하게 외고 읽을 수밖에 없어서 결코 기억할 수 없으며, 기억한 것도 오래 갈 수 없다. 삼도 가운데에 마음에 이르는 것이 가장 중요하다. 마음이 한 곳에 이르면 눈과 입이 어찌 이르지 않겠는가?

책을 읽는 데는 급박하지 않아야 하고, 느긋해서도 안 된다. 글을 풀이할 때는 억지로 끌어서는 안 되고 대충 지나쳐서도 안 된다.50) 오직 역량을 헤아려서 전념함이 마땅하다.51)

⑥ 일용사의日用事宜[일상생활에서 당연히 해야 할 일]

낙육재 안에서 유숙留宿하는 자는 반드시 일찍 일어나야 하며, 벌렁 눕거나 곤히 잠들어서 날이 저물도록 자도록 두어서는 안 된다. 침구를 정리하여 포개두고, 재직齋直으로 하여금 방과 마루를 물로 닦고 소제하게 한다.

식사 때에 재직이 북을 쳐서 울리면[鳴鼓] 나이순으로 앉고, 반상盤床을 진배進排하면 일시에 숟가락을 들며, 식사를 마치면 걷어낸다. 저녁에도 그와 같이 한다.

몸가짐[儀容]은 반듯해야 한다. 앉을 때는 반드시 허리는 곧게하여 몸을 바로 잡고, 갈 때는 반드시 느린 걸음으로 천천히 가며, 읍揖을 할

---

49) 讀書 三到는 朱熹가 저술한 『訓學齋規』에 나오는 말이다.
50) 註를 보면 위 독서 이하 3조항은 童蒙須知와 養正編을 모방한 것이다.
51) 李萬敷, 앞의 책, 「讀法」, "所讀之書, 則以五書五經, 循環理會, 以儒家諸書(近思錄·家禮·心經·二程全書·朱子大全·語類·節要及他性理之說)講究, 有餘力則兼看歷代史傳. 若製述儒生, 欲兼取詞章, 則如馬班韓柳歐蘇之類, 亦許看讀, 至於異端雜技不正之書, 不可頃刻披閱. 凡讀書先整頓几案, 令潔淨端正, 頓放書冊, 正體緩讀, 字字分明, 不可胡亂牽强暗記, 只要自熟. 古人言讀書有三到, 謂心到眼到口到, 心不在此, 則眼看不子細, 心眼旣不專一, 卻漫浪誦讀, 決不能記, 記亦不能久也, 三到之中, 心到最重, 心旣到矣, 眼口豈不到乎. 讀書不可急迫, 不可寬緩, 解釋文字, 不可牽强, 不可泛過, 惟宜量力致專."

때는 반드시 양쪽 손은 둥그런 모양새로 하여 몸을 굽히고, 절을 할 때는 반드시 머리를 숙여 공근히 한다.

교제함에 있어서는 단지 뜻과 행실과 학업이 어떠한지 관찰해야 한다. 벗으로 삼으면 공경해야 하고, 끼어들거나 능만[업신여김]하며 싸움질하고 꾸짖어 욕하는 사람은 안 된다. 벗들 중에서 과실 있으면 마땅히 계도하여 불의에 빠지지 않게 한다. 자신에게 허물이 있어서 붕우가 책망하면 마땅히 두려워하면서 청납하여 바로 고치고 분변하지 않는다.

남들의 아름다운 행실을 보거나 착한 말을 들으면 마땅히 마음속에 기억해서 잊지 않고 그것을 본받고, 좋은 문자를 보면 마땅히 기록해서 익히 보고 그것을 본받는다.

한 집안 식구 밖의 사람은 만나지 말며 서리胥吏나 창기娼妓 같은 사람을 가까이해서는 안 된다.52)

⑦ 시벌施罰[벌칙 규정]

제생에게 과실이 있으면 공령功令이 재직에게 북을 쳐 울리도록 명하여 개좌開坐한 뒤에 여러 벗과 상의하여 벌을 준다.

상벌上罰은 출재黜齋[재사에서 내침]하고, 중벌中罰은 출좌黜坐하며, 하벌下罰은 면책을 한다. 만약 큰 과실이 있으면 사사로이 벌을 주지 않아야 하고, 혹 벌을 받고도 즐겨 듣지 않으면 관장官長에게 고하여 처치토록 한다.53)

---

52) 위의 책, 「日用事宜」, "凡齋中留宿者, 必早起, 不可偃臥困睡, 以及日晏, 整疊寢具, 令齋直灑埽室堂. 食時齋直鳴鼓, 序齒坐, 進排盤床, 一時擧匙, 食畢撤出, 夕亦如之. 儀容不可不謹, 凡坐必定身直腰, 凡行必緩步徐行, 凡揖必圓拱屈身, 凡拜必俯首恭謹. 交際只觀其志行學業, 友而敬之, 不可有挾凌慢爭鬩詬罵, 朋儕中如有過失, 當開導, 勿使陷於不義, 己之有過, 朋友責之, 則當瞿然聽納, 卽改毋辨. 凡看人美行, 聽人善言, 當心記不忘, 思以效之, 好文字當寫錄熟看, 思以效之. 凡外人不須交接, 如胥吏娼妓, 尤不可近."

◀ 낙육재 절목 요약 ▶

一. 재생을 뽑을 때는 경서經書의 의의疑義로 학식을 관찰하고, 경전과 유가 문자로 근태를 살피며, 시부詩賦 등으로 문예를 시험한다. 그런 후에 제술과 강독으로 30명을 뽑아서 15명씩 학습한다.

一. 낙육재에 좌재·우재의 2개 방을 운영하고, 연장자 1명을 공령功令으로 삼아 제생을 검독한다. 식당에 갈 때는 북을 한 번 쳐서 알이고, 중요한일이 있을 때도 북을 쳐서 알린다.

一. 초하루·보름날 회강會講을 하는데, 이 때 관찰사가 참석하여 정좌[몸을 바르게 하고 앉음]하면 제생이 읍례를 행한다. 제생이 강독할 때는 단정히 앉아서 조용히 읽는데, 구절을 분명히 하고 글 읽는 소리는 우렁차고 맑게 하며, 질문에 잘 응대토록 한다.

一. 책은 읽어야 할 것과 읽지 말아야 할 것을 분별하고, 독서할 때는 단정히 앉아서 읽되, 글자마다 분명히 하고 억지로 암기하거나 해석을 해서는 안 되며, 마음을 한 곳에 모아서 책을 읽어야 한다.

一. 제술[시나 글을 지음]의 경우 제생 간에는 학문을 도와야 하고, 글을 지을 때는 바른 자세를 갖도록 한다. 문체는 순정純正·아건雅健해야 하고, 불경하거나 허탄한 고사를 사용하지 못한다.

一. 일상생활에서는 일찍 일어나서 침구 정리하고, 세수한 후 의관을 정제해야 하며, 식당에 가서는 나이순으로 앉아서 일시에 먹고, 앉을 때는 허리 곧게 하고, 다닐 때는 천천히 걸으며, 읍을 할 때는 공손·공근히 해야 한다.

一. 벌칙

---

53) 위의 책, 「施罰」, "凡諸生有過失, 功令命齋直, 鳴鼓開坐, 與諸友相議施罰. 上罰黜齋, 中罰黜坐, 下罰面責, 若有大過, 不可私自施罰, 或不肯受罰者, 告于官長處置."

낙육재 절목 7조를 살펴보면 여러 문헌에서 인용한 것이 많은데 내용은 매우 상세하다.

2) 장서

낙육재는 독서당讀書堂의 성격을 지니고 있으므로 많은 도서를 갖추고 있다. 경상감사 조현명의 상소로 인하여 1732년(영조 8) 윤5월 영조가 낙육재에 내린 『대학』, 『심경』, 『근사록』 등 3종의 도서는 낙육재 재청齋廳의 벽장壁藏[벽에 붙여 만든 장]에 봉안하였다.

이듬해 동래부사로 부임한 정내주鄭來周가 낙육재에 도서를 내린 사실을 이렇게 표현하였다.

> 조현명이 경상 감사로 있을 때 낙육재의 일을 아뢰어 상께서 서적을 하사하라고 명하셨습니다. 신은 그때 영남의 고을을 맡고 있으면서 영남의 인사들이 한층 더 스스로 면려하는 것을 보았습니다. 한 질의 서적이 반드시 모든 사람의 이목을 열 수 없는데도 선비의 기풍이 이렇게 크게 변한 것은 윗사람의 뜻이 유학을 숭상하고 도를 중시하는 데 있음을 알고서 감발한 바가 있기 때문입니다.[54]

정내주가 조정에서 도서를 하사한 데 대해, 영남 선비들이 한층 더 스스로 면려하는 풍토가 조성되었고 또한 선비의 기풍이 크게 변할 수 있었다고 긍정하였다.

영조가 내린 책 가운데 『대학』은 현재 실물이 남아 있지 않아서 어떤 판본인지 알 수 없다. 『심경』은 진덕수眞德秀가 찬한 『심경부주心經附註』의 약칭인데 1672년(현종 13)에 금속활자 무신자戊申字로 간행한 것이고,

---

54) 『승정원일기』, 영조 11년 을묘(1735) 6월 20일 조.

『근사록』은 주희朱熹·여조겸呂祖謙이 공편한 『근사록집해近思錄集解』의 약칭인데 금속활자 무신자로 간행한 것이다.55) 그리고 새로 마련한 사서 삼경과 그 언해를 합한 80권은 재齋에 두었다.56)

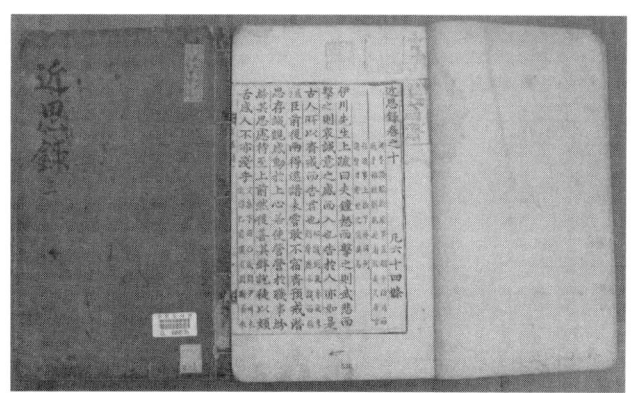

英祖로부터 낙육재에 內賜받은 近思錄 (1732년)

영조 8년(1732년) 3월은 조현명이 경상감사에 재임 중인데 황정黃晸이 진수당進修堂에서 영조께 진언한 내용을 보면 당시의 정황을 유추 할 수 있다.

    지방은 왕의 교화로부터 차츰 멀어지고, 학교에 관한 정사는 수령이 전혀 관심을 기울이지 않으므로, 선비들의 풍습이 점차 지리멸렬하게 되었습니다. 영남은 옛날의 이른바 추로지향鄒魯之鄕인데 최근 수십 년 동안 선비들의 기풍이 걷잡을 수 없게 되었습니다. 그러므로

---

55) 대구시립중앙도서관 편, 『藏書目錄 - 日本語圖書·漢古籍 및 西洋圖書 篇』, 1977에 『심경부주』 1책(권3-4), 『근사록집해』 3책(권3-14) 등이 소장되어 있었다. 당시 필자가 자료를 직접 확인하였다.
56) 경상감영 편, 앞의 『嶺營事例』, "御賜書冊, 奉安于齋廳壁藏中, 新備四書三經具諺解 八十卷, 置齋中."

감사 조현명이 부임한 뒤에는 선비들의 기풍을 흥기시키는 일을 우선으로 하여 낙육재를 건립하고는 선비들을 선발하여 입학시키고 전답을 사 주어 교육을 해 나갈 방도를 있게 하였다고 합니다.[57]

영남은 추로지향[공자 맹자가 태어난 곳]으로 이름 난 곳이었으나 선비들의 기풍이 수십 년간 해이하다고 진단한다. 조현명 경상감사가 낙육재를 건립하고 학전學田을 마련하여 해결 방도를 강구하는 등 크게 노력하여 사풍을 흥기시켰다고 하였다. 교육정책을 매우 긍정적으로 평가하고 있다.

현존 고문헌 가운데는 경상감영에서 간행한 『시수詩藪』가 있다. 필자가 목섭한 이 책의 앞 표지 뒷면에는 "乾隆二年 三月 日 / 閔等 備上 / 樂育齋"라 되어 있고

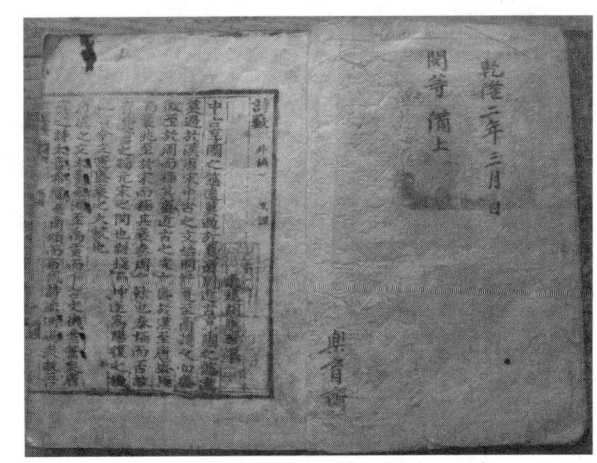

민응수 관찰사가 기증한 시수(1737년)

경상도관찰사의 직인이 찍혀 있다. 따라서 이 책은 경상감영에서 낙육재에 기증한 책인데, 건륭 2년은 1737년(영조 13)이며, 민등閔等은 민응수閔應洙 감사의 재임기간을 뜻한다.

---

57) 『승정원일기』, 영조 8년 임자(1732) 3월 23일 조.

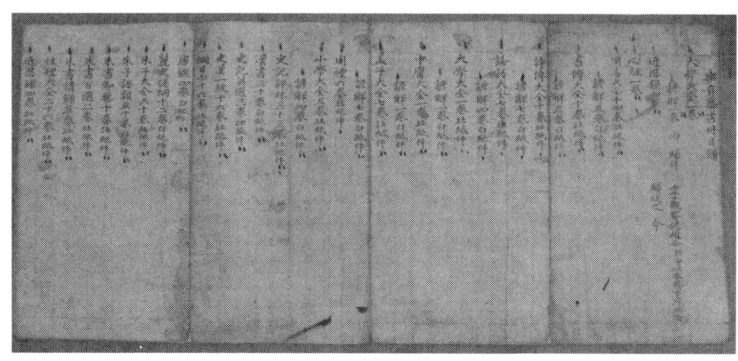

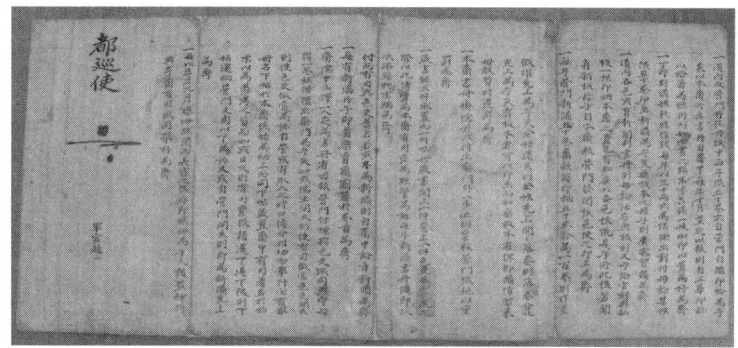

낙육재 서책목록 (1807년), 대구광역시립중앙도서관 소장

조현명이 낙육재 장서의 기반을 마련한 이후 윤광안 감사는 1807년에 낙육재 관선당을 새로 짓고 장서각藏書閣을 설치하고, 도서구입비 30냥을 새롭게 책정하여 많은 도서를 확충하였다.58) 1807년에 작성된 『낙육재서책목록樂育齋書冊目錄』59)을 살펴보면 이 때 구입한 도서를 '정묘신비丁卯新備'라는 도장을 찍어서 구분하였는데, 실제로 대구광역시립중앙도서관에 '정묘신비'가 찍혀 있는 도서가 201책이고 그 가운데 일부는

---

58) 경상감영 편, 앞의 『영영사례』, 「丁卯(1807) 尹等內 追節目」, "三十兩, 本齋書冊新備, 每年下."
59) 『樂育齋書冊目錄』 절첩본은 1807년에 윤광안 관찰사가 편성한 것인데 후대 사람들이 주석으로 내용을 보완하였다.

낙질본이다.

이 책을 포함하여 1807년 장서각에 보존된 장서는 585책이고, 1857년 에는 1,397책으로 늘어났다.[60] 그 후에도 도내 서원 같은 데서 기증을 받는 등[61] 계속 증가되었을 것으로 보인다. 낙육재가 1906년 3월 철폐된 후에 도서를 이전하는 과정에서 많이 유실되어 1978년 조사 당시 764책이 남아 있었다.[62] 낙육재 도서에는 '樂育齋'라는 장서인이 찍혀있다. 낙육재 도서현황은 〈부록 2〉에 붙인다.

한편 경상감사의 출판에 대한 관심은 지대하였다. 1863년에 경상감영에서 간행한 『사보략史補略』의 이시원李是遠이 쓴 서序에 의하면 "영남은 추로鄒魯의 고장이다. 조정의 숭문정책이 경적을 중히 여기므로, 영남의 감사로 오는 사람치고 책을 한 권도 간행하지 않는 사람은 아직까지 한 사람도 없다."고 하고, 이는 유학儒學을 진흥하기 위함이라 하였다.[63] 1601년에 경상감영이 대구에 정착한 시기로부터 1894년의 갑오경장에 이르기까지 293년간 237명의 재임 감사 가운데 160여 종을 간행한 것으로 파악된다.[64] 간행본을 보면 경서經書, 사서史書, 유가儒家, 의가醫家, 병가兵家, 농가農家, 유서類書, 별집別集[문집], 몽학자서蒙學字書 등이고 족보族譜, 방목榜目이 포함되어 있다.

---

60) 남권희, 「경상감영 간행본과 낙육재 소장서책 분석」, 경북대영남문화연구원, 『경상감영의 종합적 연구』, 2004, 303-305쪽.
61) 현풍 도동서원에서 1840년 『경현록』 3책을 낙육재에 보낸 기록이 있다.
62) 장인진, 앞의 「영남 낙육재 고」, 111-114쪽의 '낙육재도서목록'에 의하면 1978년 당시 대구시립중앙도서관에는 낙육재 도서 764책 소장한 것으로 조사했는데, 추가 42책이 확인되어 806책이나 된다.
63) 柳鐸一, 『영남지방 출판문화 논고』, 세종출판사, 2001, 265쪽.
64) 위의 책, 258쪽에 150-160여 종이 된다고 하였다.
한편 趙婷化, 「朝鮮朝後期 嶺南官板本에 관한 硏究」(성균관대학교 대학원, 박사학위논문, 1996), 36-49쪽에 의하면 경상감영판을 171종으로 조사하였는데, 그 중에 대구부 간본 『月沙先生別集』(1720년), 평안도 순천군 간본 『增訂抱翠軒遺稿』(1795년) 등이 포함되어 있다.

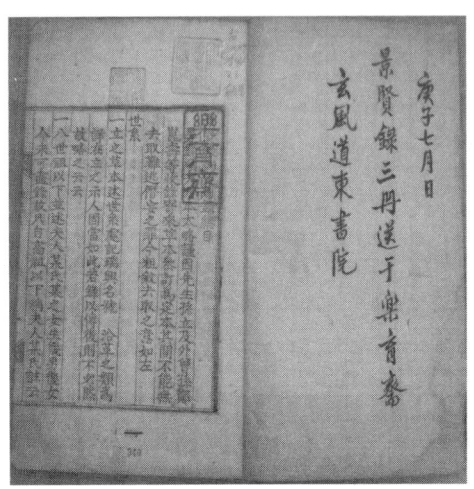

현풍 도동서원에서 기증한 경현록(1840년)

낙육재 설립 이후 낙육재 장서로 편입되는 경상감영 판[嶺營板] 문집은 57종으로 확인된다.65)

내용을 살펴보면 권상하權尙夏의 『한수재집』(1761년), 김상헌金尙憲의 『청음집』(1861년), 김수증金壽增의 『곡운집』(1711년), 김진규金鎭圭의 『죽천집』(1773년), 남용익南龍翼의 『호곡집』(1695년), 이단하李端夏의 『외재집』(영·정조), 이여李畬의 『수곡집』(1739년) 등 주로 노론 계열의 문집이 많이 간행되었다. 이 점은 17세기 이후 현안 문제로 대두된 영남 사족 출신의 문과 급제자 감소와 영남지역의 정치적 영향력 저하의 원인이 된 지역 차별의 결과가 서인[노론]이 주도한 감영 출판물에서도 뚜렷이 드러난 것이다.66) 이러한 문집은 주로 경상감사의 선대를 중심으로 한 혈연관계와 당파를 중

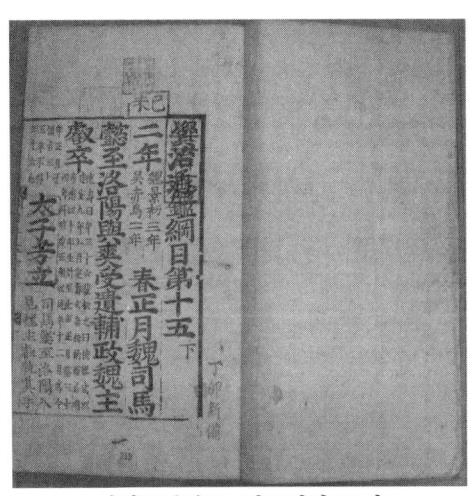

자치통감강목, 정묘신비 도서

---

65) 장인진, 『영남 문집의 출판과 문헌학적 양상』, 계명대학교 출판부, 2011, 58-60쪽.
66) 위의 책, 65쪽.

심으로 한 학연 관계에 따라 간행된 것이어서 한편으로는 가문의 홍보나 당색을 조장하기 위한 목적이 있었다고 본다.

낙육재 설립 이후에는 영 영嶺營에서 출판한 것이라면 문집뿐만 아니라 모든 책을 낙육재에 비치하였다.

이여, 수곡집 (1739년)

4. 낙육재 운영과 학습

1) 학전 규모

『영영사례嶺營事例』[67]에 의하면 1781년(정조 5) 이전 낙육재의 학전을 살펴볼 수 있는데 논[畓]은 대구를 비롯하여 밀양, 경주, 거제 등지에 있었고, 밭[田]은 밀양, 경주, 칠원 등지에 있었다. 1781년 이전까지 소유하고 있던 낙육재 토지[학전]는 다음과 같다.[68]

◁ 낙육재 토지 현황 ▷

구분	소재지	세종 (稅種)	세조(稅租) (石)	두락 당 세조단위 (斗)[추정치]	두락(斗落) [추정치]	비 고
논	대구	조(租)	112.06	10	168	전(錢) :112.4냥(兩)

67) 慶尙監營 편, 앞의 『嶺營事例』(대구가톨릭대학교 도서관 소장본)
68) 위의 책에 의거하여 작성하였음

논	밀양	〃	90.036	10	135	
논	경주	〃	21.039	10	31	
논	거제	〃	1.05	10	1.5	밀양 이하 합전 : 112.83냥
소계			225.035		335.5	
밭	밀양	모(牟)	63.05	10	94	
밭	경주	〃	9.138	10	15	밀양 이하 합전 : 73.25냥
밭	칠원	〃	8.021	10	12	전 : 8.14냥
소계			81.059		121	
합계			306.094		456.5	전 : 306.62냥

* 1섬[石]은 15말[斗]이므로 소수점 이하 2자리까지는 말[斗] 표시이고, 1말은 10 되[升]이므로 소수점 이하 3자리 수는 되[升] 표시임

　도표에 나타난 토지 7개소의 면적은 456.5두락斗落[마지기]으로 추정할 수 있다. 이 7개소 토지는 1730년경에 조현명 감사가 마련한 것으로 추정되지만, 50년이 흐른 시점의 현황이므로 후임 감사들의 추가 매득이 있었을 것이라고 본다.

　낙육재 학전은 이후에도 지속적으로 매득하였다. 1782년(정조 6)에 경상감사 조시준趙時俊이 대구의 토지 51두락(세조 32섬 1말)을 481량兩에 추가로 매득하였고, 1808(순조 8)년에 경상감사 정동관鄭東觀이 대구의 토지 68두락(세조 47섬 5말)을 710량에 추가로 매득하였으며, 다시 1809년에는 경상감사 정만석鄭晩錫이 대구의 토지 90.5두락(세조 49섬)을 735량에 추가로 매득하여 합 209.5두락을 마련하여 전체 낙육재 토지는 약 666두락을 확보하였다.69)

2) 운영비

낙육재 토지의 세조稅租 중심으로 연간 규모를 살펴보면 대구에서는 벼[租] 112섬 6말(112.4兩)이고, 밀양에서는 벼 90섬 3말 6되와 보리[牟] 63섬 5말(합 153.57兩)이며, 경주에서는 벼 21섬 3말 9되와 보리 9섬 13말 8되(합 31.18兩)이고, 거제에서는 벼 1섬 5말(1.33兩)이며, 칠원에서는 보리 8섬 2말 1되(8.14兩)이다. 벼·보리로 합산하면 306섬 9말 4되가 되고, 이를 전錢으로 환산하면 306.62냥이다.[70]

낙육재 재원은 위 토지에 의한 연간 세조 수입 외에 경상감영의 영고營庫 보조금, 노비奴婢의 신역身役[貢錢], 방채전防債錢 및 기타 수입 등이 있었다.

◁ 낙육재 연간세입 및 지출비목 (단위 : 兩) ▷

세입				지출비목				비고
항목	연도		증감	항목		연도		
	1781년 이전	1807년				1781년 이전	1807년	증감	
學田稅租수입	306.62	361.55	+54.93	例下	色吏	30	30		租20石, 米1石9斗, 錢6냥
監營보조금 (米57石5斗3升5合)	143.4	143.4			食母	15	15		租5石, 米1石9斗, 錢6냥

---

69) 순조 연간에 매입한 둔답의 稅租 단위를 살펴보면 1斗落當 8.1~10.4斗이다. 1781년 이전의 학전 세조 규모 306.62냥의 전답에 대해서는 두락 표시가 되어 있지 않아서 정확한 면적은 알 수 없다. 여기서 1두락당 세조 단위를 10斗로 추정할 경우 둔답은 545두락[마지기], 둔전은 121두락으로 파악된다. 한편 1899년 당시 낙육재 둔토는 '130여 석지기'라고 표기[독립신문]되는데, 확인하기 어렵다.
70) 앞의 『영영사례』의 1782년 작전례作錢例를 보면 곡식을 錢으로 환산할 때, 租[벼] 1섬[石] 또는 牟[보리] 1섬이나 米[쌀] 6말[斗]을 錢 1兩으로 적용하고 있다.

항목				항목				비고
貢錢 수입 (奴婢4)	4.6	4.6		庫子	5	5		租5석
蒜山倉 鹽利, 船價 수입 (春550, 秋300)	850	850		冊匠	5	5		租5석
債利 給代錢 (米70× 2.25 租380.09×0.9)	500	500		주식비 (飯米)	220.5	220.5		米88石3斗, 재생15, 색리1
防債錢 수입	84.22	84.22		운영비	1,422.6	1,697.29	+274.69	재생15, 색리1의 紙筆墨代, 찬가 등 부식비, 반목가 등 연료비
營庫 在米 50石 耗條	8.3	8.3		기명가 (器皿價)	2.2	2.2		비품 (그릇)
丁卯新備 還租 耗條 (1807년)	88.52		+88.52	齋基 結卜價	2.24		-2.24	地稅
				色吏,庫子 收稅時 노비(路費)	35	35		春20냥, 秋15냥
				床債(5절일,4월8일, 삼복)	105		-105	5절일:1인1냥, 4월8일·

								삼복:1 1인5전
				白日場 및 公都會債	54		-54	공도회: 1인 3냥, 백일장: 1인 6전
				서책 구입비		30	+30	
				토지손실 부담금	0.6	0.6		川反 舊頉
계	1,897.14 兩	2,040. 59兩	+143. 45	계	1,897.1 4兩	2,040. 59兩	+143. 45	

*범례 : 1兩 = 租1石 또는 牟1石 또는 米6斗 / 1石 = 15斗 / 1斗 = 10升

 1781년(정조 5)의 연간 세입 내역을 돈[錢]으로 환산해 보면 ①학전 세조 수입 306.62냥, ②감영 보조금[營庫 移來] 143.4냥, ③공전貢錢 수입 [노비 4명] 4.6냥, ④김해 산산창蒜山倉의 염리鹽利 및 신가船價 수입 850냥 ⑤채리 급대전債利 給代錢[71] 수입 500냥, 방채전防債錢 수입 84.22냥, ⑥영고재미營庫在米[50石]의 모조耗條[손실 보충용 곡식][72] 8.3냥 등 총 1,897.14냥이었다.[73]

 1781년의 지출 비목을 살펴보면 ①인건비(色吏·食母·庫子·冊匠) 55냥, ②주식비主食費[儒生15, 色吏1] 220.5냥, ③유생 15명 등에 대한 운영비[부식대, 연료비, 지필묵대][색리 지필묵대 1명 포함] 1,422.6냥, ④기명가器皿價

---

71) 급대전給代錢은 돈으로 대신 주는 것을 말하고, 급대는 값을 쳐서 다른 물건으로 대신 주는 것을 말한다.
72) 모곡耗穀의 몫이다. 모곡은 각 고을 창고에 저장한 곡식을 봄에 백성에게 대여했다가 추수 후 받아들일 때 말[斗]이 축나거나 창고에서의 손실을 보충하기 위하여 10분의 1을 첨가하여 받는 곡식을 말한다.
73) 전체 1,897.14兩을 말[斗]로 환산하면 약 11,383말이 되고, 현재 쌀 한 말 가격을 20,000원으로 잡아도 227,660,000원이 된다. 당시 세입원이 농업이고 기상조건에 따라 생산량의 증감이 있고 보면 쌀의 가치는 지금보다 훨씬 높을 것이다.

[그릇 등] 2.2냥, ⑤지세地稅[齋基 結卜價] 2.24냥, ⑥수세시收稅時 여비 35냥, ⑦상채床債[5절일, 40월초파일, 三伏] 105냥, ⑧백일장 및 공도회채 54냥, ⑨토지손실 부담금 0.6냥 등 1,897.14냥이다.

당시 개인별 지급 내역을 보면, 재생 1인당 매일 반미飯米 2되, 찬가饌價 1전錢, 진유眞油·남초南草[담배]·채소가菜蔬價 1전을 지급하였고, 3-8월 중에는 점심용으로 반미 5합, 찬가 3분을 추가 지급하였다. 재생의 지필묵가紙筆墨價는 1인당 매월 5전[1807년 이후 1냥]을 지급하였고, 설날·한식·단오·추석·동지 등 5절일과 사월초파일, 삼복 같은 날에는 상채床債를 1냥 또는 5전씩 지출하였다. 백일장 참가시 6전, 공도회 응시 때 공도회채公都會債 3냥, 과거 응시 때는 과거의 성격과 장소에 따라 과채科債를 1인당 2~5냥74) 지출하였고, 재생 및 그의 종[奴]과 말[馬]이 왕래할 경우에도 거리에 따라 여비를 지급하였으며, 이 외에도 백일장 때는 1인당 정초지가正草紙價 5전, 요기가饒氣價 1전을 지급하였다.

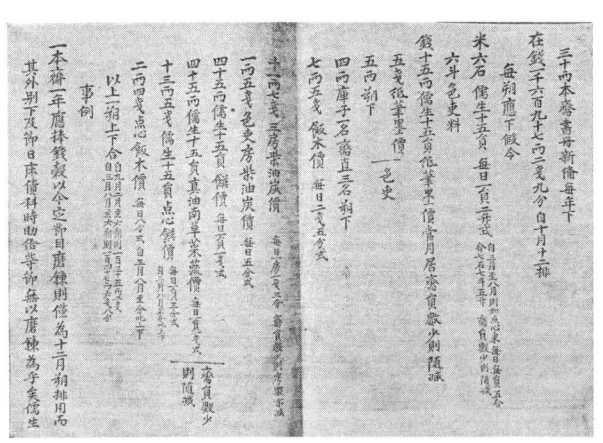

영영사례, 낙육재 조

---

74) 당시 科債를 살펴보면 式年監試 初試債 3냥, 東堂試의 경우 거재 유생 중 經工(經學을 공부하는 재생)이 있으면 3냥(그렇지 않은 자는 助給하지 않음), 增廣試 3냥, 京科에 赴擧 上京時 5냥, 覆試 2냥 등이다.

1807년(순조 7) 윤광안 관찰사 재임 당시의 낙육재 연간 세입·세출 부분을 살펴보면 1781년에 비하여 학전 세조 수입 54.93냥[75)]의 증액과 환곡의 모조耗條 88.52냥이 세입으로 잡혔고, 세출에서는 운영비 274.69냥이 증액되었고, 지세地稅 2.24냥, 상채床債 105냥, 백일장 및 공도회채 54냥 등이 삭제되었으며,[76)] 서책 구입비 30냥이 신설되었다. 이에 따라 전체 예산규모가 2,040.59냥[쌀 816섬]으로 증액되었다. 세출 가운데 운영비는 연간 1,697.29냥인데 세부 내용을 보면 ①지필묵가紙筆墨價로 재생[15명] 180냥[90냥 증액], 색리色吏[1명] 6냥, ②삭하전朔下錢[일종의 월급]으로 월 5냥의 색리[1명] 60냥, 월 1냥의 고자庫子[1명]·재직齋直[3명] 48냥, ③반목가飯木價[밥 짓는 나무 값]로 90냥, ④시유탄가柴油炭價[땔나무·기름·숯 값]로 재생[3房] 140.4냥, 색리방 18냥, ⑤재생의 찬가饌價 540냥, ⑥재생의 진유·남초[담배]·채소가 540냥, ⑦재생의 점심 찬가(6개월) 81냥, ⑧점심의 반목가(6개월) 14.4냥 등으로 나타난다.[77)]

아무튼 1807년 이후 운영비의 특징은 재생들의 지필묵가는 1인당 5전에서 1냥으로 인상되어 학습에 매진토록 했고, 시유탄가는 재생 2개방[좌·우재]에서 1개 방이 추가[관선당으로 추정]되어 지불액이 늘어났으며,

---

75) 1782년 관찰사 조시준이 재임할 때 대구 둔답 51두락에 대한 稅錢 수입 32냥 6푼(分)과 김해 노전(5結 58負)에 대한 稅錢 수입 22냥 8전 7푼 등이 증액된 것이다.
76) 상채 공도회 포함한 과채의 경우는 본 지출항목에는 삭제되어 있으나, 비용을 조정하여 운영비의 잉여분에서 수용하도록 하고, 부족할 때는 營庫에서 取用하도록 하였다.
77) 경상감영 편, 앞의 『嶺營事例』의 1807년 尹等內 追節目을 보면 在錢 1,697.29냥에 대한 '每朔 應下'에 假令[假豫算?]이라 표기하고 ①~⑧을 예시한 후 말미에 '以上 一朔上下슴'이라 하고 註를 달기를 9월~2월 135.2냥, 3월~8월 147.68냥이라 하였다. 계절별 금액 차가 매월 12.48냥이다. 합산해보니 ①~⑥은 135.2냥으로 일치하지만 ⑦~⑧을 추가하면 12.48냥이 되어야 하는데 15.5냥이다. 이렇다보니 합산이 맞지 않다. 한편 이 책의 1781년 절목에 在錢 1,422.6냥이 있는데 9월~2월은 매월 107.3냥, 3월~8월은 매월 129.8냥이라 하였다. 지출 항목은 1807년에 비하여 상세하지 않다.

색리·고자·재직 등 관리 인력에게 매월 지급하는 삭하전을 신설하여 처우 개선을 해주었다.

이처럼 경상감영에서는 낙육재 교육 예산을 대폭 증액하여 인재 양성에 주력하였음을 알 수 있다. 또 낙육재의 연간 지출 비목을 살펴보면 경상감영에서 낙육재 재생을 매우 우대하였음을 다시금 확인할 수 있다.

3) 학습

(1) 권장도서

낙육재에서는 독서를 매우 중시하였다. 학습할 때 어떤 책을 읽어야 할 것인가에 대해서는 권장 도서목록이 「낙육재 절목」에 규정되어 있다. 권장한 도서는 다음과 같다.

> 『소학』, 『대학』·『중용』·『논어』·『맹자』[사서], 『시경』·『서경』·『주역』·『춘추』·『예기』[오경], 『근사록近思錄』, 『가례家禮』, 『심경心經』, 『이정전서二程全書』, 『주자대전朱子大全』, 『주자어류朱子語類』, 『주자서절요朱子書節要』, 성리서性理書, 역대사전歷代史傳

소학은 『소학제가집주小學諸家集註』를 의미한다. 『대학』, 『중용』, 『논어』, 『맹자』, 『시경』, 『서경』, 『주역』, 『춘추』, 『예기』 등의 '사서오경四書五經'은 유가의 기본 서적이라 하겠다.

『근사록』은 14권 4책(또는 3책)으로 구성되어 있는데, 송나라 주희朱熹와 여조겸呂祖謙이 공동으로 저작하고, 송나라 섭채葉采[78]가 집해集解한 유가의 서적이다. 이 책은 중요한 서적이므로 1732년에 영조가 낙육

---

78) 섭채葉采의 자는 仲圭, 호는 平巖이고, 葉味道의 아들이다. 朱熹와 呂祖謙의 공저인 『근사록』에 최초의 주석을 단 사람으로, 현재 우리나라에 유행하고 있는 『근사록집해近思錄集解』는 그의 저작이다.

재에 하사한 바 있다.

『심경』은 송나라 진덕수眞德秀가 찬하고, 명나라 정민정程敏政이 주註를 붙인 유가의 서적이다. 이 책 또한 중요하므로 영조가 『근사록』과 함께 낙육재에 하사한 바 있다.

『이정전서』는 송나라 유학자 정호程顥·정이程頤 형제의 저술이다. 우리나라에서는 명나라 강소종康紹宗이 중편하고 1498년에 진선陳宣이 간행한 판본이 중국에서 유입되어 1566년에 금속활자 갑진자甲辰字로 간행하였다.[79]

『주자대전』은 송나라 주희朱熹의 문집이고, 『주자어류』는 주희의 언행록을 묶은 것이며, 『주자서절요』는 퇴계 이황李滉이 주희의 서찰 가운데서 중요한 것을 뽑아서 편성한 책이다.

각종 성리서적은 송나라 『성리대전性理大全』를 포함하여 유학자들의 남긴 성리학 관련 서적이다. 역대 사전은 대체로 중국 역대의 역사 서적이라 하겠다.

조선초기의 유학자들은 대체로 도학 외에 문학 등에도 관심을 두고 있었다. 당나라 고문파의 문이관도文以貫道라는 관점이 그것이다. 문이관도란 문학이 도학보다는 낮되 문이재도文以載道의 관점보다는 문학의 위상을 높게 설정했던 경향이 있었다.

그러나 조선중기 이후 유학자들은 송나라 주돈이周敦頤, 정이程頤, 주희朱熹 등 이학파가 강조한 '문장으로 도를 싣는다[文以載道]'의 도본문말적道本文末的 논리, 즉 문학보다는 도학을 중시하였다. 퇴계 이황은 남송의 시인 육유陸游(1125-1209)에 대하여 『주자대전』을 보니 육방옹陸放翁의 위인에 대하여 여러차례 칭찬하고 있는데 방옹은 끝내 한번 내방하

---

79) 이 책은 고려대학교 만송문고(貴100C, 100D)에 소장되어 있는데 62권 12책이다. 그 후 17세기 초 훈련도감 목활자본이 나왔는데 65권 16책으로 되어 있다.

여 도를 물었다는 것을 듣지 못했으므로 감회가 있어서 시를 짓는다」[80) 라고 하였다. 도본문말적 논리로 심하게 논평한 것이다.[81] 육유는 주희보다 5년 연상의 애국시인으로서 국권회복을 위해 노력한 사람이다. 여기서 이황은 애국 시인이라는 관점보다는 주자학적 입장을 명확히 드러낸 것이다.

권장도서에서 『이정전서』, 『주자대전』, 『주자어류』, 『주자서절요』, 「성리서」 등 주자학 서적을 중시한 것은 문학보다 도학을 우위에 둔 학습임을 쉽게 알 수 있다. 낙육재에서는 이러한 시풍을 반영한 것이다.

한편 조현명이 향교에 하달한 「권학절목」을 보면 사마천의 『사기史記』, 반고의 『한서漢書』 및 유종원·한유 등 당송 팔대가의 『팔대가문초』 가운데 특히 「한·류·구·소韓柳歐蘇」[82)의 문초류 등은 읽도록 허락하였으나,[83) 이단異端[노자·장자·불가 등]과 잡기雜技 같은 부정한 서적은 읽기를 금하였다.

(2) 강독

낙육재 재생들이 거재할 때는 강독을 매우 중시하였다.

강독의 경우, 교재를 보면 『소학』·사서四書·오경五經과 『근사록』, 『가

---

80) 李滉, 『退溪集』(목판본, 1600년), 권2, 「觀朱子大全書 亟稱陸放翁之爲人 放翁終未聞一來問道 有感而作」, "木鐸千年振考亭 達材成德幾豪英 可憐當日蓮花老 終詫詩狂自絶聽."
81) 장인진, 「조선조 문인의 육방옹시 수용에 대하여」, 『漢文學硏究』, 계명한문학회. 1990, 194-195쪽.
82) 널리 전하고 있는 『당송팔대가문초』에서 한유, 유종원, 구양수, 소식 등의 글을 지칭함
83) 조현명, 앞의 「권학절목」을 보면 "毋論居齋儒生, 各面學徒, 所讀冊子, 以經書及儒賢義理文字, 四書三經, 小學, 家禮, 心經, 近思錄, 節酌通編, 性理大全, 二程全書爲主, 而欲學外家書, 通鑑綱目, 左傳, 唐鑑, 八大家等書者, 亦勿禁. 但莊老佛家異端之書禁斷."이라 하여, 邑學(향교)과 面學에서는 이러한 책 외에 주희의 『절작통편』, 『통감강목』, 『당감』 등을 읽도록 허용하였다.

례』,『심경』,『이정전서』,『주자대전』,『주자어류』,『주자서절요』,『자치통감강목資治通鑑綱目』등 주로 재도載道의 서적을 읽도록 하였고, 매월 초하루와 보름날 평가하였다.84)

낙육재에서 편성한『강목강어綱目講語』[木天麗澤] 2책이 있는데 살펴보기로 한다.

낙육재, 강목강어와 표지

이 책의 내용을 보면 재생 한 사람이『주자강목朱子綱目』[資治通鑑綱目]에서 독서한 대목을 발제하여 문제를 제기하면 여러 재생들이 그에 대해 돌아가면서 답변[質疑問難 互相發明]하는 형식이다. 15명의 재생들이 각자가 한 대목씩 문제 제기하여 이와 같이 반복하면서 연마하였다.85)

이 책은 1895년에 관찰사 이중하李重夏가 서문을 지었고, 대구부 참

---

84) 일반적으로 講의 성적은 通, 略, 粗, 不 등 4등급으로 평가하였다.
85) 樂育齋 編,『綱目講語』(필사본, 1895년) 2책, 그 가운데 1책은 표지 서명이『木天麗澤』으로 되어 있는데 내용은 동일하다. 책의 내용을 보면 1895년의 관찰사 李重夏 小序와 같은 해 知郡事 韓晩容의 題가 있고, 이어서 첫 번째 楊在輝의 발제 질문에 대해 李福來, 金尙東, 朴憲夏, 禹孝鳳 鄭升載, 朴聖熙, 徐在基, 盧善九, 曺鳳永 등이 차례로 답변하고 있다. 이처럼 1명씩 발제 반복하는 체제이다.

서관參書官 한만용韓晩容이 권수의 제목를 지었다.

한만용이 지은 『강목강어』의 제목를 본다.

> 낙육재 여러 선비[章甫]가 주자朱子의 『자치통감강목』 중에서 어떤 구절과 어떤 사실을 뽑아서 서로 드러내 밝히고 어려운 것을 질의한 것을 모아서 한 책으로 완성하여 나에게 서문을 청하였다. 내가 받아서 읽어보니, 그 논설이 통창通暢하고 질의가 분명하였다. 한밤중에도 촛불 돋우면서 자세히 완미하여 손에서 책을 놓지 못한 것은 갈입방葛立方[86)]의 『운어양추韻語陽秋』와 크게 닮았기 때문이다. 닭은 울어서 새벽의 할 일을 다 하고 마치는 법인데, 그루터기는 연계되었으나 마디가 풀려서 사람의 뜻을 격발시키고 있으니, 일어나서 말하기를, '아름답구나. 이 논의여!' 무릇 역사서를 읽는 사람은 다만 옛 사람의 여론을 주어모아 실천하는 실질적인 공부에 힘쓰지 않는다면 그것은 읽지 않는 것만 못하다. 내가 매우 의심스러워하는 것을 여기에 문득 써서 그 빠진 것을 보충하니, 여러 선비들은 힘쓰고 힘쓸지어다.[87)]

한만용이 재생들 간에 질의 토론한 내용을 높이 평가하고 독서에 더욱 힘쓸 것을 당부하고 있다. 서문의 한 대목은 송나라 범희문范晞文의 『대상야어對床夜語』에 수록된 풍거비馮去非 서문을 인용한 것이다.[88)]

---

86) 갈입방葛立方(?-1164)은 자 常之, 호 懶眞子인데 常州의 江陰사람이다. 『韻語陽秋古今詩話』를 지었다.

87) 앞의 『綱目講語』, 韓晩容의 題, "樂育齋諸章甫, 於朱子綱目中, 抽其某句某事, 相與發明問難, 彙成一冊, 問序於余. 余受而讀之, 其立論通暢質疑審明. 時夜將半, 剪燭細玩, 不能去手, 大類葛常之韻語陽秋. 鷄戒晨而畢, 株連節解, 激發人意, 作而曰 美哉此論也. 凡讀史者, 只拾前人之餘論, 而不務踐履之實工則, 是不如不讀, 予切惑之輒書于玆, 以補其遺, 惟諸章甫勉之勉之."

88) 宋나라 范晞文, 『對床夜語』의 馮去非 序文에 "時夜將半, 剪燭疾讀, 不能去手, 大類葛常之《韻語陽秋》, 鷄戒晨而畢. 株連節解, 激發人意, 作而曰 美哉此書也."라는 구절이 있는데 이를 인용하였다.

낙육재『강목강어』에 수록되어 있는 낙육재생 전기열全箕烈의 강독 내용을 살펴본다.

전기열[字 疇叔, 용궁인, 영천 거주]은 그가 독서한『주자강목』가운데 "처음으로 진晉나라 대부를 명한 항목에서 말하기를, '음기가 엉기면 얼음처럼 굳어진다[陰凝冰堅]'라고 했는데, 이것은 마음을 경계하는 뜻입니까?"라고 문제 제기를 하였다.

이 대목은 주周나라 위열왕威烈王 23년(B.C. 403)에 나오는 내용으로, 위열왕이 진나라 대부大夫인 위사魏斯·조적趙籍·한건韓虔을 제후諸侯 삼았던 내용이다. 이로 인해 주나라의 위열왕은 명분을 잃게 되어 마침내 주나라가 망하게 되는 빌미를 제공한 사건이다.

이에 대하여 여섯 사람이 답변하기를,

◎ 김두현金斗鉉[字 應杓, 선산인, 군위 거주]은 "『주역』에서 말하기를, 서리를 밟고 나면 두터운 얼음이 얼게 되는 것이니[履霜堅氷至], 대개 진晉 나라 대부들의 분열의 조짐은 이미 진晉나라 도공悼公 때에 음기가 엉기었고, 위열왕때에 얼음으로 굳어졌으므로, 먼저 기미를 보고서도 억제하지 못하면 어찌할 수 없는 지경에 이르는 것이니, 말이 옳은 듯합니다."[89]라 하였다.

◎ 이기묵李基默[字 道興, 성주인, 성주 거주]은 "아! 음기陰氣가 엉기면 얼음처럼 굳어지는 것을 어찌 쉽게 말할 수 있겠습니까, 음陰은 냉엄하게 죽이는[肅殺] 기운이 가을을 따르는 형상입니다. 사람에 있어서 음이 되면 엄험한 소인인 것이고 하늘에 있어서 음이 되면 붉은 구름의 무지개인 것이니, 음의 폐단이 진실로 큽니다. 엉겨서 얼음처럼 굳어지는 때에 이르면 이른바 임금은 임금답지 못하

---

89) 易云, 履霜堅冰至, 盖晉大夫分裂之漸, 已陰凝於悼公之時, 而成堅冰於威王之時, 則先見幾微而不能抑制, 以至莫可奈何之境故, 似是云爾也.

고 신하는 신하답지 못한 것이니, 주周나라 왕실이 기울고 전복되는 것이 어찌 '음응빙견陰凝氷堅' 네 글자로써 위에서 불러 나오게 된 것이 아니겠습니까."[90]라고 하였다.

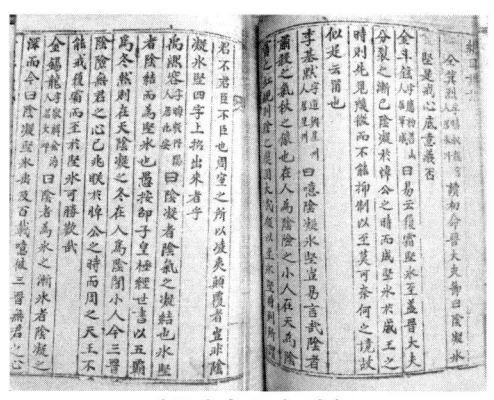

강목강어 문답 내용

◎ 우희용禹熙容[字 晦敷, 단양인, 비안 거주]은 "음陰이 엉기는 것은 음기가 응결된 것이고, 얼음이 굳어지는 것은 음陰이 맺혀서 굳은 얼음이 되는 것입니다. 내가 생각하기를, 소자邵子[邵雍]의 『황극경세서皇極經世書』에 '오패五霸는 겨울이 되었다'라고 했습니다. 그렇다면 하늘에 있어서는 음陰이 응결된 겨울이고, 사람에 있어서는 음암한 소인인 것입니다. 지금 세 사람의 진나라 대부는 엄험하여 임금을 업신여기는 마음이 있습니다. 이미 도공悼公 때에 조짐이 있었으나 주나라 임금이 능히 '서리를 밟고 나면 두터운 얼음이 얼게 된다는 사실'을 경계하지 못했으니, 어찌 탄식을 금할 수 있겠습니까."[91]라고 하였다.

---

90) 噫! 陰凝冰堅, 豈易言哉. 陰者肅殺之氣, 秋之像也. 在人爲陰險之小人, 在天爲陰霜之虹蜺則, 陰之弊固大哉. 凝以至氷堅時則, 所謂君不君臣不臣也, 周室之所以凌夷顚覆者, 豈非陰凝氷堅四字, 上招出來者乎.
91) 陰凝者, 陰氣之凝結也, 氷堅者, 陰結而爲堅氷也. 愚按, 邵子皇極經世書, 以五霸爲冬,

◎ 김석룡金錫龍[字 敬緝, 김해인, 대구 거주]은 "음陰이란 얼음의 조짐이고, 얼음이란 음이 엉겨서 깊어진 것입니다. 이제 '음기가 엉기면 얼음처럼 굳어지는 것'이라고 해도 거의 백년이 되었으니, 아! 저 세 사람의 진나라 대부는 임금을 업신여기는 마음이 있었습니다."92)라 하였다.

◎ 장정환張丁煥[字 武若, 인동인, 인동 거주]은 "진나라를 견주면 음陰이고 주나라를 견주면 양陽입니다. 음이 양을 이기면 이는 신하가 임금을 이기는 것이므로 기강이 끊어진 것이 이로부터 시작되었습니다. 음을 억누르고 양을 도와주는 도리가 없었으니, 주나라가 어찌 전복되지 않을 수 있겠습니까."93)라고 하였다.

◎ 이병련李柄連[字 德五, 인천인, 대구 거주]은 "음기陰氣가 엉기면 얼음처럼 굳어진다는 것은 경계를 보여 주면서 양陽을 북돋우고 음陰을 억제하는 뜻이 그 사이에 있는 듯합니다."94)라고 하였다.

(3) 제술

낙육재 재생들이 거재할 때 짓게 되는 제술문은 대개 과체科體[과거 보는 데 소용되는 여러 가지 문체의 글]인데, 문집에는 수록하지 않는 경향이 있어서 찾기가 쉽지 않다.95) 고문서로 전하기도, 단 권의 필사본으로 전하기도 하지만, 책의 경우는 대개 저자 표기가 없어서 식별하기 어렵다. 제술은 경의經義에 근거한 순정純正하고 아건雅健한 문체를 강조하고, 매 보름 단위로 제술한 내용을 평가하였다.96)

然則在天陰凝之冬, 在人爲陰闇小人, 今三晉陰險無君之心, 已兆朕於悼公之時, 而周之天王不能戒履霜而至於堅冰, 可勝歎哉.
92) 陰者爲氷之漸, 氷者陰凝之深, 而今曰陰凝堅氷, 垂及百載, 噫彼三晉無君之心.
93) 晉比則陰也, 周比則陽也, 陰勝陽則, 是臣勝君也, 紀綱之絶, 自此始矣. 無抑陰扶陽之道, 周安得不顚覆乎.
94) 陰凝冰堅者, 所以示戒而扶陽抑陰之意, 存乎其間也.
95) 예컨대 李廷孝, 『後松遺集』(목활자본), 卷3, 「對李巡相根弼問」은 1880년에 居齋한 李廷孝가 李根弼 감사에게 올린 問對인데, '德愛之謂仁'에 대한 내용이다.

장편의 시와 부賦를 제술하였는데 부는 형식적으로 보아 운문과 산문의 중간 정도에 해당하지만, 운자韻字가 있고, 대구對句는 지키지 않아도 운문적 요소가 더 강하기 때문에 운문으로 인식하였다.

낙육재의 한 재생이 1892년 거재할 때 지어서 확인을 받은 『낙육재과시집樂育齋科詩集』 한 권이 전해진다. 이를 살펴보면 시문 곳곳에 시구에 대한 평점評點, 성적표기, '낙육재' 인장 등이 찍혀 있고, 말미에 낙육재 선사選士 유생 15명의 명단[방목]이 있다.97) 책의 내용은 사서삼경, 사기史記 등에서 제목을 뽑아서 지은 것임을 알 수 있다. 글씨는 동일체이다. 책에 저자 표기는 없으나 말미의 선사選士 유생 15명 가운데서 시詩로써 선발된 8명 중 한 사람으로 추정된다. 이 책의 장수는 48장으로 되어 있는데, 시 93편, 시제詩題 1장, 방목榜目 1장 등이다.

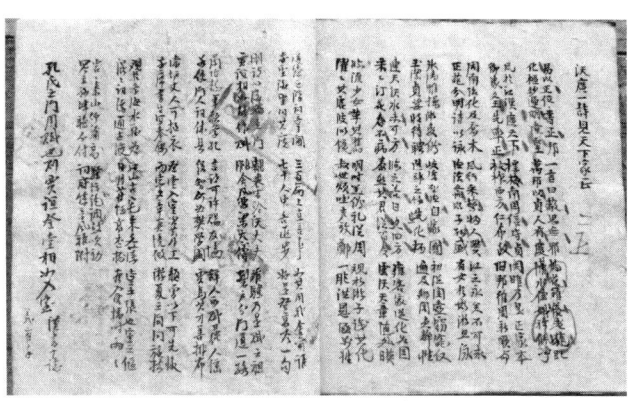

낙육재생 과시집(二上의 평가와 낙육재 인장 날인, 1892년)

---

96) 제술의 성적은 일반적으로 一上, 一中, 一下, 二上, 二中, 二下, 三上, 三中, 三下, 次上, 次中, 次下 등 12등급으로 평가하였다.
97) 樂育齋生 편, 『樂育齋科詩集』(필사본, 1892), 1책.(필사 소장본)을 보면 15명 가운데 詩로 선발된 사람은 黃在璜, 朴昫, 禹奎洪, 崔璘煥, 權載皐, 裵獜喜, 金廷珪, 具夏書 등 8명이고, 賦로써 선발된 사람은 禹夏龍, 李鳳壽, 李福來, 禹夏謨, 李海春, 孫聖壽, 金益孝 등 7명이다.

Ⅱ. 영학의 수용과 낙육재 설치 67

첫 장의 시제는 「인지출 필유성인재호위麟之出 必有聖人在乎位」[기린이 나오니 반드시 성인이 통치자의 지위에 있네]인데, 주석을 보면 당나라 한유韓愈의 「획린해獲麟解」를 주제로 지은 것임을 알 수 있다. 7언체 18운(252자)이며, 첫 련은 '낙출현구하출마 소대정상응성신洛出玄龜河出馬 昭代楨祥應聖神[낙수에서 검은 거북 나오고 황하에서 용마 나오니, 밝은 시대의 경사스럽고 상스러운 조짐이 성신에 응했네]'으로 되어 있다.

두 번째 장의 시제는 「하남정씨 양부자출河南程氏 兩夫子出」[하남 정씨98) 양 부자가 나오다]인데 주석을 보면 「대학서大學序」99)로 되어 있다. 역시 7언체 18운이며, 첫 련은 '천오백년하재청 전통오문대도앙千五百年河再淸 傳統吾門大道仰[일 천 오백년 황하 수가 다시 맑아지니, 전통 있는 우리 문하에서 큰 도를 우러르네]'으로 되어 있다.

세 번째 장의 시제는 「명천자재상 가이출이사明天子在上可以出而仕」[밝으신 천지가 위에 계시니 나와서 벼슬을 하라]100)이다. 위와 동일한 운으로 되어 있으며 첫 련은 "조취모취오공현 온석현재진출의朝取暮取烏公縣 溫石賢才盡出矣[아침저녁으로 취함은 오공(烏公)의 고을이니, 온조(溫造)와 석홍(石洪)이 어진 인재로서 모두 나왔네]라 하였다. 시제는 당나라 한유韓愈의 「동소남을 전송하는 서문送董邵南序」에서 취하였고, 시구는 한유의 「송온조처사서送溫造處士序」에서 "대부 오공烏公이 하양河陽에 부임한 지

---

98) 하남 정씨는 송나라 유학자 程顥, 程頤 형제를 지칭함
99) 『大學章句』의 序에, "이에 하남 정씨 두 부자가 나타나 맹자의 전통을 접하였다. 그리하여 처음으로 이 책을 높이고 믿어 드러내었으며, 그리고 나서 또 그 내용을 편차하여 그 요지를 밝혔다[於是河南程氏兩夫子出, 而有以接乎孟氏之傳. 實始尊信此篇而表章之, 旣又爲之次其簡編, 發其歸趣]."라는 말이 있다.
100) 韓愈의 「동소남을 전송하는 서문[送董邵南序]」의 말미에 "나를 위해 망저군의 무덤을 조문하고 그 저잣거리를 살펴보라. 아직도 옛날의 개 잡던 백정이 있는가. 있다면 나를 위해 '밝으신 천자가 위에 계시니, 나와서 벼슬하라.'라고 말해주어라[爲我弔望諸君之墓, 而觀於其市, 復有昔時屠狗者乎, 爲我謝曰, 明天子在上, 可以出而仕矣]."라고 하였다.

3개월 만에 석생石生을 인재라 하여 예禮를 그물로 삼아 그물질하여 막하幕下로 데려갔고, 몇 달이 못 되어 온생溫生을 인재라 하여 석생을 중매로 삼고 예를 그물로 삼아서 또 그물질하여 막하로 데려갔다[大夫烏公以鈇鉞, 鎭河陽之三月, 以石生爲才, 以禮爲羅, 羅而致之幕下, 未數月也, 以溫生爲才, 於是以石生爲媒, 以禮爲羅, 又羅而致之幕下]."라는 고사를 시구에 취한 것이다.

이 밖에 책에 수록된 주목할 만한 시제 몇 편을 더 살펴본다.

「시역일동파 비역일동파是亦一東坡 非亦一東坡」[이 또한 하나의 동파이고, 또한 하나의 동파가 아니라오]

•• 오횡묵吳宖默의 『총쇄叢瑣』, 6책[고성군固城郡 편]의 「보허사步虛詞」에 이 구절이 소개되어 있다.

「유연견남산悠然見南山」[유연히 남산을 바라보네]

•• 도연명陶淵明의 「음주飮酒」 시에 "동쪽 울 아래에서 국화꽃을 따다가, 유연히 남산을 바라보노라[採菊東籬下 悠然見南山]."라는 구절이 있다.

「격양이가擊壤而歌」[격양가]

•• 『사략』, 권1에 "어떤 노인이 땅을 치면서 노래하기를 '해가 뜨면 일을 하고 해가 지면 쉬도다. 우물 파서 물 마시고 밭 갈아서 밥 먹는데, 나에게 황제의 힘이 무슨 필요가 있는가.'라고 하였다[有老人擊壤而歌曰, 日出而作, 日入而息, 鑿井而飮, 耕田而食, 帝力于我何有哉]."

「군자유혈구지도君子有絜矩之道」[군자는 혈구의 도가 있다]

•• 『예기』, 「대학大學」에, "이러므로 군자君子는 혈구絜矩[101]의 도가

있다[是以君子有絜矩之道].”라고 하였다.

「증점언지 유봉비천인기상曾點言志有鳳飛千仞氣像」[증점이 뜻을 말한 데는 봉황이 날으니 천 길의 우뚝한 기상이 있네]

•• 송나라 주희朱熹가 이렇게 말을 한 것이다[김평묵金平默,『중암별집重菴別集』의「고슬대기鼓瑟臺記」에 자양(紫陽 : 주자)이 이른 바, "증점의 봉황이 날으니 천 길 우뚝한 기상이 있네. 라고 한 것은 이러한 경지에 미치지 못한 것이다[紫陽所謂曾點有鳳飛千仞氣像者, 不足以及此]."라고 하였다.

「문왕일반 무왕역일반文王一飯 武王亦一飯」[문왕이 한 번 밥을 먹으니 무왕도 한 번 밥을 먹었다]102)

•• 문왕이 병이 났을 때, 문왕이 한 번 밥을 먹으면 무왕도 한 번 밥을 먹었고, 문왕이 두 번 밥을 먹으면 무왕도 두 번 밥을 먹었다. 이렇게 하여 12일이 지나자 문왕의 병이 나았다는 고사가 있다.

「중류격즙이서中流擊楫而誓」[중류에서 뱃전을 치면서 맹세하다]103)

•• 『진서晉書』조적전祖逖傳에, 강을 건너가는데 중류中流에서 뱃전을 치면서 맹세하기를, '조적祖逖이 중원을 맑히지 않고서는 이 강을 건너지 않겠다.'라는 고사 취함

「유시감격 수허선제구치由是感激遂許先帝驅馳」[이로 말미암아 감격하여 마침내 선제先帝께 국사國事에 진력할 것을 허락하였습니다]

---

101) 혈구는 자로 잰다는 뜻. 또는 법대로 이끌어 간다는 뜻임
102) '文王一飯 武王亦一飯'은 동일한 시제 2수가 있는데 내용은 다르다.
103) 이 시를 보면 詩句 오른 편에 원권圓圈[글 옆에 친 동그라미]과 방점傍點[글 옆에 찍는 점]이 여러 곳에 표시되어 있어서 우수한 시문으로 평가되었다.

❖❖ 『통감절요通鑑節要』 권24, 「한기漢紀」, 후황제後皇帝, 정미년(227) 조에 나오는 것으로, 제갈량諸葛亮의 「출사표出師表」의 내용을 들어서 시를 지은 것이다.

「인걸지령人傑地靈」[인걸은 지령이다]

❖❖ 당나라 왕발王勃의 「등왕각서滕王閣序」에 "걸출한 인물이 나오는 것은 그 땅이 신령스럽기 때문이다[人傑地靈]."라는 말이 있다.

「초왕 권초무楚歌勸楚舞」[초가가 초무를 권하였네]

❖❖ 『사기史記』, 「유후세가留侯世家」를 보면 한 고조漢高祖가, 여후呂后가 낳은 태자를 폐하고 척 부인戚夫人이 낳은 여의如意로 바꾸려 하자, 장량張良이 동원공東園公, 녹리선생甪里先生, 기리계綺里季, 하황공夏黃公 등 상산사호商山四皓를 불렀다. 이들은 고조에게 나아가 여후가 낳은 태자를 위한 자신들의 뜻을 아뢰었다. 그러자 평소 상산사호의 명망을 듣고 그들을 초치招致하려고 했던 고조가 마음을 바꾸어 태자를 세울 수밖에 없음을 척 부인에게 말하고 척 부인에게 초무楚舞를 추게 하면서 다음과 같이 초가楚歌를 지어 불러 설득하였다고 한다. "큰 고니가 높이 낢이여, 단번에 천리를 가는도다. 날개가 이미 자람이여, 사해를 가로지르도다. 사해를 가로지르니 어찌할 수 있겠나. 비록 주살이 있은들 도리어 어디에 쓰겠는가[鴻鵠高飛, 一擧千里. 羽翮已就, 橫絶四海. 橫絶四海, 當可奈何? 雖有矰繳, 尙安所施?]."라고 하였다.

「몽과 형경묘夢過荊卿墓」[꿈에 형경의 묘를 지나가다]

❖❖ 『사기史記』, 「자객열전刺客列傳」의 형가荊軻 편을 보면 전국 시대 연燕나라의 자객刺客 형가荊軻를 가리킨다. 형가는 연나라의 태자 단丹을

위하여 진왕秦王을 죽이려고 갔다가 실패하고 살해되었다.

「대풍기혜운비양大風起兮雲飛揚」[큰 바람이 일어나 구름을 흩날렸다]

 ◆◆『사기史記』,「고조본기高祖本紀」를 보면 한나라 고조가 천하를 통일한 뒤에 고향인 풍패豊沛에 가서 부로父老들을 불러 주연酒宴을 베풀었는데, 주흥이 도도해지자 이른바「대풍가大風歌」를 지어 노래하기를, "큰 바람이 일어나 구름이 흩날렸도다. 위엄을 온 천하에 떨치고 고향에 돌아왔도다. 어떡하면 용맹한 장사를 얻어서 사방을 지킬거나[大風起兮雲飛揚, 威加海內兮歸故鄕, 安得猛士兮守四方]."라고 하였다.

제술 시 가운데서 몇 편을 제외하고는 모두가 7언 18운으로 되어 있는데, 꼼꼼히 살펴보니 시제 아래에 '배수裵手·권수權手·최수崔手·구수具手'와 같이 표기된 것이 11곳이나 된다. 이는 이 책의 저자가 자신의 글이 아닌 '배씨의 솜씨, 권씨의 솜씨, 최씨의 솜씨, 구씨의 솜씨" 등과 같이 표기하여 낙육재 동료의 잘 된 시를 베껴서 기록한 것이라고 본다. 따라서 권말의 선사 유생들의 명단을 확인한 결과 약칭으로 쓰여 진 이들은 배인희裵獜喜, 권재고權載皐, 최인환崔璘煥, 구하서具夏書 등의 글이다.
 이로 보면 이『낙육재과시집』의 저자는 詩로 선발된 8명 가운데서 황재찬·박구·우규홍·김정규 4명 중의 한 사람이라는 추측이 가능하다.

Ⅲ. 후대 감사의 낙육재 관심과 교육 의례

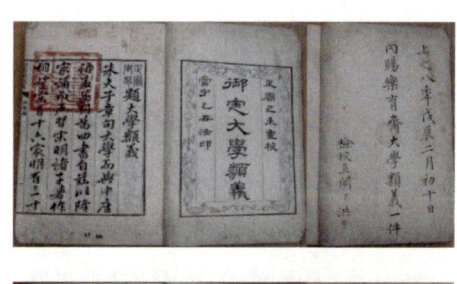

1. 낙육재 관심

　1721년 경상감영에 낙육재를 설립한 이후 역대 경상감사의 업적을 살펴보면 영학 재생의 학업 정진을 주도한 감사와 영학을 위해 재정적 뒷받침에 힘쓴 감사도 있다.

　낙육재 재정 확충과 낙육재 인재 양성에 기여한 역대 경상감사는 당색을 넘어서 지방장관으로서 대단히 선정을 베풀었던 인물이기도 하다. 이런 점에서 역대 감사의 낙육재에 대한 관심과 재생 우대 의지는 낙육재 역사와 관련 있어서 매우 주목된다.

　한 기관을 경영하는 데는 규칙, 운영, 시설, 재정 등이 고려되어야 한다. 필자는 이러한 관점에서 생각할 때 주도적으로 공헌한 사람으로는 초반기의 조태억·조현명을 중반기의 윤광안 그리고 후반기의 엄세영·조기하·이헌영 등을 들 수 있다. 조태억·조현명에 대해서는 앞에서 이미 논급하였으므로 여기서는 논외로 한다.

1) 조시준·정동관·정만석 감사의 재정 확충

　『경상감영사례』를 보면 낙육재 운영에 일조한 사람으로는 앞에서 보았듯이 정조 때 조시준趙時俊 감사와 순조 때 정동관鄭東觀 감사 및 정만석鄭晩錫 감사 등이다.

　　　조시준 : 1782년, 대구 토지 51두락(세조 32섬 1말)을 481냥(兩)으로
　　　　　　　매득
　　　정동관 : 1808년, 대구 토지 68두락(세조 47섬 5말)을 710냥으로 매득
　　　정만석 : 1809년, 대구 토지 90.5두락(세조 49섬)을 735냥으로 매득

　이들은 1782년 및 1808년·1809년 두해에 걸쳐 합계 209.5두락의 학전

을 추가로 매득하여 낙육재 재정을 확충시킨 바 있다.

2) 윤광안 감사의 낙육재 증축

낙육재를 중건하고 시설을 확장하며 도서를 확충한 사람은 1806년 2월부터 1808년에 1월까지 재임한 윤광안尹光顔(1757-1815) 감사이다.

그가 재임하던 1806년 12월 3일 경상감영의 선화당을 포함한 영사營舍 184칸이 일시에 화재를 입었다.[1] 이듬해 1807년 영사를 중건하였는데, 그해 10월에 낙육재를 중수하고 건물을 새롭게 신축하였다.[2] 신축 건물은 낙육재에서 부족한 것을 돕고자 별도로 지은 관선당觀善堂이다.[3] 관선당은 낙육재 남쪽에 지은 3칸 집이었다. 손윤구가 「관선당기」를 지었는데, 그 의미를 살펴본다.

> 마침내 낙육재를 중수하고, 그 뜰을 틔워서 또 집을 지었다. 집의 농쪽 모퉁이에 북으로 시렁을 만든 것이 각閣이다. 널리 인쇄한 경사자집經史子集이 무릇 몇 백 권이나 쌓아두었는데, 각의 이름을 장서각이라 하였다. 남향으로 방[室] 두 칸과 대청[堂] 한 칸으로 하고, 전체 이름을 관선당이라 하였는데, 「학기學記」의 '서로가 본연지성을 잃지 않도록 살핀다.'을 취한 것이다. … 낙육은 사람을 가르치는 뜻이고, 관선[선을 살피는 것]은 배우는 사람의 뜻이니, 모두가 선善에 뜻을 두

---

1) 『일성록』, 순조 6년 병인(1806) 12월 8일(신사) 조를 보면 이달 3일에 澄淸閣, 宣化堂, 如水閣, 內衙, 燕超堂, 좌우의 翼廊, 工庫 등 184칸 모두가 불에 탔다고 하였다.

2) 申綽, 『石泉遺稿』 卷3, 「資憲大夫慶尙道觀察使尹公[光顔]墓誌銘」, "重修樂育齋, 置藏書閣, 充四部諸書, 招延部下士, 試經義製述, 超等者選入." 한편 1807년 당시 낙육재에는 觀善堂, 藏書閣, 左齋·右齋, 食堂, 庫子廳, 齋庫, 色吏房 등이 있었다.

3) 1807년의 「觀善堂記」는 2편이 있는데 孫綸九(1766-1837)와 李楨輔(1766-1846)가 시었다.

었을 뿐이다. 비록 인재를 기르기를 즐거워하더라도 선善을 살피는 방법으로 하지 않으면, 재주는 단지 길러지지 않고, 비록 좋은 바탕이 있더라도 가르치는 장소가 없으면 선善을 살피게 됨이 없으니, 이 양자를 합한 후에야 가르침을 베풀고 학문을 하는 방법이 갖추어지는 것이다.4)

관선觀善이라는 말은 「학기」에 있는 '서로가 본연지성을 잃지 않도록 살핌'을 취한 사실을 알 수 있고, 송나라 정호程顥가 말한 "붕우 간의 강습함에는 서로가 본연지성을 잃지 않도록 살피는 공부만큼 좋은 것이 없다[朋友講習 更莫如相觀而善工夫多]."5)라는 것과 부합된다. 또한 '낙육'이 가르치는 뜻이라면 '관선'은 배우는 사람의 뜻이었다.

이 때 장서각에 대해서도 새로 마련하여 의미를 부여하였다. 최남복의 「낙육재장서각명」을 본다.

성상 6년(1806) 봄에 파평인 윤공尹公 광안이 방백으로 나와서 백성 사랑하고 선비 예우하며 정치 교화를 크게 행하였다. 다음해 정묘(1807)에 낙육재를 중수하고, 도내 생원·진사·유생 가운데서 지위와 명망 있는 자를 예로 맞이하고 시험으로 선출, 보충하여 과제·고문·강의를 하고 아울러 풍원고사豊原故事[조현명 흥학의 기록]를 행하니, 더욱 빛이 났다. 이에 낙육재의 남쪽에 관선당 3칸을 세우고 북쪽에 시렁을 만든 1칸의 각閣을 마련하여 널리 보존한 것은 사서·육경·노자·

---

4) 孫綸九, 『省齋文集』(목판본) 권2, 「觀善堂記」, "遂重修樂育齋, 拓其庭又建屋, 屋之東隅北架爲閣, 廣印經史子集, 凡幾百卷以儲之, 而閣曰藏書, 南向而爲室二間堂一間, 總名之曰觀善堂, 取學記相觀而善之義也.… 樂育者敎人志也, 觀善者學者志也, 皆志於善而已, 雖樂於育材, 而不以觀善之方則, 材不徒育, 雖有善質, 而不有敎育之所則, 善無所觀, 二者相須然後, 施敎爲學之法備矣."
5) 朱熹(宋), 呂祖謙(宋) 共撰, 『近思錄集解』 권2, 「爲學」에 수록되어 있다. 또 주희가 「武夷精舍雜詠」 8수 가운데 관선재觀善齋를 읊기도 하였다.

고금사·이락관민·성리군서 등이고, 기문과 벽설은 미치지 못하였다.[6]

두 편의 기문을 보면 장서각藏書閣은 관선당 북쪽에 시렁을 만든 1칸의 각閣을 마련한 것이라 하였다. 관선당이 남향인데 관선당의 동쪽 모퉁이에 시렁을 만든 각이라 하였으니, 관선당에 딸린 작은 누각인 듯하다. 그 위에 '장서각藏書閣'이라는 편액을 걸었다. 이 곳에 임금이 내린 3종의 책과 새로 비치한 각 질의 책을 보존하였다. 장서각 기문에서 보듯이 윤광안은 애민과 선비를 우대하는 의식으로 낙육재를 다시 홍기시키기 위하여 크게 노력했음을 볼 수 있다.

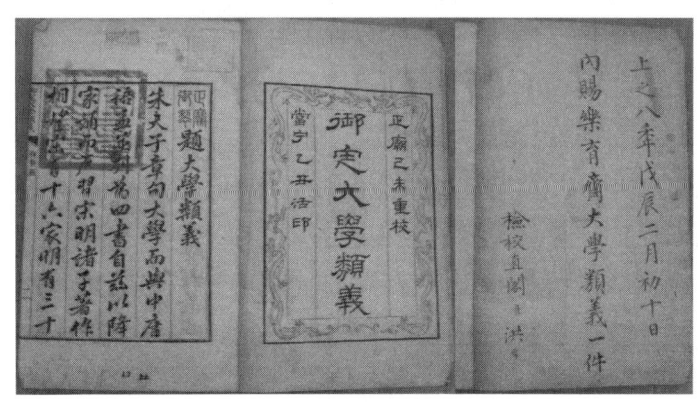

낙육재 내사본, 어정대학류의, 내사기(1808년)

윤광안은 1808년 임기를 마치고 조정에 들어가 임금께 진언하여 1808년 2월에 도서를 내사內賜받게 되었다. 『순조실록』에 그 사실을 기

---

6) 崔南復, 『陶窩先生文集』(목판본) 권6, 「樂育齋藏書閣銘」, "聖上六年春, 坡平尹公光顔出爲方伯, 愛民禮士政化大行, 翌年丁卯重修樂育齋, 禮延道內生進儒生中, 有地望者, 取試以充選, 科製也古文也講義也, 幷行之於豊原故事, 尤有光焉. 乃於本齋之南, 立觀善堂三間, 北架爲一間閣, 廣畜四子六經柱下古今史伊洛關閩性理羣書, 而奇文僻說不及焉."

록하고 있다.

전 경상감사 윤광안을 소견하였다. 윤광안이 아뢰기를, "영남의 감영에는 낙육재가 있어서 도내의 재주가 뛰어난 선비를 선발하여 이 곳에 거처하면서 학업을 익히게 하고 있습니다. 영묘英廟 임자년에 고故 상신相臣 조현명이 학규를 정하여 진소하면서 이를 바치고, 책을 반사할 것을 청하자, 특별히 『대학』·『근사록』·『심경』 등 세 책을 내려 주셨으므로, 전하여 성대한 일로 삼고 있습니다. 신이 각봉장각奉藏[장서각]을 건립하였는데, 이제 만약 내부內府의 서책을 반급頒給하신다면, 한 지방의 선비들이 반드시 용동聳動하여 힘쓸 것입니다.'하니, 『대학유의大學類義』를 내려 주도록 명하였다.7)

영조 때 어사본御賜本 3종이 내려진 이후로 이번에 다시 『어정대학류의御定大學類義』 1질8)을 하사받은 것은 낙육재의 위상이 매우 높다는 것을 의미한다. 그간에 쌓은 교육적 성과를 조정으로부터 크게 인정받았다고 하겠다.

3) 엄세영 감사의 낙육재 중수

낙육재를 중수重修하고 정원을 대폭 늘려서 낙육재를 개방한 사람은 1896년 9월부터 1898년에 8월까지 재임한 엄세영嚴世永(1831-1900) 경상북도 관찰사이다.

낙육재는 창건한 이래 남문 밖에 있었다. 1896년 8월 경상도가 남북도로 분리될 때 낙육재 재산도 분할되어 진주에서도 1900년 낙육재가

---

7) 『조선왕조실록』, 순조 8년(1808) 2월 7일(계유) 조.
8) 『御定大學類義』는 현재 대구광역시립중앙도서관에 소장되어 있는데 앞표지 뒷면에 "上之八年戊辰[1808]二月初十日 內賜樂育齋大學類義一件, 檢校直閣 臣 洪[手決]"이라는 內賜記가 있다.

설립된 바 있다. 당시 사회적 분위기를 본다.

> 경샹도 락육지[樂育齋]의 둔토는 본릭 一百三十여셕직이가 되는되 그 쇼츌죠로 이왕에 션빅를 기르더니 히도를 남북도로 논흔 후에 북도의 쇼관 둔토가 八十여셕직인 고로 남도 션빅들이 학부에 호쇼 ᄒᆞ야 밀양군 싸에 잇는 둔토 四十여셕직이를 남도에 부쳣더니 쏘 북도 션빅들이 학부에 호쇼 ᄒᆞ는 고로 二十七日에 학부에서 대신은 슌반이 되고 학무 국쟝은 판ᄉᆞ가 되야 남북도 션빅들을 되질 지판 식혀 그 둔토의 만코 젹은 것을 혜아려셔 균평히 논하 주엇다더라.9)

이처럼 남북도 유생 간에 낙육재 학전 문제로 논란이 있었으나 학부에서 재판을 하여 공평하게 나누어 주었다.

앞서 경상도가 남북으로 분리되기 이전인 1888년 4월에 낙육재에 전분국電分局을 설치하였으나, 1896년 2월에 일본인 수비대守備隊가 전분국 청사를 빌려서 사용함에 따라 전분국은 전 감영監營의 관노청官奴廳으로 이설했다고 한다.10) 또 1888년에는 낙육재가 남성(南城) 안으로 이사했다는 기록이 있다.11) 당시에 남성 안으로 이사할 때 전체의 기능을 옮긴 것인지, 아니면 일부 기능 또는 시설을 옮긴 것인지 알 수 없다. 왜냐하면 낙육재는 1동의 건물이 아닌 강당, 좌·우재, 관선당, 장서각과 색리방, 고직사 등 부속 건물이 있던 교육 시설이었기 때문이다.

---

9) 《독립신문》, 1899년 9월 30일, 4면. 「락육지의 둔토」
10) 『大丘府邑誌』(1907년, 규장각 소장본, 10810), 「電報司」 조, "光緒戊子四月, 刱設電分局於樂育齋.…丙申二月日電局廳舍, 見借日人守備隊, 移設于前監營官奴廳."
11) 徐錫台·李宗熙 등편, 『大邱邑誌』(연활자본, 1924), 「樂育齋」 조에 "高宗戊子(1888), 移舍於南城內."라 했는데, 이 때 낙육재생 金永銖가 「樂育齋記」를 지었다. 「移設告成文」에는 앞에 將廳이 있었다고 하였다. 그런데 낙육재 위치에 대해서는 『大丘府邑誌』(1899년, 규장각 소장본. 10838) 지도에 남문 밖에 표기되어 있고, 『大邱府邑誌』(1907년, 규장각 소장본. 10810)에서도 남문 밖에 소재한 것으로 표기되어 있나.

낙육재에 설치되어 있던 전분국에 일본인 수비대가 청사를 빌려서 사용했다는 그 1896년 9월에 엄세영嚴世永이 경상북도 관찰사로 부임하고, 첫해에 낙육재를 중수重修하였다. 당시 해학 이기李沂(1848-1909)가 지은「낙육재중수기(樂育齋重修記)」를 본다.

> 대구의 낙육재는 옛날 주州에 설립한 학교와 같은 것이다. 해마다 군현郡縣의 학생 15명을 선발하여 본재本齋에서 거처하게 하고 그 다반茶飯 등 비용은 관청에서 지불하였다. 그리고 영남의 지명인사들도 이 곳 출신이 많았다. 고종 31년인 갑오년(1894) 정부에서 제도를 개혁할 때 학교의 과목科目도 모두 개혁하므로 사람들은 모두 불안해하며 그 개혁에 따르지 못할 것으로 생각하고 있었다. 그러나 병신년(1896)에 지금 관찰사로 있는 엄공嚴公이 업무를 본 지 3일 만에 낙육재로 와서 제생들과 술을 마시다가 "내가 제생들과 담변談辨을 벌이겠습니다. 법法이라는 것은 신구가 없고 학문이란 것은 고금이 없습니다. 오직 그 시대에 알맞는 선택을 하여 대중지정對中至正한 길로 가면 되는 것입니다."라고 하였다. … 이에 해마다 선발한 정원 이외에 입학을 원하는 사람은 입학을 허락하여 모두 60여 명을 선발하였다. 그리고 그들을 3번番으로 나누어 이복래李福來·양재기楊在淇 등으로 하여금 그 일을 맡게 하고, 낙육재의 동·서실東西室을 개조하여 기울어진 부분을 바로잡고 무너진 곳은 수축하였다. 그리고 그 문門과 마루도 제도制度에 의하여 개조하였다. 이렇게 기공된 지 10여일 만에 공사를 마치었다.[12]

갑오경장으로 학제가 개혁되어 선비들이 불안해하고 있을 때 엄세영 감사가 제생들에게 자긍심을 갖게 하고, 낙육재의 동·서실을 개조하여

---

12) 李沂,『국역海鶴遺書』권8, 문록文錄 6,「樂育齋重修記」(丙申),《국사편찬위원회, 한국사데이터베이스》

기울어진 부분을 바로잡고 무너진 곳은 수축하였다. 그리고 그 문과 마루도 제도에 의하여 개조한 후 당초 15명 정원에서 입학을 원하는 자를 모두 허락하고, 전체 60여 명을 선발하여 3번으로 나누어서 학습한다고 하였다.

이 중수기를 쓴 이기는 전북 만경 출신의 애국계몽 운동가이다. 엄세영 관찰사 때 대구부에 잠시 머물며 기문을 지었고 아래의 시 1수도 남겼다.

「대구부술회 시김송당성희 엄소천주하大邱府述懷 示金松堂成喜 嚴素泉柱廈」를 본다.

來此殊非索俸金	이곳에 온 것은 봉급을 바라고 온 것이 아닌데
吾公眷遇意何深	그대의 예우가 어찌 그리 융숭할까.
大邱郡守頗通問	대구의 군수가 안부를 묻고
樂育齋生亦見尋	낙육재의 재생들도 찾아오네.
望道有年終引退	수도한 지 수년이 되었지만 결국 물러나고
歸田無計却沈吟	전원으로 돌아갈 계획 없어 침울하게 시를 읊네.
如今嶺外俱爲客	지금 조령 밖에서 모두 나그네 생활을 하고 있으니
直以安危托素襟	그 안위는 본래 쌓아온 소양에 맡기고자 하네.[13]

대구부에서 술회한 시를 김성희金成喜와 엄주하嚴柱廈에게 보여준 것인데, 김성희는 대구부 주사였으며 1899년 당시 도감都監의 6품직에 있던 사람이다. 내용에 나오는 대구군수는 이범선李範善이다. 이러한 시는 영남을 벗어나서 호남지역의 문인들에 이르기까지 소통의 결실이며, 영남 문풍 진흥에 기여한 것이라고 본다.

---

13) 위의 책, 권12, 「大邱府述懷 示金松堂(成喜) 嚴素泉(柱廈)」.

4) 조기하·이헌영 감사의 관선당 중수

경상북도 관찰사 조기하趙夔夏는 1902년 2월부터 같은 해 7월까지 6개월간 재임하였다. 이헌영李𨯶永은 1890년 12월부터 1893년 2월까지 경상감사로 재임한 이후에 다시 경상북도 관찰사로 와서 1902년 7월부터 1903년 7월까지 1년간 재임하였다. 이 때는 낙육재가 일제의 입김으로 철폐를 목전에 둔 시기였다.

두 사람은 낙육재의 '흥학교興學校 육인재育人才'를 실현하고자 노력하였다.

낙육재생 김영수(金永銖)가 지은 「관선당수즙기觀善堂修葺記」를 본다.

> 관선당은 낙육재의 익실이다. 당에는 장서각이 있고, 장서각에는 영조 때 내사받은 『심경』·『근사록』이 있고, 또 백가 경적이 있다. 옛날에 윤상공尹相公 광안이 차례로 창립한 후로 여러 번 풍우로 무너짐을 겪게 되자, 수리해야 하는 일이 조석에 박두하여 많은 선비들이 있을 곳이 없어서 방황하며 탄식한 지 여러 해가 되었다. 임인년(1902) 봄에 소운 조공趙公 기하夔夏가 이 곳 관찰사가 되어 내려온 지 사흘 만에 낙육재에 임하여 제생을 불러서 술을 내리고 이 당에 올라가 한 번 보고난 후에 퇴락한 것을 걱정하여 특별히 연름捐廩 200백금을 본재에 맡겼다.[14]

1902년 2월 조기하 관찰사가 부임한 지 3일 만에 낙육재를 방문하여 특별히 연름[15] 200금을 맡겨 관선당을 수즙하였다. 인재 양성에 관심이

---

14) 金永銖, 『晩山文集』(석판본) 권3, 「觀善堂修葺記」, "觀善堂者, 樂育齋之翼室也, 堂有藏書閣, 閣有內賜心近書, 又百家經籍在焉. 昔尹相公光顔次第創立之後, 屢經風雨頹漏, 迫在朝夕而嗣葺者, 無人多士之所, 彷徨而咨嗟者有年矣. 壬寅春, 小雲趙公夔夏按節是省, 下車三日, 莅于齋招諸生而賜之酒, 登斯堂一覽畢, 以頹廢爲憂, 特捐廩二百金, 付諸本齋."

높았다는 사실을 의미한다.

조기하 관찰사는 부임한지 6개월 만에 물러나고 후임에 이헌영이 경상북도 관찰사가 되었다. 그는 장서각을 수리하는 데 금전을 내어 협력하였다.

낙육재생 채무식蔡武植의 「장서각수즙기藏書閣修葺記」를 본다.

장서각은 고 윤상공尹相公 광안이 창건한 건물이다. 내사본인 『심경』·『근사록』 및 경서와 역사서 수천여 권이 쌓여 있었다. 세월이 오래되어 무너져 보존하기가 거의 어려우니 간절하게도 많은 선비들이 함께 서글퍼하는 바였다. 임인년(1902) 가을 조공趙公 기하가 연름으로 수즙하여 배우는 자들이 학업을 익히는 장소로 삼을 만하였는데, 뜻밖에도 이 해에 겨울비와 큰 눈이 내려 늙은 홰나무가 넘어져서 갈라지니, 거의 시간에 걸릴 염려가 있었지만, 해를 넘긴 채 미처 겨를을 내지 못하니 힘이 부족한 한탄을 면치 못하였다. 우리 도가 외롭지 않음이 얼마나 다행이던가. 우리 동연 이상공 헌영이 두 번 영남의 감사로 와서 풍화를 도탑게 하고 학교를 일으키는 것을 자기의 소임으로 여겼다. 공무의 여가를 틈타 낙육재에 임하여 제생을 불러서 가르치며 특별히 연름 500금은 해읍該邑에 재공을 돕고 또 300금은 본재에 맡겨서 연묵硯墨의 자금으로 쓰게 하며, 200금은 수즙의 비용으로 내놓아 이한춘과 최곤술에게 책임을 맡겼고 나는 일을 감독하여 몇 달 되지 않아서 공사를 마쳤다.[16]

---

15) 연름捐廩, 공익을 위하여 벼슬아치들이 봉록俸祿의 한 부분을 덜어내어서 보태는 일.
16) 蔡武植, 『訥軒文集』(석판본) 권3, 「藏書閣修葺記」, "藏書閣故尹相公光顔之所剏建也, 儲內賜心近及經史數千餘卄(弓+二), 年久頹圮, 幾乎難保, 徒切多士之興嗟矣. 壬寅秋 趙公夔夏, 捐廩修葺, 足以爲學者肄業之所, 不意是歲多雨大雪, 老槐顚剝, 殆有時日之慮, 而跨歲未遑者, 不免有力綿之歎也. 何幸吾道不孤, 我東蓮李相公李鑣永, 再鎭南服, 以敦風化興學校爲已任, 公暇莅于齋招諸生而誨之, 特捐五百金於該邑以補齋

수즙[수리]을 한 장서각이 당년 겨울에 대설로 인하여 늙은 홰나무가 넘어져 갈라지니 난감하기 그지없었다. 그해 가을에 이헌영이 두 번째 영남 감사로 부임하여 1903년에 특별히 1,000금을 인재를 양성하는 비용으로 내어놓았는데, 그 중 300백금은 낙육재 연묵비硏墨費로 쓰도록 하고, 200백금을 장서각을 수즙하는 비용으로 쓰게 하여 새롭게 고쳤다는 내용이다.17) 이는 이헌영 감사가 학교를 흥기시키고자한 의지를 보인 데서 비롯한 것이었다.

건물과 관련하여 '관선당수즙기'를 보면 관선당은 1902년 조기하가 수즙했다고 하였는데, 이 기문에서는 조기하가 장서각을 수즙한 것으로 되어 있다.18) 사실이 겹치지만 본래 장서각은 관선당을 지을 때 딸린 건물이기에 그러하다.19)

낙육재는 전·후 관찰사의 각별한 배려에 힘입어 배우는 사람들로 하여금 귀의歸依할 바가 있게 하였다. 불행하게도 1904년 2월에 일본사람이 낙육재를 점거하여 유생들을 축송逐送하는 등 수난을 맞게 되었다. 분개한 재생들이 장서각 도서를 대구의 연계재蓮桂齋에 옮겼다가 몇 달 되지 않아서 대구향교로 옮겼다.

채무식을 비롯한 일부 재생들이 관찰사에게 낙육재 복설을 건의하여

供, 又三百金付本齋爲硏墨之資, 二百金爲修葺之費, 責李漢春崔坤述不佞監其役, 不幾月工告迄."
17) 李鑣永, 『敬窩漫錄』(필사본, 국립중앙도서관 소장), 「年錄」을 보면 1903년 2월에 낙육재 아전의 공억供億[수요에 따라 공급하는 물품] 비용으로 500兩錢을 劃付하였으니 합하면 1,000금이다.
18) 채무식, 앞의 책, 권3, 「樂育齋稟目」, "壬寅(1902)秋觀察使趙公, 特捐三百金, 修藏書閣. 癸卯(1903)秋, 梅洞李判書公[이헌영], 特捐一千金, 以需修葺, 以資硯墨, 以補供億."
19) 채무식은 기문에서 장서각은 '윤광안의 창건 건물'이라 강조했으므로 남문 밖의 건물인 듯하다. 그러나 낙육재가 1888년 남성 안으로 이사한 기록이 있고 보면, 이 건물이 남성 안에 있던 건물인지는 알 수 없다.

1904년 10월 25일에 낙육재를 새로 마련했는데, 장소는 객사 앞 동편에 있던 본래의 대구균세소大邱均稅所였다.[20] 그러한 노력이 있었음에도 2년을 못가서 철폐되었다.

1904년 대구균세소大邱均稅所로 이건할 당시에 형조판서를 역임하였던 장석룡이 시를 지었다.

    文物大東國 문물 번성한 조선나라에
    古今樂育齋 고금을 통한 낙육재로다.
    規模倣太學 규모는 태학을 모방하였고
    書籍降天階 서적은 대궐에서 내렸네.
    鄒魯分爲半 영남이 반으로 나뉘어져
    石溫各處涯 석온[21]은 각처 물가에 있네.
    儘新仍舊號 세를 내어 옛 이름으로
    落成永言懷 낙성하며 길이 돌이켜보네.[22]

위의 시는 낙육재가 일본인에게 점거당하는 등 지난날 화려했던 명성이 날로 쇠퇴하여 명맥만 유지하던 1904년의 시대상을 그리고 있다. 그 후 채무식 등 재생들이 관찰사에게 수차 건의하여 마침내 집을 빌려서 낙육재 현판을 달아 낙성하였다. 19세에 낙육재에 선발되어 거재하였던 장석룡[23]으로서는 감회가 남달랐을 것이다.

아무튼 낙육재는 1906년 3월의 거재를 마지막으로 철폐되었다.

---

20) 채무식, 앞의 책, 권3, 「樂育齋再稟目」 및 권1, 「十月二十五日 移新于樂育齋紀事」
21) 石溫. '석온'은 낚싯대 오래 드리운 냇가의 앉아 있는 따뜻한 돌을 의미하는데, 은거하는 선비를 상징한다고 하겠다.
22) 張錫龍, 『遊軒先生文集』(목판본) 권3, 「樂育齋移建時次寄蔡悅卿武植韻」
23) 위의 책, 「年譜」 권1, "八年辛丑[1841](先生十九歲) 被營選, 居樂育齋."

2. 교육 의례의 실상

1) 정읍례

한나라 유향劉向의 『열녀전列女傳』, 「추맹가모鄒孟軻母」에 '맹모삼천'의 가르침이 나온다. "다시 학교 근처로 집을 이사하니 맹자가 제기[조두]를 늘어놓고 읍양진퇴揖讓進退하며 즐겁게 놀았다[復徙舍學宮之傍 其嬉遊乃設俎豆揖讓進退]."라는 기록이 있다. 읍양진퇴는 읍례揖禮가 될 터이니, 이 용어는 아마도 정읍례, 향음례의 기반이 되었을 것이라고 본다.

우리나라 문헌을 보면 읍례는 조선초기부터 중시되었다. 『조선왕조실록』, 태조 2년(1393)년의 기록에 "명하여 조정의 읍배례를 행하게 하였다. 도평의사사와 각 관사官司에서 수창궁에 모여서 3품 이하의 관원을 도평의사사의 청사廳事에 들어와서 읍례揖禮를 행하고, 대궐 문밖에 나와서 서로 읍揖하고 헤어졌다."[24]라는 내용에서 알 수 있다.

정읍례庭揖禮는 성균관 등 여러 학교에서 사제師弟를 중심으로 한 강학 행사에는 반드시 적용하였다. 이를 행하지 않은 유생은 벌을 받았다.[25] 각 도의 경우 정읍례는 관찰사가 자리에 들면 재생들이 뜰에 들어와서 읍揖을 하고 관찰사는 서서 인사를 받음으로써 선비를 예로 대한다는 뜻이 담긴 행사이다.[26] 일찍이 퇴계 이황李滉이 「사학의 사생에게 유

---

24) 『조선왕조실록』, 태조 2년(1393) 11월16일 조, "命行朝廷揖拜禮. 都評議使司及各司會于壽昌宮, 三品以下, 入使司廳行揖禮, 出闕門外相揖, 乃罷."
25) 『조선왕조실록』, 성종 4년 계사(1473) 3월14일 조를 보면 "의금부에서 아뢰기를, '서학西學의 유생 조세보·정인인·김개신·송처인·박치·유원창이 월과月課된 부제賦題를 짓지 않고 또 사장師長 앞에서 정읍庭揖을 하지 않은 죄는 율律이 태笞 40대를 속贖바치는 데 해당합니다.' 하니 그대로 따랐다."라는 벌을 내린 기록을 볼 때 정읍례를 매우 중시했음을 알 수 있다.
26) 李肯翊, 『練藜室記述』(연활자본, 1912) 別集 卷9, 「官職典故」 참조.
옛날의 규례에서는 儒生들에게 시험을 보일 때 館閣의 당상관이나 監司 등이 의자에 앉으면 儒生들이 뜰에 들어와서 절을 하게 하였는데, 정읍례는 揖을 하게 하여 선비를 예우한 것이다.

시하는 글[諭四學師生文]」을 보면 학궁에서는 읍례를 행한 후에 강의를 해야 한다고 지적한 바 있다.27) 낙육재 유생의 경우 매월 초하루와 보름날 사석師席[監司] 앞에서 예를 행하였으며, 이 때 관찰사로부터 강독 및 제술에 대한 평가를 받았다.

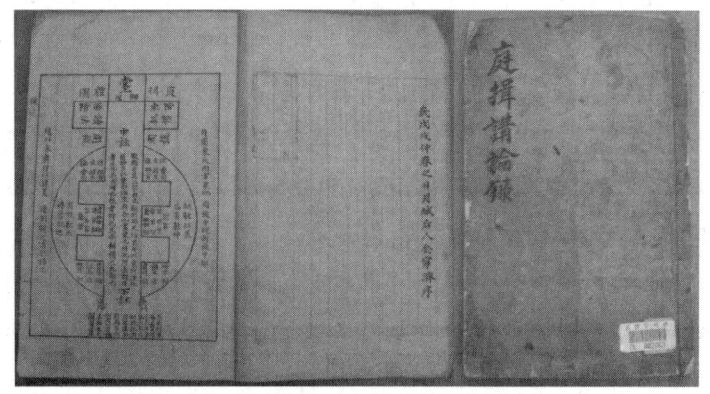

낙육재, 정읍강론록(1898년)

낙육재에서 행한 정읍례를 살펴보면 1896년 경상북도관찰사로 부임한 엄세영이 1898년 2월에 낙육재 관선당에서 강을 하면서 정읍례를 행하였는데 그 내용이 『정읍강론록』에 실려 있다.28)

우선 김영제金寧濟가 지은 「정읍강론록서庭揖講論錄序」를 본다.

대저 배움이 흥하면 예가 행하여지므로 그 예禮를 보면 가히 배움을 알 수 있다는 것을 지금 낙육재의 정읍례에서 보겠다. 강석講席[師

---

27) 李滉, 『退溪先生文集』(목판본) 卷41, 「諭四學師生文」
28) 樂育齋 編, 『庭揖講論錄』(필사본, 1898년) 1책. 내용을 보면 1898년의 金寧濟 序文, 庭揖禮圖, 立規, 執禮笏記, 小學題辭, 大學首章, 中庸首章, 呂氏鄕約, 朱子白鹿洞規, 論語九思, 禮記九容, 顔氏四勿, 曾子一貫, 行禮時序位, 講目問答, 詩, 1898년의 徐贊奎 跋文 등의 순으로 되어 있다.

席]을 마련하고 유생을 모아서 진퇴하고 승강하며, 강독하고 문난問難[난제 질문]을 하는 많은 선비들이 질서 정연하니 추로鄒魯[孔子·孟子]의 유풍이 있어서 참으로 훌륭하다. 견문 있는 선비들이 재에서 행한 이 예는 몇 해가 되었는데, 지금의 관찰사인 범재 엄공이 관찰사 부임 3년 만에 유교의 교화가 크게 발흥하고 낙육재를 중수하여 선사[낙육재 입학시험 합격] 인원을 늘리니, 무릇 선비 70인이다. 기뻐하고 고무하며 진작하고 면려하여 호주湖州의 학문29)으로 여기니 여기에서 다시 흥기 되었다. 의식을 거행하니 이 예의 본받음이 한 때의 성대함일 것이다. 이것은 바로 예가 사람을 기다려서 행해지는 것이 아니겠는가. 그러나 "예이다 예이다 하는 것이 구슬과 비단을 말하는 것이겠는가."30)라고 했으니, 절하고 읍하며 주선하는 것이 또한 예의 근본은 아니지만, "단 것이 조리를 받아들이고, 흰 것이 채색을 받아들인다. 충신한 마음을 가진 사람이라야 예를 배울 수가 있다."31)라 하였으니, 내가 여러 장보章甫와 함께 각자가 어찌 힘쓰지 않을 수 있겠는가.32)

서문에서 김영제는 학學과 예禮를 동일시하며, 엄세영 관찰사가 부임하여 낙육재 선발 인원을 크게 늘이고, 정읍례를 행한 사실을 보며 송나

---

29) 송나라 호원胡瑗이 湖州에서 교육을 관장하면서 經義와 事務 두 과로 나누어 교육을 하였는데, 그 제자가 수천 명에 이르렀기 때문에 당시에 湖學이라고 일컬었다고 한다.
30) 『논어』, 「양화陽貨」에 나오는 말이다.
31) 『예기』, 「예기禮器」에 "단 것이 조리를 받아들이고, 흰 것이 채색을 받아들인다. 충신한 마음을 가진 사람이라야 예를 배울 수가 있다[甘受和 白受采 忠信之人 可以學禮]."라 하였다.
32) 앞의 『庭揖講論錄』, 卷首, 金寧濟, 「庭揖講論錄序」"夫學興而禮行故, 見其禮可知其學, 今於樂育齋庭揖之禮有見矣. 設皐比集衿紳, 進退升降講讀問難, 濟濟秩秩有鄒魯之風, 寔盛矣哉. 聞之士齋之行, 是禮也旣有年, 今觀察使凡齋嚴公, 按節三載, 大興儒化, 重葺齋而增選士士凡七十人, 鼓欣振勵以爲湖州之學, 復興於此, 載擧是禮以效一時之盛, 此乃禮之待人而行者歟. 然禮云禮云玉帛云乎哉則, 拜揖周旋亦非禮之本, 甘受和白受采, 忠信之人, 可以學禮, 余與諸章甫, 盍各勉諸."

라 호원胡瑗의 호학湖學이 재현되는 듯하다고 평하면서, 모두가 예를 배우는 데 힘쓸 것을 강조하고 있다.

이 책에서는 행사에 참석한 여러 사람들이 엄세영 관찰사를 칭송하고 있다. 그 가운데 한동구韓東龜와 박재갑朴在甲의 글을 본다.

> 병신년(1896년) 가을에 범재凡齋 선생 엄상공嚴相公이 영남 관찰사로 부임하여 문장을 숭상하고 교육을 창도하는 것으로 선무先務로 삼고, 명망 있는 훌륭한 선비 70인을 뽑았다. 이에 본재本齋[낙육재]를 수즙修葺하고 녹봉을 덜어 내어 음식을 넉넉히 제공하였으며, 2년이 지난 무술년(1898년) 봄에 선생과 수서水西 이 군수[李範善], 송당松堂 김공[金成喜] 등이 정읍례를 낙육재의 관선당觀善堂에서 베풀고 강론을 통하여 논난論難하였으니 참으로 훌륭한 일이다. 무성武城의 노래[33]와 남강南康의 음사飮射[향음례, 향사례]를 행하여 그 전의 아름다움을 독차지하였다.[34]

> 관찰사인 엄공嚴公 범재凡齋 선생은 크게 교육을 떨치고 학교를 일으키려는 뜻이 있었다. 영남 관찰사로 부임한 후 3년이 지난 무술년(1898년) 봄 2월일에 낙육재를 중수하고 또 정읍례를 관선당觀善堂에서 행하였다. 주선하는 데 의용儀容을 정제하고 진퇴하고 읍양하는 데 절차가 있었으니, 진실로 실천하는 데 익숙하지 않았다면 어찌 이와 같

---

33) 『논어』, 양화陽貨에 나오는 말로, 지방관으로서의 훌륭한 치적을 말한다. 공자가 자유子游가 다스리는 무성武城에 가서 현악弦樂에 맞추어 노래 부르는 소리를 듣고 빙그레 웃으시며 "닭을 잡는 데 어찌 소 잡는 칼을 쓰느냐?"라고 농담을 하자, 자유가 대답하기를, "제가 전에 선생님께 들으니, 군자가 도를 배우면 사람을 사랑하고, 소인이 도를 배우면 부리기가 쉽다고 하셨습니다."라고 하였다.
34) 앞의 『庭揖講論錄』, 詩篇, 韓東龜, "粤以丙申秋, 凡齋先生嚴相公, 按節南臬, 以崇文倡敎爲先務, 而廣選譽髦之士七十人. 於是修葺本齋, 捐廩而優餽, 越再年戊戌春, 先生與水西李侯松堂金公, 設庭揖禮于齋之觀善堂, 而因講論難, 猗歟盛矣. 武城之絃歌, 南康之飮射, 因專美於前乎."

이 하겠는가.35)

정읍례는 낙육재 설립 당시의 「낙육재 절목」 '강규講規'에 규정할 정도로 매우 중요한 예절이다. 행사 당일에 사석師席[관찰사], 부사석副師席[대구군수], 직월直月[주사] 등이 자리에 앉게 되면 낙육재 재생齋生 중에서 뽑은 동반수東班首, 서반수西班首, 집례執禮, 독법讀法, 동조사東曹司, 서조사西曹司 각 1명을 뽑아서 제생諸生 11인이 함께 '위位 → 계階 → 당堂'의 순서로 진퇴進退·승강升降하면서 강독講讀·문난問難 및 읍례36)와 배례37)를 행하였다. 그러면 관찰사[사석]는 제생의 강에 대하여 고강考講한 후 우등자에게는 상을, 열등자에게는 벌을 내렸다. 이 행사는 홀기笏記에 따라 집례 이상두李相斗가 진행하였다.

『정읍강론록』에 수록되어 있는 정읍례의 홀기를 살펴본다.

○ 동·서 두 반수班首는 제생을 분담하여 인솔하고 '초입처初入處'에 나아가 공읍拱揖38)하면서 '입덕지문 행도지로入德之門 行道之路'[덕에 들어가는 문, 도를 행하는 길입니다]라고 고하시오.
○ 두 반수는 제생을 거느리고 '초립위初立位'에 차례로 서시오. 동·서

---

35) 위의 책, 朴在甲, "觀察使嚴公凡齋先生, 大有振敎興學之志, 按嶺節之越三年戊戌, 春二月, 重修樂育齋又行庭揖禮于觀善堂, 周旋容儀整齊, 進退揖讓有節, 苟非踐履之熟, 何能乃爾乎."
36) 위의 책, 집례홀기를 보면 읍례는 공수拱手한 손을 올리고 내리는 정도에 따라 공읍拱揖, 거읍擧揖, 염읍厭揖, 시읍時揖, 천읍天揖 등을 행하고 있다. 일반적으로 읍이란 공수한 손을 얼굴 앞으로 들어 올리며 굴신자세로 예를 표한 후 손을 내려 원위치로 하면서 몸을 세운다. 상읍上揖은 거수제안擧手齊眼[손의 높이를 눈까지 올리는 것], 중읍中揖은 거수제구擧手齊口[손의 높이를 입까지 올리는 것], 하읍下揖은 거수제심擧手齊心[손의 높이를 가슴까지 올리는 것]이다.
37) 위의 책, 집례홀기를 보면 배례는 『주례』에 나오는 구배九拜 가운데 기배奇拜, 돈수頓首, 계상稽顙, 포배袌拜, 진동振動[振董] 등을 행하고 있다.
38) 공읍拱揖은 굴신자세로 손을 마주 모아 잡고 인사하는 것. 또는 그러한 예禮.

○ 두 조사曹司는 각기 반수 앞에 나아가서 공읍하며 '초립위'라고 고하시오. 두 반수는 거읍擧揖³⁹⁾하면서 '행원자이 승고자비行遠自邇 升高自卑'[먼 곳을 가려면 가까운 곳에서 출발하고, 높은 곳에 오르려면 낮은 곳에서 출발해야 합니다]라고 답하시오. 두 조사는 제자리로 물러나시오.

○ '초립위'에서 동반수는 동주東註와 중주中註를, 서반수는 서주西註와 하주下註를 담당하여 외우시오.⁴⁰⁾ 두 조사는 각기 반수 앞에 나아가서 공읍하고 '경승교의敬承教矣'[공경히 가르침 받들겠습니다]라고 고하시오. 두 반수는 거읍하면서 '욱솔이정勗率以正'[바르게 권면하며 이끌어 가겠습니다]이라고 답하시오. 두 조사는 제자리로 물러나시오.

○ 두 반수는 제생을 거느리고 '재립위再立位'에 차례로 서시오. 두 조사는 각기 반수 앞에 나아가서 공읍하며 '재립위'라 고하시오. 두 반수는 거읍하면서 '면면순순 물망물조勉勉循循 勿忘勿助'[힘쓰고 힘써 순서를 따르고, 잊지도 않고 조장하지도 않겠습니다]라고 답하시오. 두 조사는 제자리로 물러나시오.

○ 두 반수는 제생을 거느리고 '진립위進立位'에 차례로 서시오. 두 조사는 각기 반수 앞에 나아가서 공읍하며 '진립위'라 고하시오. 두 반수는 거읍하면서 '영과이진 성장이달盈科而進 成章而達'[웅덩이는 메우고 나서야 흘러가고, 문채는 이루고 나서야 통합니다]이라 답하시오. 두 조사는 제자리로 물러나시오.

○ 두 반수는 제생을 거느리고 사석師席을 향하여 공읍하며 '위도보중 수고유기爲道保重 壽考維祺⁴¹⁾'[도를 위해 보중하면 장수하고 상서로울 것입니다]라고 축사를 하시오. 사석은 거읍을 하면서 '양우덕불자

---

39) 거읍擧揖은 공읍拱揖에 대한 답읍答揖으로 보인다.
40) 위의 책, 「庭揖禮圖」를 보면 東註, 西註, 中註, 下註 등에 대한 문구가 예시되어 있다.
41) 『시경』, 「대아大雅 행위行葦」에 "장수하고 길하여 큰 복을 누리리라[壽考維祺, 以介景福]."이라 하였다.

유讓于德不自有'[덕이 있는 사람에게 사양하고 스스로 겸손하라]라고 답하시오.

○ 두 반수는 몸을 굽히면서 서로 향하여 공읍을 하고 '사희현 현희성 성희천士希賢 賢希聖 聖希天'[성인은 하늘처럼 되기를 희망하고, 현인은 성인처럼 되기를 희망하고, 선비는 현인처럼 되기를 희망합니다]이라고 고하시오.

○ 두 반수는 제생을 거느리고 '주선처周旋處'에 이르러서 다시 서로 향하여 공읍하며 '하학인사 상달천리下學人事 上達天理'[아래로 사람의 일을 배우면 위로 하늘의 이치를 터득하게 됩니다]라고 고하시오.

○ 두 반수는 제생을 거느리고 처음의 '초입처'로 다시 가서 공읍하며 '동정무단 음양무시動靜無端 陰陽無始'[동과 정은 끝이 없고 음과 양은 시초가 없도다]라고 고하시오.

○ 두 반수는 제생을 거느리고 다시 '초립위'에 차례로 서시오. 두 조사는 각기 반수 앞에 나아가서 공읍하며 '초립위'라고 고하시오. 두 반수는 거읍하면서 '천리인사 동조공관天理人事 同條共貫'[천리와 인사는 맥락이 통하여 연관이 있습니다]이라고 답하시오. 두 조사는 제자리로 물러나시오.

○ 두 반수는 제생을 거느리고 '상읍위相揖位'에 차례로 서시오. 두 조사는 각기 반수 앞에 나아가서 공읍하며 '상읍위'라고 고하시오. 두 반수는 거읍하면서 '자왈 군자준도이행 반도이폐 오불능이의子曰 君子遵道而行 半道而廢 吾不能已矣'[공자가 말씀하기를, "군자들은 도를 따라 행하다가 중도에 그만두지만, 나는 그만두지 못한다."라 했습니다]라고 답하시오. 두 조사는 제자리로 물러나시오.

○ 두 반수는 제생을 거느리고 공읍하면서 '이우보인 상관이선以友輔仁 相觀以善'[벗으로써 인을 돕고, 서로 보아서 선을 한다고 합니다]이라고 고하시오.

○ 두 반수는 제생을 거느리고 계단[階前] 앞에 차례로 서시오. 두 조

사는 각기 반수 앞에 나아가서 공읍하며 '계전階前'이라고 고하시오. 두 반수는 거읍하면서 '자왈 오종일불식 종야불침 이사무익 불여학야子曰 吾嘗終日不食 終夜不寢 以思無益 不如學也[공자가 말씀하기를, "내가 일찍이 종일토록 밥을 먹지 않고 밤새도록 잠도 자지 않으면서 사색에 잠겨 보았다. 하지만 아무런 이로움도 얻을 수 없었으니, 그것보다는 배우는 것이 훨씬 낫다."라고 했습니다]라고 답하시오. 두 조사는 제자리로 물러나시오.

○ 독법讀法은 소학제사小學題辭, 대학수장大學首章, 중용수장中庸首章, 백록동규白鹿洞規, 여씨향약呂氏鄕約 등을 창唱 하시오. 제생은 고개 숙이고 잠청潛聽[정신을 가다듬어 조용히 들음] 하시오.

○ 두 반수는 제생을 거느리고 공읍하면서 '생등 수불민 감불종사사훈生等雖不敏 敢不從事斯訓'[생등은 비록 영민하지 못하지만 감히 이 가르침에 따르지 않을 수 있겠습니까]이라고 고하시오.

○ 두 반수는 몸을 굽히면서 서로 향하여 공읍하며 '위산구인 공휴일궤 백척간두 진취일보爲山九仞 功虧一簣 百尺竿頭 進取一步'[아홉 길 산을 만들 적에 한 삼태기의 흙이 부족하여 그 공이 허물어지는 것과 같으니, 백척의 장대 끝에서 한 발짝 더 나아갑시다]라고 고하시오.

○ 두 반수는 제생을 거느리고 당堂에 올라가 동·서로 서시오. 두 반수는 공읍하며 '어지 지기소지於止 知其所止⁴²⁾'[그침에 있어 그 그칠 곳을 안다고 했습니다]라고 고하고, 각자 자리에서 손을 맞잡고 앉으시오.

○ 동반수는 논어구사論語九思를 외우고 서반수는 예기구용禮記九容을 외우시오. [이 때 제생은 고요히 듣는다]

○ 동반수는 안씨사물顔氏四勿을 외우고 서반수는 증자일관曾子一貫을

---

42) 『大學章句』, 傳三章에, "『시경』에 이르기를, '꾀꼴꾀꼴 꾀꼬리는 숲이 무성한 곳에 그친다[緡蠻黃鳥 止于丘隅]' 했는데, 공자가 이르기를, '저 새도 그 그칠 바를 아는데 사람으로서 새만도 못해서야 되겠는가[於止 知其所止 可以人而不如鳥乎]'라고 했다."한 데서 온 말이다.

외우시오. 마치면 두 조사는 사석師席 앞에 나아가 부복[俛伏]하고 개강을 청하시오.

○ 두 반수 이하 제생 모두는 사석의 함장函丈[관찰사] 앞에 나아가서 기배奇拜43)를 올리고 헌강獻講을 하시오. 사석이 '통·략·조·불通略粗不'로 평가하면 강자講者는 절을 하고 물러나시오.44)

○ '통'을 받은 사람은 동서향으로, '략'을 받은 사람은 동남향으로, '조'를 받은 사람은 서동향으로, '불'을 받은 사람은 서남향으로 가서 각각 앉으시오.

○ '통'을 받은 사람은 '략'을 받은 사람에게 '조'와 '불'을 받은 사람을 인도하여 염읍厭揖45)하며 계단 아래로 내려가도록 청하시오.

○ '조'를 받은 사람은 동쪽에 세우고, '불'을 받은 사람은 서쪽에 세워서 꿇어앉게 하고, 다시 면관免冠[관을 벗음]하고 부복俯伏하게 하시오.

○ '조'를 받은 사람은 사석을 향하여 돈수頓首46) 다섯 차례를 올리고, '불'을 받은 사람은 계상稽顙47) 일곱 차례를 올리게 하시오.[그런 후에 관冠을 쓰도록 한다]

○ '략'을 받은 사람은 '조'와 '불'을 받은 사람을 인도하여 염읍厭揖하며 계단 위로 올라오게 하시오.

○ '조'를 받은 사람은 사석을 향하여 포배褒拜48)를 올리고, '불'을 받은 사람이 진동振動[振董]49)을 올리시오. 사석은 천읍天揖50)을 하며

---

43) 기배奇拜는 한 무릎만 꿇고 한 번만 하는 절
44) 이날 정읍례에 참여한 반수 이하 17명의 강강 내용을 살펴보면 『대학』 3, 『중용』 4, 『논어』 3, 『맹자』 3, 『시전』 1, 『서전』 1, 『주역』 2 등 17건으로 나타난다.
45) 염읍厭揖은 손을 당기면서 하는 읍이다. 즉 손을 밀면서 하는 것을 '읍揖'이라 하고, 손을 당기면서 하는 것을 '염厭'이라 한다.
46) 돈수頓首는 머리를 조아려 땅을 두드리는 절
47) 계상稽顙은 두 무릎을 꿇은 다음 이마가 바닥에 닿도록 구부려서 하는 절
48) 포배褒拜는 보답하기 위해 올린다는 뜻의 절
49) 진동振動[振董]은 손을 들어 서로 문지르는 절
50) 천읍天揖은 손을 밀어 조금 드는 것이다.

'하고자폐何故自廢'[무슨 까닭에 스스로 그만두는가]라고 답을 하시오.
○ '조'와 '불'을 받은 사람은 '통'을 받은 사람 앞에 나아가서 공읍하며 '감청선도敢請善導'[감히 인도 잘 해주기를 청합니다]라고 고하시오. '통'을 받은 사람은 시읍時揖[51] 하며 '자왈 학이시습지 불역열호子曰 學而時習之 不亦說乎'[공자가 말씀하기를, "배우고 때때로 그것을 익히면 또한 기쁘지 않겠는가."라고 했습니다]라고 답을 하시오. '조'와 '불'을 받은 사람은 각각 제자리로 돌아가시오.
○ 두 조사는 부복하고 파좌罷座를 청하시오. 두 반수는 제생을 기립시켜 서로 향하여 공읍하며 '절절시시 이시책면切切偲偲 以時責勉'[간곡하게 충고하고 자상하게 권면하며, 때에 따라 책면토록 합시다]이라고 하시오.
○ 두 반수는 사석을 향하여 재배하고 물러나고, 제생도 이와 같이 하고 각자의 처소로 가시오.
○ 정읍례를 마치다[禮畢]

『정읍강론록』에는 정읍례를 행할 때 자리의 차례를 기록하였다. 행사에 참여한 21인의 소임을 살펴본다.

　　　사석　：엄세영(嚴世永, 68세)[관찰사]
　　　부사석：이범선(李範善, 64세)[대구군수]
　　　직월　：김성희(金成喜, 52세)[주사], 채홍의(蔡鴻儀, 30세)[주사]
　　　동반수：이복래(李福來, 32세)
　　　서반수：양재기(楊在淇, 31세)
　　　집례　：이상두(李相斗, 35세)
　　　독법　：최진환(崔瑨煥, 31세)

---
51) 시읍時揖은 평평하게 하여 손을 미는 것이다.

동조사 : 서만곤(徐萬坤, 20세)
서조사 : 이병적(李柄迪, 26세)
제생 : 이병태(李柄泰, 28세), 최봉환(崔鳳煥, 27세), 배진희(裵震喜, 25세), 구영규(具永奎, 26세), 배헌(裵㦽, 27세), 박재갑(朴在甲, 21세), 백태원(白泰元, 22세), 서진태(徐鎭泰, 22세), 신봉균(申鳳均, 21세), 이경희(李慶熙, 20세), 이장백(李章白, 21세)

정읍례의 입규立規를 보면 동반수 이하 제생이 행사할 때 각 소임을 맡은 자가 예법을 잃게 되면 당해 소임을 맡은 자로 하여금 허물을 고하게 하여 냉수 마시는 벌[冷罰]로써 한 그릇을 마시게 하였다.

집례가 예법을 잃으면 조사曹司가 허물을 고하게 하여 냉수 한 그릇을 마시게 하고
독법讀法이 예법을 잃으면 집례가 허물을 고하게 하여 냉수 한 그릇을 마시게 하고
반수班首가 예법을 잃으면 독법이 허물을 고하게 하여 냉수 한 그릇을 마시게 하고
조사가 예법을 잃으면 반수가 허물을 고하게 하여 냉수 한 그릇을 마시게 하고
집례가 예법을 잃으면 조사曹司가 허물을 고하게 하여 냉수 한 그릇을 마시게 하고
제생諸生이 예법을 잃으면 조사가 관장하여 냉수 한 그릇을 마시게 한다.[52]

이 정읍례를 행했던 시기는 날씨가 추운 2월이었다. 각 소임 간에 연

---

52) 앞의 『庭揖講論錄』, 立規

대 책임을 지게 하여 행사를 엄격히 한 것이다.

강을 할 때에는 조사가 사석 앞에 나아가 개강을 청한 후, 동반수 이하 제생 17인이 차례로 사석 앞에서 1편씩 헌강獻講을 하는데, 헌강 과목은 사서삼경 가운데 뽑은 것으로, 제생이 질문하면 사석이 답변하는 형식이다.

이 때 이병태李柄泰는 『논어』의 「자왈 지자요수子曰知者樂水」의 장章을 강독하면서 사석師席[엄세영 관찰사]에게 다음과 같이 질문하였다.

> 지혜로운 자는 단지 물만 좋아하고 산은 좋아하지 않으며, 어진 자는 단지 산을 좋아하고 물은 좋아하지 못하는 것입니까[知者只樂水而不可樂山乎 仁者只樂山而不得樂水乎]?

이 질문에 대하여 엄세영 관찰사가 다음과 같이 답변하였다.

> 어짊과 지혜로움에는 따로 떼어서 말하는[偏言] 것과 통틀어서 말하는[專言] 것의 구별이 있고, 산과 물에는 움직이는[動] 것과 고요한[靜] 것의 다름이 있다. 따로 떼어서 말한다면 '지자요수知者樂水·인자요산仁者樂山'이 되지만, 통틀어서 만한다면 물을 좋아하는 지혜로운 사람 또한 산을 좋아할 수가 있고, 산을 좋아하는 어진 사람 또한 물을 좋아할 수가 있는 것이다[仁知有偏專之別 山水有動靜之殊 偏言則 知者樂水仁者樂山 而專言則 樂水之知者 亦可樂山也 樂山之仁者 亦可樂水也].

이러한 헌강 절차에 따라 재생들이 강독을 마치게 되면 관찰사[사석]는 재생의 강에 대하여 고강考講한 후 우등한 자에게는 상으로 관冠을 내렸다. 이어서 참석한 엄세영 관찰사 이하 관원들과 제생이 시 1편씩 지었다.53)

정읍례에는 행사에 직접 참여한 21명 외에 16명이 더 참가하였다. 그 가운데 이장화李章和의 시를 본다.

棠陰坐了一團春	감당나무 그늘[관찰사]의 자리는 일단의 봄이었고
涵育諸生講道眞	함육 받은 제생이 배우는 도는 참이었네.
鹿洞良規從古美	주자의 백록동 좋은 가르침은 옛 아름다움 따랐고
藍田遺約更今新	남전의 여씨향약은 다시 지금에 새롭게 하였네.
雍容儀禮遵先哲	온화한 의례는 선철의 법도를 따랐고
培養文風啓后人	문풍을 배양하여 후인들을 계도하였네.
自愧菲才承沐化	재주 없는 몸으로 은택과 교화를 입으니
摳衣數載德爲鄰	수학한 지 수년간에 덕 가진 이와 이웃했네.

이러한 강독과 제술의 의식을 통하여 관찰사와 낙육재 제생 간에 예로써 공경함은 물론, 관찰사가 제생의 학습을 점검하여 학문적 의욕을 고취시키고자 한 목적이 있음을 알 수 있다.

2) 향음례

한나라 정현鄭玄이 주석한 『의례儀禮』에 향음주례鄕飮酒禮가 수록되어 있어서[54] 향음주례는 예로부터 주목해온 예절이다.

정도전의 「조선경국전朝鮮經國典」은 1394년에 지은 것인데 내용 가운데 향음주에 대해서는 다음과 같이 정의하였다.

> 향음주례鄕飮酒禮에는 선왕의 사람을 가르치기 위한 뜻이 갖추어져 있다. 빈객과 주인이 서로 읍하고 사양하면서 올라가는 것은 존경과

---

53) 행사에 참가한 제생의 시를 살펴보면 대개 小序가 있는데, 내용은 엄세영 관찰사를 칭송한 것이다.
54) 鄭玄(漢) 注, 『儀禮』(목판본) 권4, 「鄕飮酒禮」.

겸양을 가르치기 위한 것이요, 손을 씻고 얼굴을 씻는 것은 청결을 가르치기 위한 것이요, 처음부터 끝까지 매사에 반드시 절을 하는 것은 공경을 가르치기 위한 것이다. 존경하고 겸양하고 청결하고 공경한 다음에 서로 접촉하면 포만暴慢이 멀어지고 화란禍亂이 종식될 것이다. 주인이 빈객과 빈객의 수행인을 가리는 것은 현자와 우자를 구별하기 위한 것이요, 빈객을 먼저 대접하고 수행인을 뒤에 대접하는 것은 귀천을 밝히기 위한 것이다. 현자와 우자가 구별되고 귀천이 밝혀지면 사람들은 권면할 것을 알게 될 것이다. 그러므로 술을 마실 때는 즐겁게 하되 유탕한 지경에 이르지 않고, 엄숙하되 소원한 지경에 이르지 않는다. 신은, 경계하지 않고서도 교화가 이루어지는 것은 오직 음주가 그것이라고 생각한다.[55]

향음주례는 사람을 가르치는 뜻이 있었다. 읍하고 사양하는 것은 존경과 겸양을 가르치고 손과 얼굴을 씻는 것은 청결을 가르치며, 행사 처음부터 미칠 때까지 절을 하는 것은 공경을 가르친다고 했다. 의식을 통하여 현·우賢愚를 구별하고, 귀·천貴賤을 밝힘으로써 서로 권면하며, 술을 예에 맞게 마시는 것으로써 교화가 이루어진다고 하였다.

『세종실록』, 「오례五禮 '가례의식 향음주의'」 편을 보면 주인이 빈賓·중빈衆賓을 선임하여 매년 맹동[음력 10월]에 한성부漢城府와 여러 도道의 주·부·군·현에서 길일을 택하여 행하였는데, 주인과 빈의 자리, 빈을 맞는 예절, 술 탁자의 위치, 술 먹는 방법 등을 정한 후 6개의 실천 조항을 두었다. 그 가운데 한 항목을 보면 "향음주鄕飮酒의 설치는 고년高年을 높이고, 유덕有德한 사람을 높이고, 예양禮讓을 일으키는 것인데, 감히 시끄럽게 하는 사람과 술잔을 높이 든 사람이 있으면, 예절로써 이를 책망하고, 그 혹시 이로 인하여 실례失禮한 사람은 그 향음 명부에서 삭제

---

55) 鄭道傳, 『三峯集』(목판본, 1791) 권13, 「朝鮮經國典 上」, 禮典, 鄕飮酒 조.

한다."56)라 하였다.

「향음주례」는 다음과 같이 모두 23장으로 이루어져 있다. ⑴모빈개 謀賓介[빈과 개를 상의함], ⑵계빈개戒賓介[빈에게 알림], ⑶설석設席[자리를 폄], ⑷속빈速賓[빈을 초청함], ⑸영빈迎賓[빈을 맞음], ⑹헌빈獻賓[빈이 나아가 술잔을 받음], ⑺빈작주인賓酢主人[빈이 주인에게 술을 권함], ⑻주인수빈主人酬賓[주인이 빈에게 술을 권함], ⑼주인헌개主人獻介[주인이 개에게 술을 올림], ⑽개작주인介酢主人[개가 주인에게 술을 권함], ⑾주인헌중빈主人獻衆賓[주인이 중빈에게 술을 올림], ⑿일인거치一人擧觶[한 사람이 치(뿔잔)를 권함], ⒀낙빈樂賓[빈을 즐겁게 함], ⒁입사정立司正[사정을 세움], ⒂사정거치司正擧觶[사정이 치를 권함], ⒃여수旅酬[서로에게 술잔을 권함], ⒄이인거치二人擧觶[두 사람이 치를 권함], ⒅철조徹俎[조를 거둠], ⒆연燕[술잔의 수를 헤아리지 않고 마심], ⒇빈출賓出[빈이 나감], ㉑준입遵(僎)入[준이 들어옴], ㉒배례拜禮[예우에 대한 감사 인사], ㉓식사정息司正[사정을 위로함] 등이다. 의식은 홀기에 따라 진행을 하는데 예가 번잡하여 홀기는 생략한다.

경상도관찰사가 향음례[향음주례]를 행한 사실은 문헌을 통하여 살필 수 있다. 그 가운데 윤광안 관찰사가 행한 향음례가 비교적 내용이 소상하므로 이를 살펴보기로 한다.

윤광안은 1807년 10월 7일 낙육재 중건 낙성식 기념으로 경상도 명유로 이름난 정종로鄭宗魯, 강필효姜必孝, 이정규李鼎揆, 류치명柳致明 등 40여 명을 낙육재에 초청하여 향음주례를 행하였다. 이날 향음례에 앞서 선비들에게 시험을 보인 후 행사는 관덕당에서 행하였는데, 행사를 위한 『향음훈사』57)도 낙육재에서 편성하였다.

---

56) 『세종실록』133권, 「五禮」, '嘉禮儀式, 鄕飮酒儀 篇.
57) 樂育齋 編, 『鄕飮訓辭』(필사본, 1807) 1책, 대구광역시립중앙도서관 소장, 이 책의 내용을 보면 司正揚觶訓辭, 讀法, 工歌, 鹿鳴三章, 四牡五章, 皇皇者華五章, 笙詩,

그 당시 빈賓으로 초청받은 정종로의 글을 본다.

　　금상[순조] 7년 정묘년(1807) 겨울 10월에 방백 윤공이 장차 달성부 達城府[현 대구]에서 향음례를 행하려 할 때 외람되게도 나를 빈賓으로 삼고자 하였다. 이미 서신으로 초청이 매우 정성스러웠고, 또 보좌관을 보내 뜻을 전하였으며, 게다가 주목主牧이 몸소 나에게 오도록 하여 나아오기를 권하며, "이 예를 행함에는 오직 장자長者가 필요합니다. 그렇지 않으면 형세상 장차 그만두게 될 것입니다."라고 하였으니, 대개 끝내 가만 놔두지 않음이 이와 같았다. … 마침내 이달 6일에 낙육재에서 습의習儀하고, 그 다음날 관덕당에서 설행함에, 침랑 강필효姜必孝를 개개로 삼고, 시랑 이정규李鼎揆, 지헌 김기찬金驥燦, 교리 이태순李泰淳을 삼준三遵으로 삼고, 만각 이동급李東汲, 상사 정동필鄭東弼, 상사 강영姜泳을 삼빈三賓으로 삼고, 전중 이병운李秉運을 도집례로 삼았다. 나머지 찬인贊引, 독법讀法, 악정樂正, 사정司正 등과 같은 여러 집사도 또한 각각 선발된 인사로 정해서 임명하였다.58)

　　윤광안이 영남 명유들에게 정성과 예를 다해 초청하여 향음주례를 행한 사실을 알 수 있다. 행사 후에는 재생들과 강론을 행하였으니, 학풍을 장려하기 위해서였다. 이날 행사에 운집한 사람들이 1,000여 명이라 하였으니59) 행사가 얼마나 성대하였던가를 짐작케 한다.

　　　間歌, 魚麗六章, 南有嘉魚四章, 笙崇丘, 南山有臺五章, 笙由儀, 合樂, 關雎三章, 葛覃三章, 卷耳四章 鵲巢三章, 采蘩三章, 采蘋三章 등의 순이다.
58) 鄭宗魯,『立齋先生文集』권4, 詩,「達城鄕飮禮後 賦其事 奉贈尹方伯光顔並序」
59) 申綽, 앞의「慶尙道觀察使尹公[光顔]墓誌銘」, "仍行鄕飮酒禮, 會者盖千人, 揖讓觀禮, 莫不感歎."

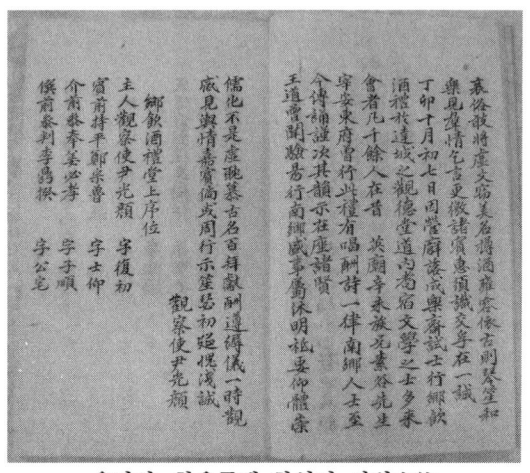

윤광안, 향음주례 참석자 서위序位

당일의 향음주례 행사에서 소임을 맡은 사람들은 다음과 같다.60)

주인主人 : 윤광안尹光顔(관찰사)
빈賓   : 정종로鄭宗魯(전 지평)
개介61) : 강필효姜必孝(전 참봉)
준僎62) : 이정규李鼎揆(전 참판), 김기찬金驥燦(전 정언),
         이태순李泰淳(전 교리)
삼빈장三賓長 : 이동급李東汲, 정동필鄭東弼(진사), 강영姜泳(생원)
중빈衆賓 : 이수인李樹仁(전 감역), 남경희南景羲(전 좌랑), 강세규姜世揆(전 지평), 김형金瑩(부정자), 신면주申冕周(부정자), 박경구朴慶九(부정자), 최정진崔廷鎭(부정자), 김호진金虎振(부정자), 류치명柳致明(부정자)
도집례都執禮 : 이영운李永運(전 감찰, 改名 秉運)

---

60) 郭溟翰, 『東湖遺稿』(필사본, 계명대동산도서관 소장) 권2, 「鄕飮酒禮堂上序位」
61) 介는 賓賓을 돕는 자
62) 僎은 漢字의 訓音이 '향음주인 돕는 사람 준僎'이다. 즉 주인을 돕는 자

집례執禮 : 이헌순李獻淳

찬례贊禮 : 강필호姜必祜(생원)

주인찬主人贊 : 윤병항尹秉恒

빈준賓僎 : 황암로黃巖老

찬인贊引 : 강필로姜必魯, 남한후南漢厚, 이명준李明峻, 정숙鄭璹

사정司正 : 서유락徐有洛

독법讀法 : 성재규成在奎, 정상관鄭象觀, 남한모南漢模(생원)

일인거치一人擧觶 : 주준周濬(진사)

이인거치二人擧觶 : 최경헌崔景憲, 구장具樟

악정樂正 : 곽명한郭溟翰(생원)

송시誦詩 : 성주로成周魯, 윤종한尹鍾漢, 김점운金漸運, 강필구姜必龜

사준司尊 : 서문옥徐文玉

사관司盥 : 윤여경尹汝瓊

사자司爵 : 서택열徐宅烈

　* 요좌僚佐 : 경주부윤 박종우朴宗羽 포함 10인 / 막좌幕佐 이형록李亨祿 포함 11명 / 중빈衆賓 한홍조韓興朝 포함 18명

　향음주례를 행할 때는 주인·빈賓·개介·준僎과 삼빈장, 중빈 외에 예절을 집례하는 도집례, 집례 등 여러 소임이 있었다. 서위序位[서열]는 소임 순이다.

　빈·주의 수조酬酢하는 의례와 읍양揖讓 승강升降하는 절차를 담고 있는데, 빈·주와 개·준은 대칭이 된다. 개는 빈을 돕는 사람이고, 준은 주인을 돕는 사람이며, 빈과 개는 향인이나 처사가 맡았고, 준은 관직에서 치사致仕한 후 고을에 낙향한 사람 중에서 선임하였다.[63] 또 빈은 하늘

---

63) 正祖, 『弘齋全書』 卷165, 「日得錄」 5, '文學' 5에 의하면 鄭玄이 『儀禮』에서 註를 낼

[天]을, 주인主人은 땅[地]을 상징하였고, 개·준은 일월日月을, 삼빈은 삼광三光을 상징하였으며, 사면에 앉는 것은 사시四時를 상징하였다. 빈의 차례는 어짊[仁]을 위주로, 앉는 차례는 나이순으로, 준의 차례는 술잔으로써 하였다.

그리고 『시경』에 있는 관저關雎, 갈담葛覃, 권이卷耳 등을 노래하는 것은 제가齊家의 뜻을 드러냄이었고, 녹명鹿鳴, 사모四牡, 황황자화皇皇者華 등을 노래하는 것은 임금 섬기는 뜻을 드러냄이었다.64)

낙육재에서 편성한 『향음훈사鄕飮訓辭』를 보면 사정司正을 맡은 자가 다음과 같이 말한 데서 향음주례가 무엇을 의도하는지 쉽게 알 수 있다.

우러러 생각하옵건대, 국가에서 옛날의 제도를 따라 예교禮敎를 숭상하여 지금 향음주례鄕飮酒禮를 거행하게 된 것은 오로지 음식飮食하기 위한 것만은 아닙니다. 무릇 우리들 어른과 어린이는 각자가 서로 권면勸勉하여 나라에 충성하고 부모에게 효도하며, 안으로 규문閨門에 화목하고 밖으로 향당鄕黨에 친밀하며, 서로 훈고訓告하고 서로 교회敎誨하여 혹시 과실과 나태함으로써 그 조상에게 욕됨이 없게 하시오.65)

위의 글에서 향음주례를 거행하는 목적을 구체적으로 밝히고 있다. 그것은 술 먹기 위한 것이 아니라 각 층의 사람들이 살면서 서로 권면하여 나라에 충성하고 부모에게 효도하며, 안으로 규문閨門에 화목하고 밖

때 "釋主人曰鄕大夫, 釋賓介曰鄕人處士, 釋僕曰致仕居鄕者."라 하였다.
64) 李東汲, 『晩覺齋先生文集』(목판본) 卷3, 「大邱鄕校行鄕飮禮序」 및 鄭象觀, 『谷口園記』(목활자본) 卷3, 「觀德堂鄕飮酒禮序」
65) 樂育齋 편, 『鄕飮訓辭』(일사본, 1807년), "仰惟國家, 率由舊章, 崇尙禮敎, 今玆擧行鄕飮, 非專爲飮食而已. 凡我長幼, 各相勸勉, 忠於國孝於親, 內睦於閨門, 外比於鄕黨, 胥訓告胥敎誨, 無或愆惰, 以忝所生."

으로 향당鄕黨에 친밀하며, 서로 훈고訓告하고 교회敎誨하기 위함이었다.

낙육재, 향음훈사(1807년)

윤광안은 이 날 향음례에 모인 여러 사람에게 아래의 시를 지어서 보이며 의식의 의미를 부여하였다. 이 시는 1751년에 집인의 족형이 되는 소곡 윤광소尹光紹(1708-1786)가 안동부사로 있을 때 향음주례를 행하고 지은 것을 그가 차운한 것이다.

王道曾聞驗易行　　왕도는 일찍부터 체험하기 쉽다고 들었는데
南鄕盛事屬休明　　남쪽 지방의 훌륭한 일은 밝은 시대를 만났네.
祇要仰體崇儒化　　임금의 유교 숭상함을 우러러 본받고자 하여
不是虛耽慕古名　　헛됨을 탐하는 것이 아니라 옛 이름을 사모했네.
百拜獻酬遵縟儀　　백번 절하고 술잔 올림은 성대한 의식 준수함이고
一時觀感見輿情　　지금 한꺼번에 보고 느끼니 민심을 알 수 있겠네.
嘉賓倘或周行示　　아름다운 벗들이 어쩌면 주행하다가 보이면
笙瑟初筵愧淺誠　　풍악 올리는 첫 자리에 나의 얕은 정성 부끄럽네.66)

――――――――――
66) 郭溟翰, 앞의 책, 권2,「尹光顔 鄕飮酒禮詩」, 小序에 "丁卯十月初七日, 因營廨落成

행사 중 절하고 술잔 올리는 성대한 의식에서 민심을 살필 수 있는 것을 보람으로 여기고 한편으로 자신의 얕은 정성을 보였다며 겸사를 사용하고 있다. 이 행사를 마친 후 빈賓으로 참여한 정종로鄭宗魯가 7언 절구 18수를 지어서[67] 윤광안 관찰사를 칭송하였는데 그 가운데 5수를 본다.

棠營飮禮曠寰區	감영의 향음례 행사가 천하에 드문 일이니
慕老曾行繼者無	모재 어른이 행했던 일을 잇는 사람 없었네.
四百年來方再見	사백 년 지난 뒤에야 바야흐로 재현되니
盛心前後與同符	성대한 마음 전후로 더불어 함께 합치하네.

飮儀繁縟鮮民由	향음례 의식 복잡해 백성들이 행함이 드무니
百拜方成一獻酬	백번 절하고 바야흐로 한번 술잔을 올리네.
降屈威尊行不倦	높은 지위를 굽혀 행함이 게으르지 않으니
感公好禮世無儔	공의 예 좋아함이 세상에 짝이 없음에 감동했네.

命升僚佐共樽俎	요좌에게 오르라 명하여 술잔을 함께하니
歷數凡爲九大夫	낱낱이 헤아려 보매 모두 아홉 대부일세.
也識今番歆盛禮	또 알겠노라, 이번에 받든 성대한 예절을
各歸其邑設行謀	각기 그 읍에 돌아가 시행하길 도모하리.

射亭宏敞接通衢	관덕당이 크고 널찍하게 큰길과 접해 있으니
觀禮人人簇立周	예식을 관람하는 사람들이 빽빽하게 둘러섰네.
爭道我邦賢刺史	다투어 말하기를, 우리 지방 어지신 자사[관찰사]의

樂齋, 試士行鄕飮酒禮於達城之觀德堂, 道內耆宿文學之士多來, 會者凡千餘人, 在昔英廟辛未, 族兄素谷先生宰安東府, 曾行此禮, 有唱酬詩一律, 南鄕人士, 至今傳誦, 謹次其韻, 示在座諸賢."이라 하였다.

67) 鄭宗魯, 앞의 책, 권4, 詩,「達城鄕飮禮後 賦其事 奉贈尹方伯光顔並序」

Ⅲ. 후대 감사의 낙육재 관심과 교육 의례　107

英名百代汗靑留　꽃다운 이름이 백대 역사에 남으리라 하네.

置齋興學述賢謨　재를 세우고 학문 일으켜 현인의 법을 이으니
書憶恩宣慨俗渝　하사받은 책 생각하며 풍속 변화를 개탄했네.
更起一軒藏萬卷　다시 하나의 헌[장서각]을 세워 만 권의 책을
　　　　　　　　보관하고
選居才俊任呻唔　준재를 선발해서 거쳐하며 마음껏 읽게 하였네.

　시를 보면 경상감영에서는 모재 김안국金安國이 향음례를 행한 이후 사백년 만에 재현되어 윤 감사가 예를 좋아한 사실을 말하고, 술 한 잔 마시는데 백 번이나 절한다는 복잡한 공경의 예절임을 설명하며, 이 성대한 예절이 각 지역에 전파되길 기망하였고, 많은 사람들이 관람하며 윤 감사를 어질다고 칭송하니, 그 이름 역사에 길이 남을 것이라고 하였다. 마지막 시는 낙육재와 관련 있는 것이다. 윤 감사가 낙육재에 관선당을 새로 짓고 장서각을 설치하며, 우수한 인재를 선발하여 마음껏 독서하게 한 사실을 언급한 것이다.
　이날 향음주례에 참여한 입재 정종로鄭宗魯는 낙육재생 윤병항, 이주윤 등이 대학의의大學疑義, 근사록近思錄 등에서 난제를 질의함에 대하여 답변을 하였는데, 그 내용이 『입재집立齋集』에 실려 있다.

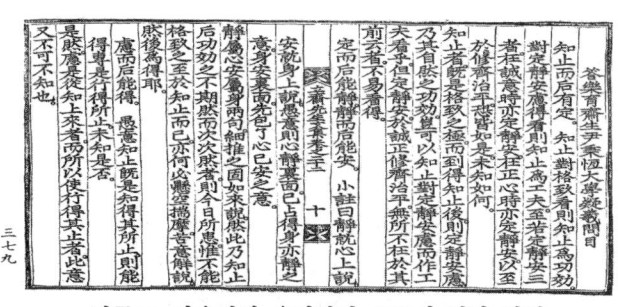
정종로, 낙육재생 윤병항의 문목에 대한 답변

이 밖에 낙육재생 최남복, 손윤구, 이정보 등이 이날 향음주례의 서문을 지었다. 선비를 우대하며 문풍을 장려한 윤광안 감사를 흠모한 글들이다.

한편 윤가묵尹家黙(1806-1890)은 그 재종손 윤인석尹仁錫(1842-1894)이 낙육재 선발 시험에 응시하러 갈 때 지어준 서문에서 "반호盤湖[윤광안] 노야老爺께서는 예로써 덕망 높은 큰 선비를 불러들여 관덕당에서 백배례百拜禮[향음주례]를 행하고, 가장 이름났던 문학 선비를 선발하여 낙육재에 올렸다. … 지금 징각 상공澄閣相公[金世鎬 관찰사]은 유학자를 숭상하고 학문을 장려하는 것이 진실로 오늘날의 반호盤湖라 할만하다."68)라고 하였다.

관찰사 이헌영李鑛永(1837-1907)은 평소 예를 좋아하여 경상감사로 있을 때 『향약법鄕約法』이라는 책자를 인출하여 각 읍에 배포하였고,69) 향음례, 향사례鄕射禮, 향약례鄕約禮 등 3례를 다 행하기도 했다.70)

1891년 봄에 행한 향음주례의 서문을 본다.

> 성상 신묘년(1891) 봄에 내가 이 곳 관찰사 자리를 함부로 차지하여 천중가절[단오]에 인근의 수령 및 여러 선비와 더불어 관덕당에서 향음주례를 행하였다. 오르내리며 술잔 올리는 것이 우뚝하여 볼 만하니 성대한 일이다. 스스로 돌아봐도 나는 예禮에 익숙하지 못하여 감

---

68) 尹家黙, 『南豊集』(목판본, 1920), 「送仁錫赴選樂育齋序」, "盤湖老爺, 禮延長德宏儒, 行百拜禮於觀德堂, 仍選最名有文學士, 升之是齋.…今澄閣相公, 崇儒獎學, 固可謂今盤湖也."
69) 李鑛永, 앞의 『敬窩漫錄』, 「年錄」, 辛卯(1891) 7월 조, "鄕約法 印出冊子 各一卷式 分布各邑."
70) 위의 책, 「年錄」을 보면 1892년 3월에 諸儒을 모아 鄕約禮를 행하고 손수 「達城鄕約錄名案序」를 지었고, 같은 해 7월에 觀德堂에서 鄕射禮를 행하였다. 향사례에서는 일반적으로 主人, 賓, 衆賓, 司正, 樂正, 司射, 贊禮, 上耦, 次耦, 釋獲, 主贊, 賓贊, 司尊, 薦脯, 薦醢, 沃洗, 進帨, 司筵, 弟子 등의 소임을 두었다.

히 인도하고 계도하는 것으로써 자처하지 않았는데, 또한 어떻게 여러 선비들의 읍양하는 풍속을 볼 수 있겠는가. 전에 주·군의 수령으로 있을 때에 이 예를 행하여 감화되는 효과가 있지 않은 적이 없었는데, 하물며 이 추로鄒魯의 고장[영남]은 문학에 있어서 천성이니 지금부터 강론하여 멈추지 않고 닦아서 실추하지 않는다면 또한 하나의 도에 이르는 기미가 될 것이다. 그렇다면 오늘의 일이 어찌 보탬이 적다고 하겠는가.[71]

이헌영이 부안현감으로 있던 1875년과 정주목사로 있던 1879년에도 향음주례를 행한 바 있어서 서문에 이를 언급한 것이다. 이 같이 서문을 짓고서는 시 한 수를 지었다.

飮禮今行鄒魯鄕　향음주례를 지금 영남에서 행하니
主賓相對象陰陽　주빈이 상대하며 음과 양을 형상하네.
長官參佐整冠帶　장관과 막료가 관대를 정제하고
多士奔趨擎豆觴　여러 선비들 분주히 제물을 받드네.
那期觀感回淳俗　어찌 관감하면서 순박한 풍속 돌이키길 기대하며
只欲講明由舊章　다만 옛 법도를 강구하여 바로잡고자 하네.
不愆儀節周旋地　의절에 어긋나지 않고 주선하는 곳에
愧我空疎按此方　나같이 엉성한 사람이 이곳 감사되어 부끄럽네.

이헌영의 『경와집략敬窩集略』에는 「행례시입반行禮時立班」이라는 예

---

71) 李𨩱永, 『敬窩集略,下』(국사편찬위원회, 한국사데이터베이스자료), 「達城觀德堂鄕飮酒禮錄」, 鄕飮酒禮詩幷序, "聖上辛卯春, 余冒據玆臬, 天中之月, 與隣近守宰及諸章甫, 行鄕飮酒禮于觀德堂, 升降獻酬, 蔚有可觀, 寔盛事也. 顧以不嫺於禮, 非敢自居以導率, 而非是亦何以覘多士揖讓之風也. 曾在州郡時, 亦行是禮, 未嘗不有觀感之效, 矧玆鄒魯之邦於文學天性也, 繼自今講而不撤, 修而勿墜, 則亦一至道之幾也. 然則今日之擧, 豈少補云乎哉."

를 행할 때의 명단이 있다. 자세히 살펴보니 1891년이 아닌 1892년으로 확인된다. 위의 이헌영 서문을 보면 1891년 5월에 행하였다고 하는데 이 명단에서 행사의 主人으로 참여한 칠곡부사 禹成圭는 1892년 1월에 칠곡부사로 부임하기 때문이다. 위에서 언급한 서문의 연도가 맞는다면 이듬해에 범위를 넓혀서 다시 행한 것이 아닌가 하는 추측도 가능하다.

소임을 부여한 이 행사는 이헌영 관찰사가 총괄을 하였는데, 주인은 칠곡부사 우성규禹成圭이고, 빈賓은 전 도사 서찬규徐贊奎이며, 준僎은 비안현감 김상현金商絢, 청도군수 신욱申槢, 하양현감 조두환曺斗煥 등 3명이고, 개介는 이억상李億祥이며, 삼빈장三賓長은 우세동禹世東, 최시술崔蓍述, 최시교崔時敎 등 3명이다. 중빈衆賓은 낙육재 출신 손정설孫廷卨 포함 30명인데 그 가운데 1892년 낙육재에 새롭게 뽑힌 강내상姜來相을 포함한 15명이 들어 있다.

이 행사에서는 위에서 언급한 소임 외에도 다양하였다.

집례執禮, 찬례贊禮, 주인찬主人贊, 빈찬賓贊, 사정司正, 독훈讀訓, 거치擧觶, 악정樂正, 송시誦詩, 사준司尊, 사조司俎, 사포해司脯醢, 옥세沃洗, 진세進帨, 철조徹俎, 사연司筵, 송시동몽誦詩童蒙등으로 확인되는데, 지난 1807년 윤광안이 행한 것과는 다르다.

이 때 서찬규가 지은「향음주례서鄕飮酒禮序」를 보면 그는 관찰사 이숙李䎘이 향음주례를 행한 이후로 윤광안, 이삼현李參鉉, 이헌영李鑢永이 차례로 행하였다고 하였다.

Ⅳ. 인재 선발과 낙육재 동연생

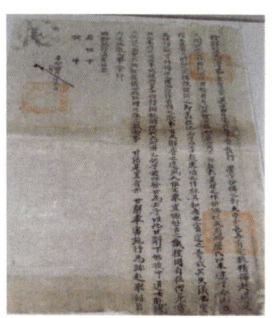

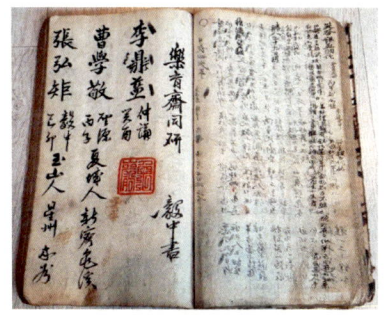

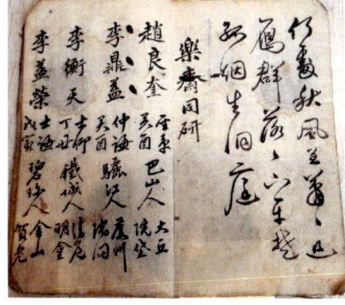

1. 인재 선발

경상도의 인재를 선발하는 것은 관찰사의 권한이었고, 교육은 낙육재에서 담당하였다. 낙육재가 설립될 때는「낙육재 절목」에서 밝히고 있듯이 제술 및 강독으로 30명을 뽑았다. 선발된 30명을 양번兩番으로 나누어서 정월부터 15명씩 1개월 간격으로 교대하면서 1년간[실제 6개월] 거재하며 학습하는 진퇴법進退法을 적용하였다.

『영영사례』의「낙육재」조를 보면 "옛날에는 경술經述을 시험하였고, 근래에는 과목科目[詩賦 등]으로 뽑는데, 매년 봄·가을 사이에 각 읍에 명령하여 인재를 뽑아서 감영에 보고토록 하고, 추천받은 자를 대상으로 백일장을 열어서 15명을 시취試取하여 낙육재에 거재토록 하였다."[1] 이를 선현승주법選縣升州法[2]이라 한다.

경상도 71개 고을을 열거하면[진한 부분은 경상좌도] 다음과 같다.[3]

尹(1) : **慶州**

牧(3) : 尙州, 晉州, 星州

府(17) : **安東(大), 大邱(或 判官)**,[4] 蔚山, **寧海**, 密陽, **靑松**, 東萊, 仁

---

1) 경북대 영남문화연구원 편, 앞의 『事例Ⅰ, 慶尙監營』102쪽, "選士居齋之規, 古試經述, 近取科目[詩賦 疑義 등] 每年春夏間, 令各邑抄選以報, 設白日場, 以詩賦取十五人居齋."
2) 選縣升州法은 중국의 鄕貢法이다. 조현명, 앞의 책, 권19,「樂育齋上樑文」에 "選縣升州, 倣漢家鄕貢士之法."이라 하였다. 조현명이 말한 향공법은 州縣을 통해 뽑는 제도인데, 唐나라에서 시행한 것이다. 漢나라에서는 孝廉法이 있었는데, 漢武帝 때 시작된 選擧科目으로, 郡守가 관할하는 고을의 효렴[효행, 정직]한 사람을 중앙에 추천하여 관리로 채용하던 법이다.
3) 경상도는 左道 40邑, 右道 31邑으로 확인된다.
4) 대구부의 경우 大丘都護府使의 직을 따로 두었으나, 1600년 金信元부터 1606년 柳永詢까지, 1669년 閔蓍重부터 1676년 金德遠까지, 1684년 尹趾完부터 구한말 지방제도가 개편되기까지는 경상감사가 대구도호부사를 겸하였으므로 대구부에는 大丘判官이 실질적 행정을 맡았다.

同, **漆谷**, **順興**, 昌原(大), 善山, 河東, 金海, 巨濟, 巨昌, 固城

　　守(13) : **清道**, **永川**, **醴泉**, **榮川**, **興海**, **豊基**, **梁山**, **咸陽**, **草溪**, **咸安**, **昆陽**, **陜川**, **金山**

　　令(4) : **義城**, **慶山**, **盈德**, **南海**

　　監(33) : **河陽**, **龍宮**, **奉化**, **清河**, **彦陽**, **眞寶**, **玄風**, **軍威**, **義興**, **新寧**, **禮安**, **迎日**, **昌寧**, **靈山**, **機張**, **長鬐**, **英陽**, **比安**, **慈仁**, **開寧**, **宜寧**, **咸昌**, **鎭海**, **知禮**, **高靈**, **山淸**, **丹城**, **泗川**, **三嘉**, **熊川**, **漆原**, **聞慶**, **安義**5)

『영영사례』의 「선사選士」 조에서는 "대읍大邑은 5명, 중읍中邑은 3명, 소읍小邑은 2명씩 뽑아서 감영에 보고토록 하였다.6) 경상도 71개 고을 중 대읍 21, 중읍 17, 소읍 33개로 추정할 때, 이러한 원칙을 지켰다면 약 220명이 감영에 추천된 것으로 보인다. 1800년경부터는 이러한 구별을 하지 않고 군현의 보고에 따라 시詩와 부賦를 반반으로 섞어서 15명을 시취한 후 낙육재에 거접토록 하였다."7)

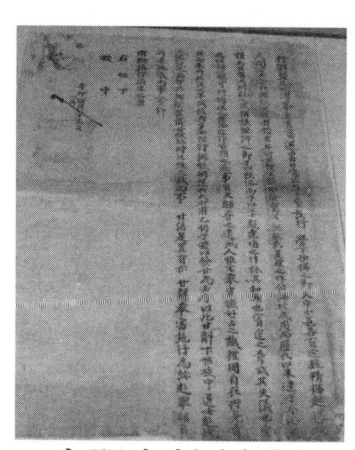

한 縣監이 낙육재생 천거 요청한 향교 하달문(1831년)

1752년(영조 28) 2월 27일의 『영영일기嶺營日記』를 보면 경상감영에서 낙육재생을 선발하는 전후의 과정을 알 수 있다.

---

5) 尹(府尹), 牧(牧使), 府(大都護府使, 都護府使), 守(郡守), 令(縣令), 監(縣監)을 지칭하는 약자이다.
6) 경북대 영남문화연구원 편. 앞의 『事例Ⅰ, 慶尙監營』 66쪽, "選士, 大邑五人中邑三人小邑二人式抄報矣."
7) 위의 책, "近年則無大中小區別, 而隨所報, 試取詩賦參半, 合取十五人, 居接樂育齋." 이 때의 근년은 내용으로 보아 1800년경이리 하겠다.

관풍각觀風閣에 앉아 공사소지公事所志를 결재하였다. 식사 후에 선화당宣化堂에 앉아 있으니 낙육재 백일장의 참시관과 판관[대구판관]이 좌기례坐起禮[앉고 일어나는 예절]를 행한 뒤에 그대로 들어와서 배알하는지라 함께 앉아 여러 유생들의 정읍례庭揖禮를 받았다. 저녁 먹은 뒤에 고시考試를 마치고 백일장을 끝냈다. 합격자를 발표한 뒤에 합격한 유생들과 함께 낙육재에서 종고악대鐘鼓樂隊를 불러서 풍악을 크게 연주하고, 기생妓生으로 하여금 노래하고 춤추게 하였다. 술을 세 순배 돌리고 등급에 따라 유생들에게 상賞을 내리니 함께 절하고 물러났다.8)

관풍각에 앉아 있던 관찰사는 조재호趙載浩이다. 관찰사가 선발 시험에 앞서 유생들의 정읍례를 받았던 사실, 관찰사와 합격한 유생들이 함께 낙육재에서 풍악을 크게 연주한 사실, 시험의 등급에 따라 유생들에게 상賞을 내린 사실 등이 확인된다.

이삼현(李參鉉, 1807-?) 감사의 1865년 4월 20일자 기록을 보면 낙육재생을 선발할 때의 과정을 더 상세하게 알 수 있다.

선사選士 백일장 및 유생儒生 백일장을 선화당에서 개설하였다. 시관은 선산부사 김병우金炳愚, 의성현령 조명하趙命夏, 하양현감 유치윤柳致潤, 군위현감 서정보徐珽輔, 대구판관 정헌조鄭憲朝 등이다. 출방出榜을 한 후 여기에 든 자를 부르고, 다음 날 향교 유생들이 겨루어 선사選士에 들었다고 하면 곧 낙육재에서 거접居接을 하는데, 각 읍에서 그 고을의 유생 가운데 숨은 능력 지닌 자를 뽑아서 감영에 보고하면, 백일장으로 선발하여 비로소 1년간 거접을 하였다. 정수는 무릇

---

8) 경북대 영남문화연구원 편, 『嶺營日記·嶺營狀啓謄錄』, 학민문화사, 2004, 114쪽.

15인인데 금번에 우수한 자 40인을 뽑았고, 징청각澄淸閣[관찰사]에서 5차례의 면시面試를 치러 비로소 15인을 뽑아 거접하게 하였다.[9]

시관으로 선산부사를 포함하여 의성현령, 대구판관 등 5명이 참가한 사실을 알 수 있다. 선발 인원과 시험에 대해서는 시관들이 뽑아둔 40명을 대상으로 관찰사가 다섯 차례의 면시面試를 치러서 최종 15명을 선발하여 낙육재에 거재하도록 하였다. 여기서 주목되는 것은 선화당에서 개설한 백일장은 유생 백일장과 선사 백일장 두 종류가 있었는데, 선사 백일장에 합격해야만 낙육재에 입학이 가능한 것이다.

합격자 발표가 번복된 사례도 있었다. 영조 때 경상도 유생 조문식曺文栻의 이야기이다. 조문식은 낙육재의 선사 시험에 합격을 하였으나 응시할 당시 시폭試幅에 쓴 이름자와 선사選士를 보고한 이름자가 서로 달라서 낙육재 양사養士 명단에서 빠지게 되었다. 1742년의 일로 추정된다. 이에 윤봉오尹鳳五(1688-1769)가 다음의 시를 지었다.

隣驢不見借人乘	이웃 나귀는 남에게 타도록 빌려준 것을[10] 못보고
禪磬何山飯後鳴	선원의 경쇠는 어느 산에서 공양을 들고 울리는가[11]
可笑齋監文綱密	가소롭게도 재감(齋監)은 글 살핌이 빈틈없다고 하나

---

9) 李參鉉, 「鍾山集抄」(국사편찬위원회, 『한국사료총서 8』, 1958), 275쪽, "設選士白日場及儒生白日場於宣化堂, 試官則善山府使金炳愚·義城縣令趙命夏·河陽縣監柳致潤·軍威縣監徐珽輔及判官鄭憲朝也. 出榜呼中, 翌日比校儒生選士云者, 卽樂育齋居接, 而自各該邑, 選報邑儒之翹肯, 被選於白日場, 而始爲一年居接, 額數凡十五人, 而今番優取四十人, 面試於澄淸閣, 至五次, 始取十五人, 使之居接."
10) 『論語』, 「衛靈公」에서 孔子가 "그래도 예전에는 말을 가진 사람이 남에게 타도록 빌려 주곤 하였는데, 지금은 그런 미풍이 없어지고 말았다[吾猶及有馬者借人乘之, 今亡矣夫]."라 하였다.
11) 唐나라의 王播가 젊을 때 가난하여 揚州의 惠照寺에 가서 齋食을 얻어먹고 지냈는데, 중들이 왕파를 싫어하여 밥을 먹고 난 뒤에야 鐘을 쳤다는 고사에서 온 말이다

不知劉向是更生　유향(劉向)이 갱생(更生)[12]이라는 사실을 알지 못
하였네.[13]

　　이 시를 사람을 시켜서 경상감사에게 전하니, 감사가 비로소 조문식을 낙육재에 거재하도록 허락을 하였다.[14] 유향의 본명이 갱생이란 사실을 들어 질책한 것이다. 윤봉오는 대사헌·우참찬을 역임한 노론계 문신인데, 1740년부터 1744년까지 영천군수永川郡守로 재직하였다. 낙육재 선발 시험에 영향력을 행사한 사실로 미루어 당시 영남에서 낙육재에 입학하고자 하는 열의가 높았음을 짐작할 수 있다.

　　선발 시험에 통과한 후 거재자로 결정되면 주변에서는 학습에 충실하도록 충고하였다. 백불암 최홍원崔興遠(1705-1786)은 그 외사촌 조진경趙振慶[字, 一初]이 남태량南泰良 경상감사가 재임하던 1747년에 재생으로 선발되었을 때, 조진경의 형 조승경趙昇慶에게 보낸 편지에서 공부하는 방법을 제시하였다.

　　일초一初는 과연 낙육재에 나아갔는지? 이미 입학한 뒤에는 꼭 제술製述 공부에 전력 할 필요가 없고, 모름지기 고요하게 침잠하고 씩씩하게 공부하는 기상氣象으로 좋은 글을 보아 궁구하고, 의심나는 곳은 지적하여 표시했다가 때때로 방백方伯에게 강론하고 질문해야 합당할 것 같은데, 과연 이러한 의사가 있는지?[15]

---

12) 劉向은 漢나라 學者인데, 그의 本名은 更生이다.
13) 尹鳳五, 『石門集』(목판본) 卷3, 「聞曺生文栻, 以試幅名字, 與選士所報不同, 見拔於樂育齋養士之中, 又無騎, 轉寄山寺寄此一絶」.
14) 위의 詩의 末尾에 "有人, 送傳此詩於巡使, 始許入齋云."이라는 註가 있다.
15) 崔興遠, 『百弗庵先生文集』(목판본), 卷2, 「與趙國老(昇慶)」, "一初果就樂育齋耶, 旣入之後, 不必專力於製工, 須以沈靜莊敬氣象, 看究好文字, 指點疑處, 有時講問於方伯似得, 其果有如此意思否."

최홍원의 충고를 보면 공부함에 있어서는 제술보다 강독에 중점을 두어야 할 것과, 독서할 때에는 좋은 글을 보고 궁구하며 의심나는 곳에 대해서는 감사에게 강론하고 질문하는 것이 마땅하다고 하였다.

이병적李柄迪(1873-?)이 1895년에 선발되었을 때 그 형 이병운李柄運(1858-1937)은 아우가 23세의 젊은 나이로 낙육재에 참여하게 되니 "마음에 맹세하고 각고의 노력을 기울여서 잠시도 방만하게 보내지 말라."[16]라고 훈계하였다.

영남 선비들은 낙육재에 선발되어 거재하는 일을 영예롭게 여겨 행장을 찬술할 때 수록하였고, 문집의 연보를 편성할 때도 기록을 하였다.

장석룡『유헌집遊軒集』年譜 : 辛丑年(1841)[19세] : 경상감영 시험에 선발되어 낙육재에 거재하였다[被營選居樂育齋].(매번 시험을 볼 때마다 선생이 문득 앞자리를 차지하니, 순찰사 이경재 공이 매우 큰 그릇으로 보고 소중히 여겼다[每課試 先生輒居前列 巡使李公景在 甚器重之].)

예대기『균곡집筠谷集』年譜 : 辛巳年(1881)[37세] : 가을에 대구 감시에 합격하여 낙육재 선사選士에 충당되어 거접을 하였다[秋中大邱監試 充樂育齋選士 仍居接].

뿐만 아니라, 낙육재에 거재한 사람 가운데는 숙질叔姪, 형제兄弟, 조손祖孫, 부자父子, 옹서翁壻 등 가족이 선발, 거재한 일이 있었다.[17] 그런 일은 가문의 영광으로 여겼을 것이라고 본다.

낙육재에서 편성한 자료는 6책이 전해진다. 『재록齋錄』(1872~1886년)

---

16) 李柄運, 『兢齋文集』(목활자본, 1942년) 권7, 「與叔弟柄迪」, "矢心刻苦 無一息放過也."
17) 예컨대 울산의 尹秉恒을 포함하여 그 曾孫 尹仁錫과 尹容默·尹宿默 형제, 하양의 黃萬祚·黃在瓚 父子, 합천의 李正斗·李相軫 父子, 대구의 禹圭煥·禹孝鳳 父子, 대구의 李柄運을 포함하여 그 동생 李柄達·李柄迪·李柄遇와 사위 洪淵圭를 들 수 있다.

1책, 『시부詩賦[재록]』(1902~1905년) 1책, 『강목강어綱目講語』(1895년) 2책, 『정읍강론록庭揖講論錄』(1898년) 1책, 『향음훈사鄕飮訓辭』(1807년) 1책 등이다. 『재록』은 선발·거재자 명부이고, 『강목강어』는 강독류이며, 『정읍강론록』은 정읍례 행사와 강독, 제술 등이 들어 있고, 『향음훈사』는 향음주례의 의례를 기록한 것이다. 이 책은 낙육재의 실증 자료이다. 자료의 인명을 중심으로 낙육재 연도별 선발·거재자 현황을 살펴본다.

◁ 낙육재 연도별 선발·거재자 현황 (선발/거재) ▷

文獻別 選拔科目 年度別	齋錄					綱目講語	庭揖講論錄	合計	備考
	詩賦			論表	小計				
	詩	賦	未區分						
壬申(1872)11月 (癸酉正月)			15 [15]		15 [15]			15 [15]	
癸酉(1873)11월 甲戌正月			15 15		15 15			15 15	이현민 불참 / 김성련 대체
[甲戌(1874)選] 乙亥正月	11	9			20			20	15명단 무 / 5명 추가
[乙亥(1875)選] 丙子正月	6	5			11			11	15명단 무 / 4명 불참
丁丑(1877)3月 (戊寅正月)			15 [15]		15 [15]			15 [15]	
戊寅(1878)11月 (己卯正月)	8 [8]	7 [7]			15 [15]			15 [15]	
己卯(1879)選 庚辰正月	7 7	8 8			15 15			15 15	
[庚辰(1880)選] 辛巳正月	5	10			15			15	/ 因舊更書
辛巳(1881)5月選 壬午正月	7 8	7 6			14 14			14 14	김호상 불참 / 박석규 대체
[壬午(1882)選] 癸未正月	8	7			15			15	

Ⅳ. 인재 선발과 낙육재 동연생

연도								비고
癸未(1883)5月榜目	7	8			15		15	/
甲申正月	7	8			15		15	仍居齋
[甲申(1884)選]								故不錄 /
[乙酉正月]								
乙酉(1885)4月	11	7			18		18	/ 김성동, 박상옥,
丙戌正月	6	9			15		15	이정수 불참
[丙戌(1886)選]								
丁亥正月	6	9			15		15	
[甲午(1894)選]								
乙未年						20	20	
[丁酉(1897)選]								
戊戌2月						37	37	
壬寅(1902)6月			10		10		10	이병태 불참 /
癸卯正月				10		10	10	김용복대체
壬寅(1902)7月			10		10		10	
癸卯2月				10		10	10	
壬寅(1902)8月			12		12		12	추가 2명 /
癸卯3月				9		9	9	
癸卯(1903)3.28.	9	9			18		18	/
甲辰正月	10	9				19	19	도성호 추가
[甲辰(1904)選]								1903.3.28. 선발을
乙巳正月	9	9			18		18	준용함
乙巳(1905)10月			10		10		10	
丙午正月				10		10	10	
乙巳(1905)11月			10		10		10	
丙午2月				10		10	10	
乙巳(1905)12月			10		10		10	
丙午3月				10		10	10	
合計	49	46	77	30	202		202	중복
合計	91	96	74	30	291	20	37	348	선발·거재 포함

『재록』을 살펴보면 선발된 자의 명단은 있는데 거재자가 없고, 거재자의 명단은 있는데 선발된 자가 없다. '옛 자료에 따라 다시 썼다[因舊更

書].', '기록하지 않는다[故不錄].' 등의 표기가 있어서 자료의 완결성이 부족한 부분이 있다. 그 외 현전하는 자료가 없으니 이것을 중심으로 이야기 할 수밖에 없는 실정이다.

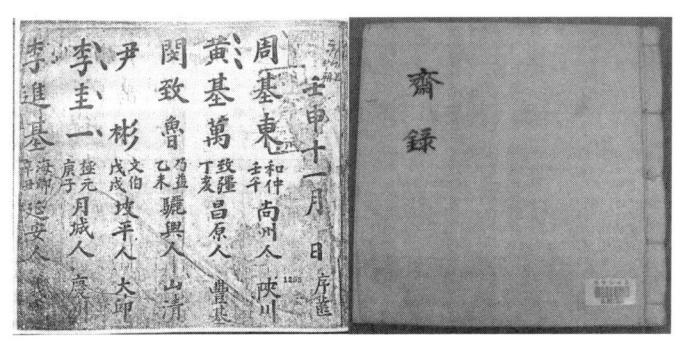

낙육재 재록

『재록』을 종합하면, 거재 인원은 348명(실 인원 235명)인데, 선발 인원이 202명(실 인원 161명)이다. 이 자료에서 인원수가 많은 거재자를 중심으로 삼았기에 그러하다. 그러나 선발자만 있을 때는 대개가 거재한다는 점에서 [ ]에 넣어 거재자 수에 포함하였다. 또한 개인의 문집에서 수집한 낙육재 동연생 명단은 대체로 거재자 중심의 기록임을 감안할 때, 이러한 선발자의 통계 수치도 낙육재를 이해하는데 매우 중요한 자료가 된다.

선발은 대개 시詩와 부賦로서 11월경에 15명을 선발하여 이듬해 정월부터 1년간 거재하였다. 도표를 보면 3월, 4월, 5월에 선발하기도 했다.[18]

---

[18] 이성심, 앞의 학위논문, 33쪽의 표를 보면 제목을 '거재자 명단'이라고 하였는데 살펴보면 선발·거재자 명단이다. 1873.11월 선발자가 1874.1월의 거재자이므로 명단이 중복되었다. 따라서 1881.5월, 1883.5월, 1885.4월의 선발자도 각기 이듬해 1월에 거재하였으므로 명단이 중복 작성된 셈이다. 특히 33쪽의 '주 127'의 古書라는 「齋錄」은 필자가 소장하고 있는 자료를 대구광역시립중앙도서관 측에서 십 수 년 전에 베껴서 비치한 현대 자료이다. 원자료에 대한 검증이 필요했던 부분이다. 베

그러나 시기에 따라서는 선발된 자가 불참하여 대체하거나 추가 시험을 치르기도 하였다. 이유는 다양하겠지만, 농담籠潭 신창조申昌朝 와 같은 사례도 있었다.

신창조申昌朝의 『농담집籠潭集』에는 불참 사유를 다음과 같이 밝혔다.

> 농담처사 신공[申昌朝]은 약관에 사부詞賦로 이름났다. 일찍이 감영의 시험에 뽑혀서 낙육재에 들어갔는데, 함부로 참여하여 거재하는 자들과 함께하는 것을 부끄럽게 여겨 그날로 그만두고 집으로 돌아왔다.[19]

신창조(1753-1833)는 영조 말년에 낙육재생으로 선발되었다. 글을 보면 때로는 선발 시험을 거치지 않고 거재하는 일이 있었던 것 같다.

아무튼 낙육재의 15명 선발은 대체로 1904년까지 지켜졌다. 그러나 그 중간인 1902년 6·7·8월 선발은 1903년 1·2·3월에 각각 거재하였다. 그 후 1905년 10·11·12월 선발은 시부詩賦가 아닌 논표論表를 시험하여 1906년 1·2·3월에 각각 거재하였다.[20] 이처럼 1개월 단위의 선발은 거재 기간도 1개월이었다. 낙육재 철폐를 목전에 둔 시점이므로 교육여건의 어려운 실상을 말해 주고 있다.

껴서 비치한 「齋錄」에는 金誠鍊을 金誠鍊으로, 裵永昊의 거주지 靈山을 雲山으로, 周時中의 거주지 柴原[전체 3곳]을 柴谷으로 잘못 기록되어 있다.
19) 申昌朝, 『籠潭集』(목활자본) 권수, 金岱鎭 撰, 「籠潭集序」, "籠潭處士申公, 弱冠以詞賦名, 嘗被選于藩司入樂育齋, 恥與冒參者居, 卽日捲歸."
20) 이성심, 앞의 학위논문, 39쪽에 8개월분 '우등자 명단'이 있다. 1905년 3월의 박규동 등 19명의 '道薦主事'와 1906년 2월의 27명 '抄選' 만이 우등자라 할 수 있다. 나머지 1902년 6-8월과 1905년 10-12월의 명단은 거재를 위한 선발자라고 본다. 40쪽 도표의 거재자 가운데서 1903년 1-3월의 경우는 앞선 해 6-8월 선발자이고, 1906년 1-3월의 경우는 앞선 해 10-12월 선발자이다. 1개월 단위로 선발·거재한 것이다. 1902년 6월의 명단 '○○○'는 '李柄泰'임을 원자료에서 확인할 수 있다.

낙육재 재록(시부)

한편 낙육재『재록』을 살펴보면 낙육재 거재居齋와는 직접적으로 관련이 없는 선발자 명단 2건이 있다.

먼저 경상감영에서 도내 유능한 선비를 선발하여 도천道薦한 일이 있다. 도천이라는 제도는 각 도의 관찰사가 도내 선비를 조정에 벼슬을 내려주도록 천거하는 제도이다. 조선시대 도천의 시초를 살펴본다.

> 세종 20년(1438)에 하교하기를, "우리나라는 과거科擧로 선비를 뽑기 때문에 덕행 있는 자를 골라 천거하는 법이 없다. 만약 선비로서의 덕행이 뛰어나 평소 향리에 알려진 자와 재주가 특이하여 남에게 인정을 받는 자가 있으면 각도各道 관찰사가 찾아내어 보고하라."라고 하였다.[21]

도천 제도는 1438년에 시행된 것임을 알 수 있다. 경상감영에서 도천한 내용을 살펴보면 경상감사가 1905년 3월 15일에 '책策'으로 선비를 선발하여 조정에 주사主事로 천거한 '도천주사道薦主事'이다. 명단을 보면

---

21) 李裕元, 『林下筆記』 권19, 「文獻指掌編」

추가 선발 1명을 포함하여 전체 19명이다.

≪ 경상감영 도천 주사 선발자 명단 ≫

성명	자	본관	지역명	거주동	낙육재 거재	비고
朴奎東	成玉	밀양	청도	新安		
蔡武植	烈卿	인천	경산	麟角	1892년 1904.1월 1905.1월 1906.1월	
柳震河	仲汝	문화	대구	枝底	1898.2월 1906.2월	
沈東澤	平仲	청송	청송	德川	1900년경	道薦 入太學,博士
申龍均	道淵	평산	의흥	古老		
徐鎭泰	文可	대구	대구	山格	1898.2월	
具允書	希舜	능성	대구	無怠		
李厶誠	禹善	전의	대구	三台		
金畿秀	允若	경주	대구	無怠		
朴時瑩	擎璨	밀양	자인	束艸		
李寅植	士建	영천	의성	山雲		
李宗熙	海卿	인천	대구	台村	1903.1월 1906.1월	主事
崔海謚	謙受	경주	대구	西洞		主事
蔡炳調	德順	인천	대구	壯洞		
金相周	在彦	김해	대구	也湖		
李秀榮	景玉	덕산	칠곡	菊洞	1904.1월 1905.1월	
黃履璉	衡七	장수	하양	東谷		
金鎭輝	明振	의성	군위	下武	1906.3월	
兪秉淳	乃賢	기계	영천	蒼水		추가 선발

도천된 19명 가운데 7명은 낙육재 재생 출신이다. 도천 주사에 든 사람들을 살펴보면 선발된 이후에 별도로 낙육재에서 거재한 사실은 없다. 다만 명단과 관련하여 심동택의 행장을 보면 도천되어 태학太學에 입학한 것으로 되어 있고, 『승정원일기』에서 확인해보면 이종희李宗熙가 1909년 5월 8일에 김산군金山郡의 군주사郡主事로,[22] 최해익崔海益이 1907년 8월 13일에 경상북도 관찰부 주사로 임용된 기록이 있다.

다음으로 1906년 2월에 경상감영에서 초선抄選한 명단이 있다. 선정된 인원은 전체 27명이다. 초선이란 본래 과거를 거치지 않고 산림山林의 학덕學德 있는 인물을 관직에 등용하기 위한 대상자에 조정에 추천된 것을 말한다.

◀ 경상감영 초선자 명단 ▶

성명	자	생년	본관	지역명	거주동명	낙육재 거재	비고
李榮基	華玉	1865	鐵城	청도	月谷		
朴永琪	鎭五	1866	고령	고령	直洞		
李寅植	士建	1867	영천	의성	山雲		1905년 道薦主事 선발
張智煥	懋若	1867	인동	인동	淵北		
蔡武植	烈卿	1868	인천	경산	麟角	1892년 1904.1월 1905.1월 1906.1월	1905년 道薦主事 선발
沈東澤	平仲	1871	청송	청송	德川	1900년경	1905년 道薦主事 선발

[22] 『仁川李氏大同譜』(2004년), 권4, 恭度公派, 453쪽에서도 主事로 되어 있다.

蔡南鎭	應七	1874	인천	함창	利安		
李秉玉	明鈺	1874	영천	하양	榻洞	1906.3월	
呂徹淵	舜遠	1874	성산	성주	樹村		
金瀅相	周彦	1875	광산	봉화	余浦		
李培達	中執	1876	인천	대구	無怠		
朴承祚	啓伯	1876	월성	의흥	羅湖		
郭泰燮	聖昊	1876	현풍	청하	古縣		
徐萬坤	載年	1879	달성	대구	山格	1898.2월	
權宜國	度淑	1879	안동	연일	洙洞		
安球鎭	舜如	1882	순흥	용궁	月梧		
卞顯純	周顯	1882	초계	비안	後村		
崔善東	聖甫	1883	永陽	金山	新下		
權規洛	允正	1884	안동	신녕	甲峴		
陳秀厦	明俊	1885	경주	흥해	三海		
成斗煥	應極	1887	창녕	상주	西郭		
金秉魯	贊五	1868	의성	풍기	白洞		
李在鉉	明九	1874	재령	영해	翼洞		
李鐘寅	春白	1874	월성	안동	輞川		
金箕鉉	應三	1875	선산	군위	政洞		
金榮漢	華國	1878	안동	榮川	逸溪		
朱錫烈	文顯	1872	신안	영양	丹谷		

　　초선된 명단을 살펴보면, 27명 가운데 4명은 낙육재 재생 출신이다. 그 가운데 2명은 낙육재 재생 출신으로서 도천 주사에도 선발된 사람이다. 1명은 도천 주사에 선발된 적이 있는 사람이다. 이들의 연령층을 살펴보면 20세부터 42세까지로 확인할 수 있다.

초선은 당초 산림의 학덕 있는 인물을 관직에 등용하기 위해 조정에 추천하는 제도라고 가정한다면 소수여야 하는데, 이들은 27명이라는 대규모 인력이란 점에서 추천을 위한 명단으로 보기엔 무리가 있다. 따라서 이들은 낙육재에 거재하는 것을 목적으로 선발해 둔 것으로 추측할 수 있다. 왜냐하면 『승정원일기』를 중심으로 명단을 확인해보아도 동일 인물을 찾기 어렵기 때문이다.

비록 낙육재에 거재를 하기 위하여 이같이 선발해 두었다고 해도 낙육재에서는 같은 해 3월의 거재를 마지막으로 문을 닫았기 때문에 거재는 실현되지 않았다.

2. 낙육재 동연생

1) 인적 규모

낙육재 교육은 타지역 출신의 관찰사와 본 지역 출신의 재생[문인]이 사승師承 관계를 맺는다.23) 재생들끼리는 영남의 각 지역 출신이 한 곳에 모여서 공부하였으므로 동연우同硏友라 칭하였다.

낙육재에서 같은 해 함께 공부한 사람들의 명부를 보면 동연·동연록·동고록同苦錄이라고 표기하였다. 용어에서 보듯이 재생들은 초보적 시문을 배우는 학생이라기보다는 1년간 거재하면서 강독·제술하는 심화의 학문연구자로서, 공동학습을 지향했다.

거재 정원은 앞 장에서 언급한 바와 같이 초창기에는 30명을 뽑아 15명씩 1개월간 교대로 거재한 적이 있었고, 1800년경부터는 15명 거재로 굳어졌다. 1896년에 부임한 엄세영 감사는 60명을 선발한다고 하였는데,

---

23) 蔡武植, 앞의 책, 권1, 「謹呈巡相國李東蓮」, "余不佞謨才晚學忝樂育齋, 喜得出於公之門下也."를 포함하여 낙육재 관련 문헌을 보면 대체로 이 같은 의식이 감지된다.

선발·거재자 명단이 완벽하게 남아 있지 않아서 그 실행 여부를 알 수 없다. 다만 1898년의 『정읍강론록』을 보면 37명이 거재한 것으로 확인된다. 1902년 이후에는 대체로 10명씩 뽑아서 1개월간 거재하였다.[24] 왕조별[25]로 전체 선발·거재자 명단을 보면 다음과 같다.

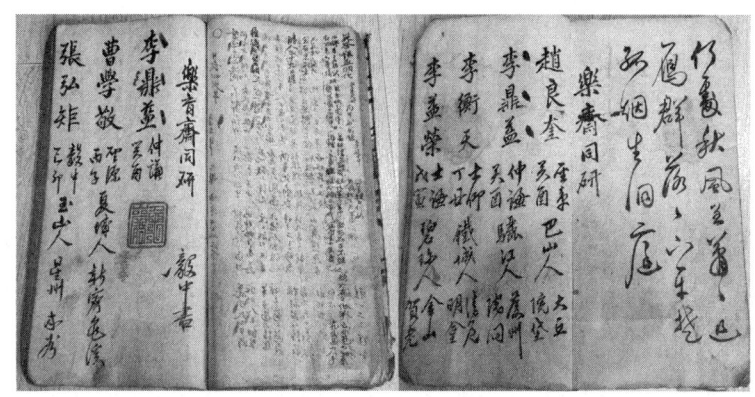

낙육재 동연록

(1) 영조·정조 연간

李萬敷[26], 鄭葵陽, 李楔, 金聖鐸, 成爾鴻, 李植春, 曺文栻, 李炫, 權德升, 趙後慶, 安慶一, 柳河鎭, 成應祖, 權應奎, 權應軫, 徐述初, 金龍翰, 宋奎膺, 朴必龍(2회), 姜鼎煥, 具鎭漢, 朴昆敬, 南子玉, 姜季昇, 朴士澄, 申昌朝 / 李東榦(2회), 金采東, 曺文極, 郭興祖, 鄭履德, 韓命臣, 洪翊龍, 李成奎, 金必權, 閔師文, 蔡必勳, 李鼎儀, 李匡德, 柳東奎(2회), 白圭復, 曺克明, 辛

---

24) 1904년 2월 낙육재가 일본인 점거로 인해 마땅한 장소가 없었고, 1904년 10월 낙육재를 새롭게 마련했다고는 하나, 협소했을 것으로 보여서 1904년 이후는 거재 환경이 매우 열악했을 것으로 보인다.
25) 왕조 구분은 재위 연간과 인원수를 감안하여 편의적으로 작성하였다. 국왕의 재위 연간으로 보면 영조·정조 연간은 약 70년이고, 순조·헌종·철종 연간은 약 60년이며, 고종 연간은 약 40년이 된다.
26) 굵은 글씨는 문집이 있는 인물이다.

碩儀, 金光涉, 鄭約光, 朴昆경, 郭明修, 洪益瑞, 安璜重, 朴亮源, 尹汝璜, 金敬喆, 李膺燮, 李之發, 金尙元, **金履德**, 金宗益, 徐橚, 鄭錫洪, 曹肅明, 都必宅, 徐麟復(2회), 徐八玉, 曹象奎, 李英鎭, **李鼎益**(2회), 曹學敬, 張弘矩, 朴洙德, 成壽鼎, 成奎, 朴光學, 朴士以, 徐憶, 金器重, 鄭夢烈, **金再鳴**, 韓文健 (78명)

(2) 순조·헌종·철종 연간

朴壽亨, 鄭始煥, 李學燮, 李孚杓, 徐駉輔, 徐樸, 曹翼明, 李邦根, 趙良奎, **李衡天**, 李益榮, 徐栻, 洪宇龍, 崔鎭溥, 李浩直, 李名發, 朴馨天, 李亨坤, 李景淳, 權宜烈, 李之綱, **尹東野**, **尹秉恒**, 李周胤(2회), **金漸運**, 朴龍赫, **李楨輔**, 李德章, 李直卿, 曹正基, 成禹敎, 李基洪, 金顯周, 韓公璧, 申冕直, 成英駿, 李敏睦, 金益洙, 都鼎東, 李以晦, **朴熙典**, 李炳楨, 柳燦, 曹範奎,[27] **崔南復**, **孫綸九**, **都大籌**, 尹容默, 尹甯默, **權翌**(2회), 朴仁壽, 鄭光極 / 權聖烈, **張錫龍**, **金鳳喜**, **朴宰鉉**(2회), **裵克紹**, **李正斗**, **徐贊奎**, **尹炳九**, 朴世平, 權墋(2회), 李文翊, 李在漢, 李濬 / **李尙斗**(3회), 朴仁達, 李秉彬, 金斗欽, 崔宇文, **郭聖濂**, 張夒一, 都鎭洪, 具炳魯, 沈漢澤, 全洛成, 申仁植(2회), 孫敬模, 崔載鉉, 尹秉琦, **閔在南**, **池德鵬**, 具祥春(2회), **孫翊龜**(2회), 韓容佑, 李彙邁, 金普均, 田相在, **許元栻**, 呂渭龍, 金翰永, 朴天浩, **朴周大**(2회), 崔東運, 朴泰鎭, 曹秉善, **全奎煥**, 朴春晦, 金淵, 金台應, 朴遇尙, 李心學, 李承柱, **宋殷成**(2회), 蔣義淳, 朴海文, 李東璘, 宋應亳 (108명)

---

27) 명단의 曹正基로부터 曹範奎까지 15명은 영남대학교도서관 南齋文庫에 소장되어 있는 『文苑彙集』에 수록되어 있는데 1829년에 거재한 명단의 제목을 보면 「樂育齋同研錄」으로 되어 있다. 이들은 1829년 5월에 이임한 鄭基善 감사가 선발하였고, 居齋는 그해 7월에 李勉昇 감사가 來任한 후에 이루어진 것이다.

IV. 인재 선발과 낙육재 동연생   129

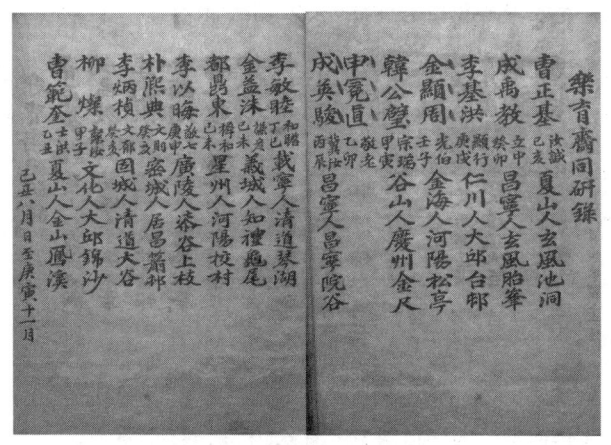

낙육재 동연록(1829년)

(3) 고종 연간

權相祜, 芮東彩, 李夔秀, 宋鎭鐸, 李中範, 孫廷卨, 李希相, 曺學永, 宋泰永, 柳文吉, 金洪周, 孫士希, 愼永顥, 鄭晟儉, 周基東, 黃基萬(2회), 閔致魯(2회), 尹彬(2회), **李圭**･(3회), 李進基(2회), 鄭彙永(2회), **尹仁錫**(3회), 黃萬祚(2회), 朴奎晉(2회), 張仁燦(2회), 金在璿(2회), 卞芝錫(2회), 李鉉旼(2회), 金近性(2회), 朴珪鉉, 金誠鍊, 朴相玉(2회), 金輝溫(2회), 李尙斗, 朴文性(2회), 孫鵬海(4회), 權道淵(2회), 卞相璐, **夏錫圭**, 南德熙(2회), **安浩淵**(2회), **朴永煥**(2회), 趙泳, 趙謙植(2회), 朴進默(2회), 李載岳(2회), 曺坰振(2회), 權啓和(2회), **金輝轍**, 楊憲萬, 金敬淵, **尹德逵**, 金基孝, 徐鎭洪, 朴台陽, 許构, 盧秀源, 郭民鎬, 李敬容, **李基升**, 金翰奎, 尹泰龍, 蔡賢基, 金容善, **李能烈**, **高允植**, 洪憲燮(2회), 李庭烈, 李秉久(3회), **鄭思和**(3회), 周時翌, 金源根, 申泰慶, 姜柄賢, 裵永昊, 鄭在亨, 徐嘉淳, **李根萬**(2회), 禹在東(2회), 張錫羲(2회), 朴海构(2회), 李中仁(2회), 孔玟彪(4회), 河在一(2회), 權心說(2회), 李震詢(2회), 宋振學, 徐鎭國, 秋普燁(2회), **李廷孝**, 權宜休, 申泰乙(2회), **芮大畿**(3회), 金鎬相, 周時中(2회), **趙蕭秀**(2회), 李瑃祥(2회),

徐鑽華(2회), 劉柱昊(2회), 朴廷桂(2회), 李圭穆(2회), 文璟鍾(2회), **朴顯九**(2회), 朴奭奎(2회), 許壎(2회), 崔正佑, 朴世明(2회), 趙寅夏, 張龍矯, 禹昌植(4회), <u>李柄運</u>, 李柄洪, 郭鍾健, 申泰魯, 金斗河, 黃在基, 呂昌會(4회), 鄭鳳述, 田溶泰, 秋桂燁, 南斗輝(2회), 金擎成(2회), 郭厚根(2회), 李龍厚(2회), 李秉魯(2회), 金臧東, 徐暻榦(2회), 鄭德禧(2회), 李斗錫(2회), 卞翊晉(2회), 李彙善(2회), 南相泰(2회), 朴尙玉, 李庭樹, 芮昌根(2회), 金秉勳(2회), 都鎭商(2회), **崔廷翰**(4회), 金學奎(3회), 宋泰欽(3회), 李舜性, 具達書(3회), 李貞和(3회), 成壽鎭, 禹東軾(3회), 柳煥兢(3회), 曹喜宇(3회), 徐錫東(3회), **金永銖**(3회), 徐載典(3회), **具然雨**, **尹奉周**, 鄭煥敎, 都清一, **李相軫**(2회), 李羲重, **安燦重**(2회), 楊在輝(3회), 李柄達(2회), 鄭箕鉉, 成稷, **黃在瓊**(3회), **蔡憲植**(3회), 朴振鎬, 姜來相, 朴昫(2회), 李守洪, 宋泰翊, 崔晉鉉, 高彥九, 金鍾華, 安瑛重, 李在春, 孔龍秀, 金容善, 李海春(2회), **蔡武植**(4회), 禹夏龍, 李鳳壽, 李福來(3회), 禹夏謨, 孫聖壽, 金益孝, 禹圭洪, 崔璘煥, **權載皐**, 裵獜喜, 金廷珪, 具夏書, **許煒**(2회), 申琡均(2회), 徐敬杓(2회), **禹圭煥**, **黃熙壽**, 許焯, 李吉恒, 韓錫瓛, 李寅杓, 蔡炳魯, 呂永喜, 張炳祚, 權鳳洙, 孫景明, 金尙東, 朴憲夏, <u>禹孝鳳</u>, 鄭升載, 朴聖熙, 徐在基, 盧善九, 曺鳳永, 張斗益(3회), 全台鉉, 韓東龜(2회), 全箕烈, 金斗鉉, 李基默, **禹熙容**(2회), 金錫龍, 張丁煥(2회), 李柄連, 崔廷皞, 李相斗, 李章和, 崔晉煥, 潘東翼, 楊在淇(2회), 李柄泰(2회), 具永奎, 嚴柱鉉, **崔坤述**(3회), 蔣根翼, 崔鳳煥, 裵晉喜, 李柄迪, 全良漢, 裵濾, 金震韶, 朴在甲, 申鳳均, 徐鎭泰, 徐萬坤, **禹孝卨**, 白泰元, 李慶熙, 柳震河(2회), 李章白, 金輝喆, 李泰榮, 金祚根, 金相奎, 朴孝運, 金相籍, **沈東澤**, 李重和, 李乾熙, 李龍洛(3회), 金肅鎭, 徐載鎬, 李宗熙(2회), 具定書, 徐錫台(2회), 崔奎煥, 柳基春, 金溶福(2회), 李漢春(3회), 郭鎔進(2회), 崔舜敎, 李魯賢, 李柄遇, 李柄三(4회), 李熙鳳, 徐炳和, 李柄祚, 南極亨, 秋贊求, 南洙基, <u>李鐘澤</u>, 金彌秀(3회), 尹炳斗(3회),

崔雲晳, 禹在浩, 李壽岳, 申東性, 朴孝建, 吳衡中(2회), **琴東烈**(2회), 李文熙(2회), 丁奎鶴(2회), 金基魯(2회), **鄭寅煥**(2회), 洪淵圭(3회), 金尙培(2회), 裴錫采(2회), 李秀榮(2회), 都聲浩(2회), 柳寅淑, 呂肇淵, 具京會, 李景熙, 林淳卿, 尹棟, 全瑬東, 李秉로, 裴炳斗, 李義瑞, 孫允謨, 李善雨, 李泰祐, 金潤植, 尹永說, 宋秉禧, 李秉玉, 金鎭輝, 楊在元, 申鉉求, 申道澈, 李奎浩, 金永旭 (319명)

 『영영사례』에 수록되어 있는 낙육재의 초창기 인물을 좀더 소상하게 들어본다. 이만부李萬敷(1664-1732)는 호가 식산息山, 본관은 연안이다. 학행으로 장릉참봉, 빙고별제에 제수되었으나 나아가지 않았다. 정규양鄭葵陽(1663-1732)은 호가 지수篪叟인데, 본관은 오천烏川이며, 훈수壎叟 정만양鄭萬陽의 아우이다. 경사는 물론 성리학, 예학, 역학, 경제 등에 두루 정통한 학자로서 현릉참봉에 제수되었으나 나아가지 않았다. 이만(李楘 1669-1734)은 호가 고재顧齋인데, 본관은 재령이며, 길암 이현일李玄逸[28]의 조카가 된다. 흥학에 힘썼으며, 영희전참봉에 제수되었으나 나아가지 않았다. 김성탁金聖鐸(1684-1747)은 호가 제산霽山인데, 본관은 의성이다. 1735년에 증광문과에 급제한 후 사헌부지평, 사간원정언, 홍문관수찬 등을 역임하였다. 1737년에 이현일의 신원소伸冤疏를 올렸다가 왕의 노여움을 사서 정의에 유배되었으며, 그 뒤 광양으로 이배되어 배소에서 졸하였다. 성이홍成爾鴻(1691-1750)은 호가 취음翠陰인데, 본관은 창녕이다. 세자익위사의 사어司禦, 지례현감 등을 역임하였다.
 이상의 5명은 『영영사례』, '낙육재' 조에 명단이 수록되어 있다. 낙육

---

[28] 이현일李玄逸(1627-1704)은 자 익승翼昇, 호 갈암葛庵인데 조선후기의 남인 중신 문신이며 유학자이다. 영남학파의 거두로 이황李滉의 학통을 계승해 이황의 이기호발설理氣互發說을 지지하였다. 저서로는 『갈암집』과 편서로 『홍범연의』가 있다. 시호는 문경文敬이다.

재 설립 초기에 명망 있는 인물이 있다는 점에서 조현명 감사가 합당한 사람에게는 강장이나 훈장訓長의 맡겼을 것이라고 본다.29)

앞에서 낙육재의 학전 규모와 연간 예산, 지출비목 등에서 흥학 예산의 풍족함을 살펴보았듯이 제생에게 관비官費를 지원하는 등 우대 정책을 폈으므로 도내 유생들이 한 번 지원하는데 그치지 않고 다시 지원하여 두세 차례 이상 선발되어 거재하기도 하였다.

2) 거재 횟수별·연령별·지역별 통계

낙육재 전체 동연생은 실 인원 505명30)으로 추정한다. 경종 때부터 철종 때까지는 전하는 문헌이 적어서 거재자를 찾기가 어려웠고, 고종 연간에 집중되어 있다. 그 가운데는 1회 거재자 뿐만 아니라 2~4차례 선발되어 거재한 자가 있는데 이를 반영하면 연인원이 683명31)으로 확인된다.

---

29) 이들에 대하여 1732년 당시 연령을 보면 이만부 69세, 정규양 70세, 이만 64세 등과 같이 고령이고, 김성탁은 49세, 성이홍은 42세이다. 경상감영 인재 선발은 낙육재 거재를 목표로 뽑지만 반드시 거재하는 것은 아니다. 조현명 감사가 5명 중 이만부, 정규양 등에게는 강장 또는 훈장을 맡겨 자문에 응하도록 했을 것이라고 본다. 이미 1731년 8월에 조현명 감사가 이만부에게 상주부의 도훈장都訓長으로 삼아서 향교의 『대학』 강습에 참여하게 한 일이 있다. 일반적으로 낙육재 거재생을 同研이라 하고 벗 간에는 同研友, 함께 거재한 명단을 同研錄이라 하였다. 거재하면서 학문을 심화深化하거나 연구하는 성격이 짙다. 필자는 동연록 전체 명단에 대하여 연령 통계[뒷장 참고]를 작성해 보니, 15세부터 73세까지 다양하였다. 이 점도 주목할 필요가 있다.
30) 505명의 동연생 가운데는 뒷날 문과에 급제한 金聖鐸, 權應奎, 張錫龍, 許元栻, 鄭晟儉 등 5명이고, 사마시 입격자는 權德升, 金龍翰, 李鼎儼, 李匡德, 徐欞, 李鼎益, 徐檍, 金再鳴, 韓文健, 尹秉恒, 朴熙典, 崔南復, 金鳳喜, 裵克紹, 徐贊奎, 尹炳九, 朴天浩, 朴周大, 宋殷成, 李圭一, 李麟運, 金永銖, 尹奉周, 黃在瓚 등 24명이 확인된다.
31) 1896년 경상도가 남북으로 분리되자 학전도 분리되어 1900년 진주 낙육재가 설립되었다. 연인원 683명은 진주 낙육재생을 제외한 수치이다.
한편 『朱子書節要』(대구가톨릭대학교, 석전문고본), 姜楷의 藏書記를 보면 "갑자년(1744년) 초여름에 이동양李東陽(1723-1746)이 영문營門 백일장에서 일등을 하였는데, 상으로 받은 주서절요 한 질을 가지고 와서 바쳤다. 아, 이동양이 지금은 죽

낙육재 선발자의 거재 횟수별 현황은 다음과 같다.

< 낙육재 선발자 거재 횟수별 현황 >

횟수	거재인원	비율(%)	연인원	비고
1회	368	72.87	368	대체 거재 3명, 거재 불참 5명, 추가 선발자의 거재 불참 1명
2회	103	20.39	206	추가 거재 1명, 거재 불참 2명, 추가 선발자의 거재 불참 1명
3회	27	5.35	81	
4회	7	1.39	28	
계	505	100	683	

도표를 보면 1차도 한번만 선발되어 거재한 자가 368명으로 전체의 72.87%를 차지하고 있다. 비교적 새로운 인재가 많이 참여하였다는 사실을 알 수 있다. 선발되었더라도 일부의 경우는 대체 거재, 추가 거재, 거재 불참 등이 나타나기도 한다. 2~4차례 선발되어 거재한 자가 137명(연인원 315명)으로 전체 27.13%나 되는 것은 또 다른 의미가 있다. 대개가 고종 연간의 사람들이긴 하지만, 후대로 오면서 여러 번 선발·거재하는

고 없으니 이 책이 더욱 귀하다. 내가 죽은 뒤에는 종열(宗悅)에게 돌려보내는 것이 옳다[甲子孟夏, 李東陽魁營門白日場, 以所得賞賜朱書節要一帙, 持獻之. 嗚呼東陽今亡矣, 此冊益可貴也, 吾沒後, 還付宗悅可矣].”라는 기록이 있다. 이동양이 1744년에 낙육재의 선발 백일장에서 1등을 한 것으로 추정되는데 입증할 자료가 없다. 林基瑢은 「樂育齋居友同心契序」를 남겨 『嶺南文苑』(全18책, 呂相琪 編, 1972년)에 실려 있으나 연대를 특정할 수 없었고, 宋應博은 〈매일신문〉(1978.6.25.)의 宋光吉 기자가 취재한 '聚落'에서 낙육재 居長으로 표기하였다. 이들에 대해서는 행적의 고증이 어려워 명단에서 제외하였다.

것을 영예롭게 여긴 것이 분명하다. 1855년에 거재한 최우문崔宇文은 6년(6회)을 거재했다고 하는데32) 확인하기 어렵고, 1891년에 거재한 채헌식蔡憲植도 6년(6회) 거재했다고 하였으나,33) 문헌을 살펴보면 3회만 확인된다.

이처럼 선비들이 수차례 지원하여 거재하는 이유는 무엇일까? 낙육재 재생을 동연同研이라 칭한 사실에서 알 수 있듯이, 거재를 하면서 연학研學할 수 있는 교육기능과 사람을 만날 수 있는 친교기능을 가졌기 때문으로 본다.

낙육재 동연생의 명단 즉 동창생 명단을 동연록同研錄이라고 한 아래의 글에서도 그 이유를 짐작 할 수 있다.

> 무릇「동연록」이란 문회文會와 같은 예例인데, 지금 이 재齋에서의 모임은 모두 한 도道의 사람이니, 한결같은 글자로 똑같이 일컬을 수는 없다. 다행이 견문을 넓힐 기회를 얻었는데 갑자기 손을 잡고 헤어지는 탄식을 하게 되었다. 산천이 멀리 막혀 있어 서신 왕래도 서로 뜸하게 될 터이니, 참으로 여기 모인 사람들의 성명과 주소를 적어 잊지 않으려는 뜻을 붙여 두는 것 만한 것이 없을 것이다. 뒷날 이 기록을 펴 볼 때, 그 사람을 생각하며 반드시 "어떤 사람은 어떤 주州에 살고, 어떤 주에는 어떤 시골이 있다."라고 말할 것이니, 비록 얼굴은 서로 떨어져 있지만 정의情誼는 더욱 친밀해질 것이고, 소식은 통하지 않지만 마음은 암암리 통하게 될 것이다. 평범한 수록隨錄이 도리어 뒷날에는 길가는 사람처럼 아무 상관없는 사람이 되는 것과 비교해 볼 때, 어찌 큰 차이가 나지 않겠는가. 다 기록한 뒤에 벗인 금곡거사金谷居士 박사이朴士以가 이 사실을 기록해 후지後識를 지으라고

---

32) 盧相稷,『小訥先生文集』(목판본) 권41,「都正崔公[宇文]墓碣銘」
33) 蔡憲植,『後潭文集』(석판본),「附錄」, 蔡聖基 撰,〈家狀〉

나에게 청하였다. 나는 사장詞章이 졸렬한 것도 잊고 말미에 기록하여 그에게 보여주었다.[34]

이정익李鼎益(1753-1826)이 쓴 낙육재의 동연록 후지後識이다. 1년간 거재할 때의 우의友誼가 은연히 드러나 있고, 헤어지고 나서도 연학할 때를 회상할 수 있게 동연록을 작성해 둔 것이라고 밝혔다.
다음 통계를 보면 낙육재에는 어떤 연령층이 참여하여 거재하고 있었던가를 분명히 알 수 있다.[35]

< 낙육재 거재자 연령별 현황 >

연령층	거재자	비율(%)	연령층	거재자	비율(%)
15세 ~ 19세	17	3.37	50세 ~ 54세	14	2.77
20세 ~ 24세	38	7.53	55세 ~ 59세	9	1.78
25세 ~ 29세	69	13.66	60세 ~ 64세	2	0.4
30세 ~ 34세	58	11.48	65세 ~ 69세	5	0.99
35세 ~ 39세	55	10.89	70세 이상	2	0.4
40세 ~ 44세	31	6.14	연령 미상	177	35.05
45세 ~ 49세	28	5.54	계	505	100

도표를 보면 연령층이 10대로부터 70대까지 다양하다. 미상자가 많은 것은 낙육재 원자료가 많지 않고 여러 문집에서 인명을 수집했기 때문이다. 비율을 보면 전체 연령층 가운데 30대가 22.37%로 가장 많고, 그 다음이 20대로 21.19%이며, 40대는 11.68%를 차지하고 있다. 거재자 가

---

34) 李鼎益 저, 황의열·최석기 역주, 『교감국역 甘華集』, 「書樂育齋同硏錄後」, 와우출판사, 1998년, 252쪽.
35) 연령 표기는 한 사람이 여러 번 거재했더라도 1차 때의 연령을 기준으로 삼았다.

운데 최연소자는 청도 출신의 15세 박용혁朴龍赫이고, 최고령자는 상주 출신의 73세 강내상姜來相으로 확인된다. 재생 가운데 거창의 박희전朴 熙典은 1873년 71세로 진사에 입격한 바 있다.

이로 보면 낙육재는 젊은 재생들은 모아서 기초 학습을 다지는 학교라 기보다는 연령불문 참여하는 연학研學의 교육기관임을 입증해주고 있다.

아래의 표는 낙육재 선발·거재자의 지역별 현황이다.

◁ 낙육재 선발 · 거재자 지역별 현황 ▷

지역	경상도 (1732-1895)	경상북도 (1896-1906)	계	지역	경상도 (1732-1895)	경상북도 (1896-1906)	계
開寧				永川	11		11
巨濟				寧海			
巨昌	5		5	禮安	2	2	4
慶山	5	3	8	醴泉	4	2	6
慶州	15	1	16	龍宮	2		2
高靈	3	1	4	蔚山	10		10
固城				熊川			
昆陽				宜寧	6		6
軍威	8	3	11	義城	7	1	8
金山	5	1	6	義興	7	3	10
機張	2		2	仁同	5		5
金海	6		6	慈仁	3	2	5
南海	1		1	長鬐		1	1
丹城	1		1	知禮	4		4
大邱	59	56	115	眞寶			
東萊	3		3	晉州	1		1
聞慶				鎭海	4		4
密陽	5		5	昌寧	4		4
奉化	2	2	4	昌原	1		1
比安	6	1	7	淸道	18	3	21

지역				지역			
泗川				靑松	1	1	2
山淸	3		3	淸河			
三嘉	2		2	草溪	2		2
尙州	10		10	漆谷	10	7	17
善山	7	2	9	漆原	4		4
星州	7	2	9	豊基	2		2
順興	3		3	河東	2		2
新寧	1		1	河陽	9	4	13
安東	13		13	咸安	4		4
安義	1		1	咸陽	5		5
梁山				咸昌	1		1
彦陽	5		5	陝川	8		8
盈德	1		1	玄風	5		5
靈山	1		1	興海			
英陽				소계	327	98	425
迎日	1		1	미상	80		80
榮川	4		4	합계	407	98	505

＊진한부분은 경상좌도임

  위 도표는 낙육재 선발·거재자 현황을 경상도 71개 고을별로 살펴본 것이다. 1896년에 경상도가 남북도로 분할된 점을 감안하여 연대를 구분하였다.

  먼저 1732년부터 1895년까지는 71개 고을 가운데 58개 고을의 선비가 참여(82%) 하였다. 참여 인원은 407명인데, 그 가운데 대구가 59명으로 가장 많고, 청도 18명, 경주 15명, 안동 13명, 영천 11명, 상주·울산·칠곡이 각 10명의 순이다. 지역 미상이 80명이나 되는데 이것이 밝혀진다면 지역 현황은 달라질 것이다. 다음으로 1896년 경상북도로 분리된 시기부터 1906년까지는 19개 고을에서 98명이 참여하였고, 지역 미상은 없다. 이 시기에 대구가 56명으로 가장 많고, 칠곡 7명, 하양 4명의 순이다.

전체 505명 가운데 대구가 115명으로, 낙육재 소재지라는 지역적 혜택을 가장 많이 본 탓이다.

3) 문집을 남긴 재생들

낙육재 재생들의 문집을 살펴보면 영조·정조 연간 16종, 순조·헌종·철종 연간 26종, 고종 연간 38종 등 전체 80종으로 확인된다.

(1) 영조·정조 연간
이만부李萬敷, 식산선생문집息山先生文集[木, 原續別, 合28책]
　　　　　＊연안인, 학행　氷庫別提
정규양鄭葵陽, 훈지양선생문집壎篪兩先生文集[木, 30권17책]
　　　　　＊오천인, 학행　顯陵參奉
이만李槾,　　고재선생문집顧齋先生文集[木, 10권5책]
　　　　　＊재령인, 禧殿參奉
김성탁金聖鐸, 제산선생문집霽山先生文集[木, 18권10책]
　　　　　＊의성인, 문과(1735년) 修撰
안경일安慶一, 농와집聾窩集[木活, 5권2책] ＊순흥인
김용한金龍翰, 염수헌문집念睡軒文集[木, 3권2책] ＊경주인, 進士
강정환姜鼎煥, 전암문집典庵文集[木活, 8권4책] ＊진양인
신창조申昌朝, 농담집籠潭集[木活, 4권2책] ＊영해인
이동간李東幹, 침산문집砧山文集[木, 4권2책] ＊영천인
채필훈蔡必勳, 금와유고琴窩遺稿[木活, 3권1책] ＊인천인
이정엄李鼎儼, 남려유고南廬遺稿[筆, 5책] ＊여강인, 進士
이광덕李匡德, 농산선생문집農山先生文集[木活, 4권2책] ＊연안인, 進士
유동규柳東奎, 숙재일고肅齋逸稿[屛湖世稿, 石, 6권2책]

*문화인, 개명 文奎
김이덕金履德, 송정유집松亭遺集[木活, 2권1책] *김해인
이정익李鼎益, 감화문집甘華文集[木, 6권3책] *여강인, 進士
김재명金再鳴, 묵와문집默窩文集[목, 5권2책] *경주인, 生員

(2) 순조·헌종·철종 연간
이형천李衡天, 국리유고菊籬遺稿[筆, 4권2책]36) *고성인
윤동야尹東野, 현와집弦窩集[木活, 7권4책] *파평인
윤병항尹秉恒, 국괴연방집菊槐聯芳集[木, 6권3책]
     *파평인, 進士, 개명: 秉顯
김점운金漸運, 괴와문집愧窩文集[石, 4권2책] *의성인
이정보李楨輔, 한송재선생문집寒松齋先生文集[木活, 4권2책] *선성인
박희전朴熙典, 유간선생문집酉澗先生文集[木活, 5권2책] *밀성인, 進士
최남복崔南復, 두와선생문집陶窩先生文集[木, 8권4책] *경주인, 生員
손윤구孫綸九, 성재문집省齋文集[木, 4권2책] *월성인
도대주都大籌, 겸와유고謙窩遺稿[八莒世稿, 木活, 3권1책] *성주인
장석룡張錫龍, 유헌선생문집遊軒先生文集[木, 11권6책]
     *인동인, 문과 장원 工曹判書
김봉희金鳳喜, 벽오유집碧塢遺集[木活, 3권2책] *경주인, 進士
박재현朴宰鉉, 난석문집蘭石文集[石, 3권1책] *순천인
배극소裵克紹, 묵암문집默庵文集[木, 6권3책] *분성인, 生員 장원
이정두李正斗, 난초유고蘭樵遺稿[木活, 2권1책] *합천인
서찬규徐贊奎, 임재선생문집臨齋先生文集[木, 17권7책] *달성인, 生員

---

36) 李衡天, 『菊籬遺稿』(필사본, 후손 李鍾海 所藏本, 29.5×19.8cm)는 4권2책이다. 이 책은 2020년 한솔기획인쇄사에서 국역 출판하였다.

윤병구尹炳九, 소남집小南集[坡山世稿, 木活, 2권2책] *파평인, 進士
권익權翌,　　원서문집源西文集[石, 3권1책] *안동인
이상두李尙斗, 쌍봉집雙峯集[木, 4권2책] *인천인
곽성렴郭聖濂, 구양집龜陽集[筆, 1책]37) *현풍인
민재남閔在南, 회정집晦亭集[木活, 9권5책] *여흥인
지덕붕池德鵬, 상산선생문집商山先生文集[石, 5권2책] *충주인
손익구孫翊龜, 석간유고石間遺稿[筆, 2권1책]38)
허원식許元栻, 삼원당문집三元堂文集[木活, 2권1책]
　　　　　*하양인, 문과 장원 正言, 초명: 栻
박주대朴周大, 나암유고羅巖遺稿[筆, 6권3책] *함양인, 進士
전규환全奎煥, 소심정자설小心亭自說[筆, 1책] /
　　　　　소심정문집小心亭文集[木活, 6권2책] *완산인
송은성宋殷成, 백하문집白下文集[石, 4권2책] *청주인, 進士

(3) 고종 연간
이규일李圭一, 역하유고櫟下遺稿[筆, 5권3책]39) *월성인, 生員
윤인석尹仁錫,　일암문집一庵文集[木活, 9권4책] *파평인, 尹秉恒 증손
하석규夏錫圭, 금애유고錦涯遺稿[石, 2권1책] *대구인
안호연安浩淵, 남계문집楠溪文集[木活, 4권2책] *순흥인
박영환朴永煥, 죽포집竹舖集[木活, 3권1책] *밀양인
김휘철金輝轍, 수산문집睡山文集[鉛活, 6권3책] *선성인

---

37) 郭聖濂, 『龜陽集』(필사본)은 대구교육박물관 소장본(2023년 구입 자료)
38) 孫翊龜, 『石間遺稿』(필사본)의 계명대학교 동산도서관 소장본에는 '石間'으로 표기되어 있는데, 崔廷翰의 『晩悟集』에는 '石磵'으로 되어 있다.
39) 李圭一, 『櫟下遺稿』(필사본)은 동국대학교 경주도서관, 『蘇湖文庫目錄』(李相杰先生寄贈圖書), 2001, 116-224쪽에 수록되어 있다.

윤덕규尹德逵, 정수집靜修集[坡山世稿, 木活, 1권1책] *파평인
이기승李基升, 청양유고聽陽遺稿[石, 3권1책] *벽진인
이능열李能烈, 구와문집笱窩文集[筆, 1책] *여강인
고윤식高允植, 태려문집泰廬文集[石, 4권2책] *개성인
정사화鄭思和, 백치유집百癡遺集[木活, 2권1책] *오천인
이근만李根萬, 소봉집小峯集[木活, 4권2책] *전의인
이정효李廷孝, 후송유집後松遺集[木, 4권2책] *경주인
예대기芮大畿, 균곡유고筠谷遺稿[木, 3권1책] *의흥인
조선수趙譱秀, 동애집東厓集[木, 4권2책] *함안인, 초명: 寅秀
박현구朴顯九, 동호선생문집東湖先生文集[石, 8권4책]
　　　　　　*경주인, 개명: 顯求, 朴仁壽 孫
이병운李柄運, 긍재문집兢齋文集[木活, 14권4책] *인천인, 進士
최정한崔廷翰, 만오집晚悟集[木活, 2권1책] *경주인
김영수金永銖, 만산문집晚山文集[石, 4권2책] *의성인, 進士, 초명: 進銖
구연우具然雨, 금우집琴愚集[石, 2권1책] *능성인, 초명: 祥峻
윤봉주尹奉周, 중재문집重齋文集[木活, 11권4책] *파평인, 進士
이상진李相軫, 만산유고晚山遺稿[木活, 3권1책]
　　　　　　*합천인, 거재한 李正斗 子
안찬중安燦重, 율포유고栗圃遺稿[石, 4권2책] *순흥인
황재찬黃在瓚, 오당시문집梧堂詩文集[石, 4권2책] *장수인, 進士
채헌식蔡憲植, 후담문집後潭文集[石, 6권3책] *인천인
권재고權載皐, 유연헌집悠然軒集[木活, 4권2책] *안동인
허위許煒,　　해촌유고海村遺稿[筆, 6권3책]40) *김해인, 개명: 燨

---

40) 許煒, 『海村遺稿』(필사본, 許鍍 소장본). 이 책은 1982년 7월에 錦南 許鍍(1898-1986)의 협조로 필자가 복사하고 반환했는데, 뒷날 자손들에게 들으니 원본이 분실되었다고 하였다.

우규환禹圭煥, 단봉집丹峯集[木活, 7권2책] *단양인
　　황희수黃熙壽, 덕암선생문집德菴先生文集[木活, 5권2책] *창원인
　　우효봉禹孝鳳, 운재유집雲齋遺集[石, 2권2책] *단양인
　　우희용禹熙容, 우춘유고又春遺稿[筆, 3권3책]41) *단양인
　　최곤술崔坤述, 고재문집古齋文集[石, 2권2책]42) *경주인
　　우효설禹孝卨, 녹봉집鹿峯集[木活, 8권3책] *단양인
　　심동택沈東澤, 칠회헌문집七悔堂文集[石, 4권2책] *청송인
　　이종택李鐘澤, 우정문집愚亭文集[石, 4권2책] *경주인, 일명: 종택鍾澤
　　채무식蔡武植, 눌헌문집訥軒文集[石, 4권2책] *인천인
　　금동렬琴東烈, 쌍호집雙湖集[木, 1책] *봉화인
　　정인환鄭寅煥, 금사유집錦沙遺集[石, 2권1책] *동래인

　권·책 수 5책 이상을 남긴 사람은 이만부, 정규양, 이만, 김성탁, 이정 엄, 장석룡, 서찬규, 민재남 등 8명으로 확인된다. 나머지는 72명은 4책 이하의 문집을 남겼다.

4) 재생들의 낙육재 관련 글

　낙육재 505명 동연생들은 영남의 문풍을 일으키는 데 많은 역할을 하였다고 본다. 이 가운데 문집을 남긴 사람은 위에서 밝힌 80명이다.
　이중 낙육재 관련 글은 손윤구·이정보의 「관선당기」,43) 최남복의 「장

---

41) 禹熙容, 『又春遺稿』(필사본), 국립중앙도서관 소장본(古3648-55-14-1)
42) 최재욱 편, 『망국의 한』(동화출판사, 1999)이란 서명으로 崔坤述, 『古齋文集』(석판본)의 국역본이 나왔다.
43) 李楨輔, 『寒松齋先生文集』(목활자본), 권3의 「達城觀善堂記」를 보면 "尹光顔은 충효의 가풍을 계승하여 학문에 연원이 있었다. 그래서 가르치는 데는 근본이 있었으므로 이처럼 볼만했음을 말할 수 있다[尹光顔忠孝家傳學有淵源, 故其爲敎之有本, 而可觀如是云爾]."라 하였다.

서각명」과 이에 대한 김영수의 「관선당수즙기」와 「낙육재기」, 채무식의 「장서각수즙기」와 「낙육재품목」 등이 있다. 이 글을 보면 건물의 성격과 건립 및 유지 보수, 이를 주도한 관찰사 칭송, 비용과 노력 등을 적고 있는데, 재생이 직접 기록했다는 점에서 의의가 있다.

재생들이 남긴 낙육재 관련 글은 살펴보면 관찰사와 재생, 또는 재생 상호간에 문화 소통의 성격을 갖는다. 어떤 글이 있는지 간략히 살펴본다.

(1) 관찰사와 제생간의 문화 소통

소통疏通의 용어는 '뜻이 서로 통함'을 의미하지만 이 보다는 '사람들 간에 생각이나 감정 등을 교환하는 총체적 행위로써 의사소통(Communication)'을 의미한다고 하겠다. 이 점을 낙육재와 관련지어 살펴보면 타 지역 출신 감사監司와 영남 출신 재생齋生이라는 사승師承 관계가 성립되고, 재생 간에는 영남의 각 지역 출신이 한 곳에 모여서 공부하는 동문同門의 성격이 존재한다. 이들과 교유하면서 의사소통을 하거나 시문을 짓거나 글을 남기는 등 일련의 행위에서, 또 후대인이 이들의 시문을 읽고 감발할 수 있다는 점에서 문화 소통이 작용할 수 있다.44)

유동규柳東奎(1759-1828)는 1784년경에 「경상감사에게 삼가 올린 시」45)에서 다음과 같이 말한다.

    士子持身處女儔   선비의 몸가짐은 처녀 정조 지킴과 짝하는데

---

44) 문화 소통은 문화, 사회, 교육 등 배경이 다른 개인이 모인 집단에서 언어, 문자를 통하여 자연스럽게 발생할 수 있으며, 이로 인하여 다른 문화를 이해할 수 있다고 본다.
45) 柳東奎, 「肅齋逸稿」(『屛湖世稿』, 석판본, 1937) 卷1에 '謹呈金方伯(東弼)'로 되어 있다. 柳東奎의 生沒年이 1759-1828이므로 이 詩는 1724년에 재임한 金東弼 監司가 아니라, 1784년의 李秉模 監司로 추정된다.

貞姿點辱豈非羞　곧은 자태에 욕을 당하면 어찌 부끄럽지 않으리오
巡相吹噓雖感祝　관찰사가 잘한다고 추켜세우니 비록 감축할 일이
　　　　　　　　지만
嗟吾未及學而優　아! 나는 학문 넉넉한 자에게는 미치지 못하겠네.

낙육재에 선발해준 감사가 그에게 칭찬해준 데 대하여 수업을 받게 된 문인으로서 자긍심과 겸양이 내포되어 있다.

이상두李尙斗(1814-1882)는 1855년에 낙육재 수창시酬唱詩의 서문을 남겼다. 그를 포함하여 낙육재에 선발된 재생과 김학성金學性 감사가 함께 읊은 시집의 서문이다. 내용의 일부를 살펴본다.

> 을묘년(1855) 가을에 김공金公 학성學性이 경상감사로 와서 나라의 제도에 따라 당대의 이름난 석학들을 선발해서 낙육재에 거재하게 하였으니 무릇 15명이다. 돌이켜 생각하면 천년 뒤에도 벗이 되고, 천 리 밖에서도 서로 호응함이 있겠으니, 하물며 같은 시대에 태어나서 같은 지역에 살면서 뜻이 같고 도道가 같음에 있어서야. 송독誦讀하는 여가에 각각 운韻을 집어내어 뜻을 이어 지었는데, 혹은 온아溫雅하고 침중沈重하며, 혹은 탁월하고 호방豪放하며, 혹은 맑고 고우며, 혹은 화평하고 넉넉하였으니, 모두가 성정의 바름에서 나와서 그 지조가 엇비슷함을 얻었다.46)

서문을 보면 낙육재 재생들 간에 동연同硏의 벗으로서 정감이 배어 나고, 각 자가 지은 시에 대한 시평도 겸하고 있다. 이상두는 다시 후임

---

46) 李尙斗,『雙峯集』(목활자본) 권3,「樂育齋酬唱詩序」, "乙卯秋, 金公學性, 按節南服, 依國制選一時名碩, 俾之居是齋, 凡十有五人, 顧念千載之下有尙友焉, 千里之外有相應焉, 況生同一時, 居同一壤 志同道同者乎. 誦讀之暇, 各拈韻述志, 或溫雅沉重, 或卓犖豪放, 或淸而麗, 或和而贍, 皆出其情性之正, 而得其操守之髣髴."

감사 신석우申錫愚로부터 경학經學으로 선발되고 나서 관찰사를 칭송하며 71운韻의 「근정회원신상공석우謹呈繪園申相公錫愚」를 남긴 바 있다.

철종 때 경상감사를 지낸 이돈영李敦榮(1801-1884)은 일찍이 전라감사를 역임한 일이 있다. 완영完營의 영학營學이 되는 희현당希顯堂은 전주에 있었는데, 당시 유생 20인과 연구聯句로 지은 시를 남겼다.[47] 그로부터 21년이 지난 1862년 정월에 그는 영남의 관찰사로 부임하게 된다. 그가 부임한 직후 낙육재에서는 1년간 거재를 마치고 귀향하는 낙육재생 15인이 있었는데, 그들과 수창酬唱한 송별시를 모아서 『낙육재시첩樂育齋詩帖』을 편성하였다.

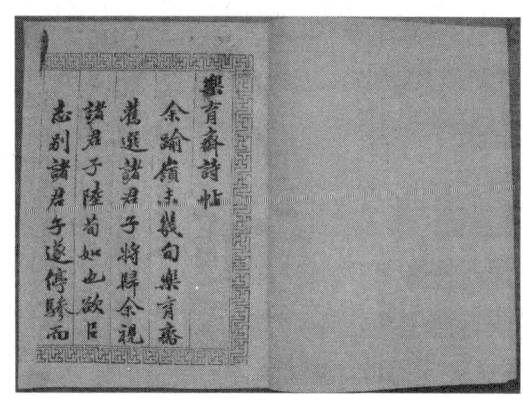

이돈영 편, 낙육재시첩(1862년)

이돈영은 낙육재 여러 군자[재생]들과 송별을 아쉬워하면서 시운을 내어서 자신이 지은 시를 첫머리에 수록하고, 참여한 재생들에게 1부씩 나누어 준다고 하였다. 동참한 낙육재생은 다음과 같다.

---

47) 李敦榮 편, 『希顯堂聯句』(필사본, 1841년, 한국학중앙연구원)에 의하면 李敦榮 전라감사를 포함하여 朴璟煥, 白河鎭, 金壽淵, 崔南復, 趙寅錫, 柳浩養, 梁致龍, 金基漢, 崔光圭, 許鏞, 崔鎭說, 白圭容, 李俊在, 柳德懋, 梁欛煥, 權宗煥, 梁泰煥, 高東翼, 南宮湞, 吳庠秀 등 유생 20인이 참여하였다.

구상춘具祥春, 손익구孫翊龜, 한용우韓容佑, 이휘매李彙邁, 김보균金普均, 전상재田相在, 허식許栻, 신인식申仁植, 여위룡呂渭龍, 김한영金翰永, 박천호朴天浩, 박주대朴周大, 최동운崔東運, 박태진朴泰鎭, 조병선曺秉善48)

동참한 재생 15명 가운데 허식許栻[개명 元栻, 1828-1891]의 시를 살펴본다.

  名公有志下車初 : 이름 난 공(公)께서 뜻을 두고 부임한 때는
  彬菀文風布化餘 : 홍성(興盛)한 문풍으로 교화 펴던 시기였네.
  淸楊幸蒙今日誨 : 맑은 자리에서 다행히 오늘의 가르침 받는데
  英齋多讀古人書 : 영재[낙육재]에서 옛 사람 책을 많이도 읽었네.
      (하략)

내용을 보면 이돈영 감사가 문풍으로 교화를 펴고자 한데 대한 고마운 뜻과, 지난날 낙육재에 거재할 때 독서를 많이 했던 점을 부각하고 있다. 이러한 『낙육재시첩』을 통하여 감사와 재생, 재생 상호간에 소통이 될 수 있는 것이다. 재임한 경상감사의 시문을 통해서는 서울과 지방에 문화 소통이 확산될 수 있는 이점이 있다.

허식의 아들 허용두許容斗가 『삼원당문집三元堂文集』을 편집할 때 이 시를 미처 수집하지 못하였던지 문집에 누락되어 있고, 『삼원당문집』의 「연보年譜」, 신유(1861년) 조에는 '행의로써 향천과 도천에 뽑혔다[以行義

---

48) 필자가 수년 전에 한 수장가로부터 이돈영이 편한 『낙육재시첩』을 빌려서 복사한 책을 소장하고 있는데, 동일한 필사본이 영남대학교 중앙도서관에도 소장되어 있다. 다만 영남대본에서는 15인의 거주지인 고을 이름의 아래에 누군가가 居住 洞名을 추기하였다. 마지막의 曺秉善은 '字忠彦, 昌寧人, 癸卯生(1843), 居漆谷'인데 그 아래에 '松林里'를 추가 표기하였다. 칠곡 송림리는 石塘 曺世虞의 후손이 거주하는 마을로, 이 마을에 거주한 曺秉善은 字가 仁玉, 호는 寄軒으로 癸酉生(1873)이어서 同名異人이다.

被鄉薦 道薦].'라고만 표기되어 있다.49)

재생 최정한崔廷翰(1845-1909)은 그를 뽑아준 경상감사 이헌영李𨯶永(1837-1907)이 평소 언어 행동과 정령政令을 펼 때마다 수신修身을 근본으로 삼았으므로 많은 감화를 받았다. 이 감사가 1892년에 이임하게 되자, 최정한은『대학』의 8조목을 담은 시 6수를 지어서 전별할 때 올렸다. 6수 가운데 제 1수인 '격물치지格物致知'의 내용을 본다.

　　一鎭南邦甫二朞　남방의 감영에서 감사 된지 겨우 2년인데
　　民爲父母士爲師　백성들은 부모로, 선비들은 스승으로 삼았네.
　　凡天下事無踰理　모든 천하의 일에는 이치를 넘지 않으니
　　推極吾知使各知　아는 바로 하여금 나의 지식을 미루어 지극히 했네.50)

이헌영 감사가 어진 정사를 펴서 백성들과 선비들로부터 존경받는 점을 사실적으로 표현하고, 그 자신도 사물의 이치를 연구하여 지식을 명확히 하는 격물치지의 뜻을 실천하고자 노력하였다.

제 4수의 '수신修身'은 이러하다.

　　片時無敢惰吾肢　내 사지 게을러서 잠시도 과감히 하지 못했는데
　　動作周旋敬以持　동작하고 주선하는 데 공경으로 몸을 간직했네.
　　及到講論謙讓席　강론하는 데 이르러서는 겸양하는 자리인데도
　　尊榮刺史反居卑　존영 받던 자사刺史[감사]가 도리어 낮은 자리에 처하였네.51)

---

49) 許元栻,『三元堂文集』(목판본, 1915년) 卷3, 年譜.
50) 崔廷翰,『晩悟集』(목활자본, 1928년) 권1,「餞別李巡相(𨯶永)」. 格物致知를 포함하여 誠意, 正心, 修身, 齊家, 治國 등 6수를 지었다.
51) 이 시의 결구는『맹자』,「만장 하」의 "높은 자리를 사양하고 낮은 자리에 처하며, 부를 사양하고 가난한 데 처하려면 어떤 자리가 마땅한가[辭尊居卑, 辭富居貧, 惡

거재하면서 읍례를 행할 때나 강론할 때 보인 이헌영 감사의 어진 모습을 상기하며 관찰사와 전별하던 자리에서 존모의 정을 표현하고 있다.

황재찬黃在瓚(1862-1919)의 문집을 보면 이헌영李鑣永 감사와 낙육재 제생이 함께 읊은 차운시次韻詩 1수가 있다.

雪山珍重臘梅新	눈 산은 진중하고 섣달의 매화는 새로운데
和氣帶來滿座春	화한 기운이 찾아오니 좌중이 모두 춘풍이네
大比三年門下士	3년마다 과거시험 치른 문하의 선비이고
泰平萬世化中人	태평함 만세토록 사람들을 교화시켰네.
詩心懶拙還爲病	시심에는 나의 게으름이 도리어 병이 되는데
天性愚庸却任眞	천성이 우매하고 용렬함은 본성대로 맡겨졌네.
古館淸晨招誨席	옛 학관에서 새벽에 일어나 사석師席의 가르침 받는데
疎才恨未炙熏親	재능 없어 친히 훈도熏陶되지 못함이 한스럽네.52)

섣달의 풍경을 배경으로 깔면서 사제 간의 정감과 가르침을 받은 데 대한 고마운 뜻을 표현하고 있다. 황재찬은 또한 '칠석 전날 밤에 이헌영 감사와 낙육재 제생이 함께 운韻을 내어 지은 시'에서도53) 관찰사를 흠모하는 뜻이 담겨 있다.

관찰사를 송별할 때 지은 시는 김봉희의 「봉전방백홍공재철奉餞方伯洪公在喆」을 포함하여 곽성렴, 예대기, 최정한, 채헌식, 채무식 등이 남겼다. 이 또한 대개 칭송하는 시다.

채헌식이 조병호趙秉鎬 관찰사를 전별할 때 올린 시를 보기로 한다.

乎宜乎]?에서 취한 것이다.
52) 黃在瓚, 『梧堂詩文集』(석판본) 권1, 「敬次李巡相與樂育齋諸生共賦韻」
53) 위의 책, 권1, 「七夕前夜同李巡相及樂育齋諸益共賦」

淸淸江水餞公行	맑디맑은 강가에서 공의 행차 전별하니
惟我公心水與明	우리 공의 마음이 물과 더불어 밝네
南賑飢荒遺惠澤	남방에선 기근 진휼하여 혜택을 주었고
西平妖孼立勳名	서방에선 요망한 재앙 평정하여 훈명을 세웠네
攀車不遂羣生願	수레 잡고 만류하는 제생의 원함 못 이루고
植栢猶存久愛情	잣나무 심은 오랜 애정 아직 남아 있네
兩歲英齋多勸勉	두 해 낙육재에서 권면함이 많았는데
菲才還愧未輸誠	못난 재주로 성심 다하지 못함이 부끄럽네.[54]

그는 2년간 학업을 권면해준 관찰사에게 고마운 뜻을 전하고 지난 행적까지 들추어 칭송하며 이별의 아쉬움을 표하고 있다.

낙육재에 선발되어 재에 모였을 때 박희전은 관찰사 시에 차운한 「선사재회차이순상[면승]운選士齋會次李巡相勉昇韻」으로 고마움을 표하였고, 그는 이보다 앞서 이기연李紀淵 감사에게도 선발해준 데 대한 사례謝禮의 편지를 올린 바 있다.[55]

이 밖에도 이상두의 시 「낙육재송석김상공[학성]급제현공부樂育齋松石金相公[學性]及諸賢共賦」와 전규환의 「낙육재이방백돈영염운이시여[제생]공화이정樂育齋李方伯敦榮拈韻以示與[諸生]共和以呈」, 황재찬의 「경차이순상여낙육재제생공부운敬次李巡相與樂育齋諸生共賦韻」 등이 있다. 한결같이 육영에 이바지한 관찰사를 칭송하고 있다.

관찰사와 재생 간에 비록 교분이 매우 좋았더라도 공적인 일에는 부탁하지 않은 것이 상식이었다.

---

54) 蔡憲植, 앞의 책, 권1, 「奉餞藹石趙觀察使[秉鎬]」.
55) 李尙斗, 앞의 책, 권3, 「上居然李相公」.

회위會圍[會試]에 이르렀는데 이경재李景在 공이 고관考官이었다. 이 공이 일찍이 영백嶺伯이 되었을 때 낙육재와 교분이 있었다. 사람들이 찾아뵙기를 권하니 공이 '내 어찌 스스로 자랑하겠는가.' 하였다.[56]

민재남이 과시에 응시할 때 회시會試의 고시관이 지난날 낙육재의 사장師長이었으므로 남들이 만나볼 것을 권유하였으나, 사심私心을 배제하고 이처럼 거절한 것이다. 마음가짐이 돋보인다.

한편 낙육재 제생 간에는 당색 불문하고 함께 거재하면서 연구聯句를 짓는 등 교분을 쌓아 왔다. 그러나 『낙육재서책목록樂育齋書册目錄』(1807년)을 보면 "매산집梅山集 6권은 미동 김판서 대감주尾洞金判書大監主가 재임할 때 분부하여 다 태워버렸다."라는 기록이 나온다.[57]

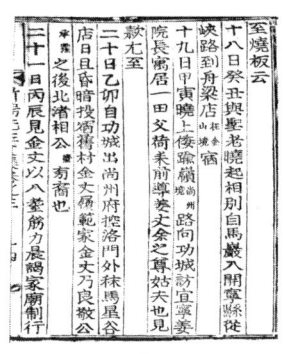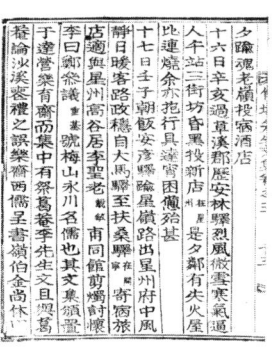

하범운, 동정일기

『매산집』은 영천永川의 남인학자 정중기鄭重器(1685-1757)의 문집이다. 1797년에 6책으로 간행한 것을 낙육재에서 기증하여 소장하고 있었으나, 이 때 불태워버린 것이다. 이 사건과 관련하여 하범운河範運의 「동

---

56) 閔在南, 『晦亭集』(木活字本), 卷5 附錄, 鄭載圭 撰「行狀」, "嘗至會圍, 李公景在爲考官, 李曾爲嶺伯, 時有育齋雅分. 人勸見之, 公曰我豈自衒也哉."
57) 남권희, 앞의 논문, 305쪽.

정일기東征日記」의 1823년 10월 17일 조에서는 다음과 같이 설명하고 있다.

> 이성로李聖老[載敏]가 말하기를 "정참의鄭參議[重器]는 호가 매산梅山인데 영천의 명유이다. 그의 문집이 달영達營[경상감영]의 낙육재에 반질되어 보관하고 있었는데, 문집 가운데 갈암葛庵 이선생李先生의 제문 등이 들어 있어서 낙육재 서유西儒가 김상휴金相休 감사에게 정서呈書하여 소판燒板하기에 이르렀다."라고 하였다.58)

서책 목록에 보인 김판서는 김상휴임을 알 수 있다. 당시 낙육재에 거주하던 서유西儒[老論]가 문제를 제기하여 책판을 태워버린 것이다. 정치적 문제로 낙육재에 거재하던 노론·남인 간의 갈등이 있었음을 시사하는 장면이다.

노론과 관련 있는 것으로, 경상감사 남공철南公轍이 우암 송시열宋時烈의 사판祠版을 낙육재에 잠시 봉안한 후에 지은 시가 있다.59) 남공철의 「우암송선생차위입재시尤庵宋先生祠位入齋時」를 본다.

摳衣恭肅拜祠堂	옷자락 여미고 엄숙히 사당에 참배하니
正氣英風尙不忘	영풍과 바른 기운을 아직도 잊지 못하도다
歿後生前魚水契	별세 후로 생전의 깊은 친분 생각하며
紫陽夫子又華陽	자양부자[주희]에 또 우암이었네.60)

---

58) 河範運,『竹塢先生文集』(목활자본) 卷13,「東征日記」
59) 남권희, 앞의 논문 295쪽에 소개된 『樂育齋帖』(1802년, 필사본, 일본 天理大 소장)이 있다. 이 책을 보면 尤庵 宋時烈의 祠版과 影幀을 잠시 낙육재에 봉안할 때 宋時烈을 崇慕한 詩를 지었다. 시를 지은 사람은 齋生 15인 가운데 朴壽亨, 鄭始煥, 李學燮, 李孚豹, 徐麟復, 徐駲輔, 徐樸, 曺翼明, 李邦根 등 9인이었다. 이들은 노론 성향의 인물로 보인다.
60)『大邱郡邑誌』(필사본, 1899년, 계명대동산도서관 소장본), 題詠 편,「樂育齋」,

이 시를 짓게 된 배경을 살펴보면 남공철이 1802년에 청도淸道에 있던 송시열의 사관과 영정影幀을 낙육재에 잠시 봉안하다가 호중湖中으로 반환한 적이 있었다. 이 때 남공철이 송시열을 숭모하여 지은 것이다.

현실적으로 낙육재 재생들은 대체로 거재할 때 당색黨色을 따지기보다는 자신을 선발해준 관찰사를 사장師長으로 대접하면서 수창酬唱하였다. 이러한 현상은 서울 출신의 관찰사와 지방의 재예才藝 있는 재생 간에 교육을 통한 관심과 영남을 이해하는 등 소통 문화를 여는데 기여한 바가 크다.

(2) 동연同硏의 단상斷想

낙육재 재생들의 시 가운데 연구聯句는 재생들이 어떠한 사실을 두고 공동으로 1연씩 시를 짓는 방법이다. 재생들의 문집을 살펴보면 연구가 여러 편 보인다. 그 가운데 2편을 본다.

낙육재고연연구樂育齋古硯聯句[61]

爾是家莊古　너는 집 장식품 된 지 오래인데
誰教此地零　누가 이 곳에 갖다 두었나.
　　　　　　　　　　　　　　- 운익雲翼[金龍翰]
披心猶見赤　속을 헤치니 아직도 붉은 색 서려 있고
楷眼復磨靑　무늬 문지르니 다시 갈려 푸르네.
　　　　　　　　　　　　　　- 강계승姜季昇

---

61) 金龍翰, 『念睡軒文集』(목판본), 권2, 「樂育齋古硯聯句」.

變化看龍氣　　변화된 그 모습 용의 기상이고
方圓象月形　　모나고 둥근 형상 달 모양이네.
　　　　　　　　　　　　　　　　　　- 박사징朴士澄

濡毫因水滴　　붓 적실 때는 물방울 생기더니
掃墨輒花馨　　먹 문지르니 문득 꽃향기 나네.
　　　　　　　　　　　　　　　　　　- 김운익

磨之仍琢玉　　그것을 갈고 이에 쪼아서 옥이 되고
湊以激成鈴　　모여들고 부딪쳐서 방울 이루었네.
　　　　　　　　　　　　　　　　　　- 강계승

潤筆揮將灑　　붓 적셔서 휘두른 뒤 다시 씻었더니
題詩醉幾醒　　시 지어 읊으며 몇 번이나 취하고 깨었던가.
　　　　　　　　　　　　　　　　　　- 박사징

課士時將習　　공부하던 선비들 당시에 사용했을 진데
居齋歲累經　　낙육재에서 오랜 세월 지냈구나.
　　　　　　　　　　　　　　　　　　- 김운익

成章能吐鳳　　문장을 쓸 때는 봉황을 토해낸 듯하고
潤色勝流螢　　윤색을 할 때는 반딧불이 무색하네.
　　　　　　　　　　　　　　　　　　- 강계승

翰墨將成友　　문장과 먹이 동반하여 벗을 이루니
前人已記銘　　옛사람들 이미 명을 지었네.
　　　　　　　　　　　　　　　　　　- 박사징

不磷是眞石　　갈아도 갈리지 않으니 참으로 보배 같은 돌이고
有酒豈如瓶　　술 담는다 해서 어찌 병이 될 수 있겠는가.
　　　　　　　　　　　　　　　　　　- 김운익

與玉難藏櫝　　구슬과 함께 함 속에 같이하기 어려운데

隨魚已出溟　고기 따라 이미 바다에 나왔네.

- 강계승

覺詩因輒寫　깨달아서 시지에 문득 쓰니
風雨暗中聽　비바람 소리 어둠 속에 들리는 듯하네.

- 박사징

　이 연구는 1776년에 거재한 김용한(金龍翰, 1738-1806)의 문집에 나온 「낙육재고연연구樂育齋古硯聯句」(5言, 18韻)의 일부이다. 내용을 보면 낙육재에 오래된 벼루가 있게 된 역사적 추측부터 벼루의 재질과 형상, 묵향, 문방사우로서의 친밀감, 문필로 인한 교유, 문장이 이루어지기까지의 과정 등을 사실적으로 표현을 하고 있다. 연구를 지은 3명 가운데 박사징의 시구가 돋보이는데, 미련尾聯의 "깨달아서 시지에 문득 쓰니, 비바람 소리 어둠 속에 들리는 듯하네."라는 시구는 특히 돋보인다.

낙육재연구樂育齋聯句[62]

大嶺英齋會　큰 영남 낙육재에 모여
文章假善鳴　문장 빌려 세상에 이름 떨치네.

- 박정계朴廷桂

琢磨同進藝　같이 탁마하여 예문에 매진했고
膠漆各留情　각각 친밀하게 정분을 쌓았네.

- 예대기芮大畿

契托忘年好　교분 맺으니 나이에 상관없고
工探就日成　공부 깊이 하니 날마다 발전하네.

- 조선수趙璿秀

---

[62] 趙璿秀, 『東厓集』(목판본) 권1, 「樂育齋聯句」.

葩壇諸友益　파단63)에는 유익한 벗이 여럿인데
棠舍有司明　당사64)에는 밝게 보는 일이 있었네.

- 이규목李圭穆

把酒塵心滑　술잔 잡으니 속된 마음이 매끄럽고
唫秋客意淸　가을을 읊으니 나그네 마음 맑네.

- 박현구朴顯九

盟結香山社　향산거사 되기를 맹세하였고,65)
句聯石鼎名　함께 시 지어 돌솥에 새기리라.66)

- 박정계

驪淵含寶彩　여주[驪珠] 감춘 깊은 못에 보배 빛 머금었고,67)
蟬樹報寒聲　매미는 나무에서 가을 소리 보답 하네.

- 예대기

賦感潘郞興　감회를 읊으니 나그네의 흥이 일고
經藏博士撗　경서를 쌓으니 박사가 배우네.

- 박정계

---

63) 韓愈의「進學解」에 "『시경』의 시야말로 바르면서도 꽃처럼 아름답다[詩正而葩]."라는 말이 있다. 여기서는 시단을 의미한다.
64) 『詩經』,「召南 甘棠」에 "무성한 저 감당나무 가지를, 자르지 말고 휘지도 말라. 소백이 머무시던 곳이니라[蔽芾甘棠 勿翦勿拜 召伯所說]."고 한 데서 온 말인데, 이 시는 곧 소공이 남국南國을 순행하면서 문왕의 정사를 편 데 대하여 그곳 백성들이 소공의 덕을 추모하여 부른 노래이므로, 선정 베푼 지방관을 의미한다.
65) 『舊唐書』의「白居易傳」에 의하면 당나라 白居易가 香山의 승려 여만如滿과 더불어 향화사를 결성하고 자호를 香山居士라고 한 사실이 있다. 즉 뜻이 맞는 일을 일생 동안 함께 하기로 맹약을 맺은 일을 말한다.
66) 石鼎聯句는 道士 헌원 미명軒轅彌明과 유사복劉思服·후희신侯喜新이 합작한 시이다. 『昌黎集』을 보면 韓愈가 이상 세 사람들을 등장시켜서 石鼎聯句序를 지었다.
67) 『百度百科』에 '驪淵'을 "藏驪珠的深淵, 喩指才思文辞的淵源."이라 하였다.

南禽歸夢罷   남쪽의 새는 고향 돌아가는 꿈을 깨니
北鴈早霜驚   북쪽의 기러기는 이른 서리에 놀라네.
- 예대기

積雨晴天捲   장마 비가 맑게 걷히니
新涼高閣生   서늘한 기운이 높은 누각에서 나오네.
- 조선수

通宵蛾述案   밤새도록 의술[68] 교훈을 생각하는데
消夏鵠過枰   더위 피한 황곡은 가을 바둑판을 지나네.
- 이규목

離筵談後約   이별의 자리에서 담화한 후 약속하기를
相對坐班荊   서로가 반형의 자리에서 만나리라.[69]
- 이봉상李琫祥

 이 연구는 1881년에 거재한 조선수趙璇秀(1846-1914)의 문집에 나온 「낙육재연구樂育齋聯句」(5言, 18韻) 가운데 일부이다.
 재생들이 낙육재에서 1년간 학업을 마치고 이별에 앞서 지은 시이다. 낙육재의 기능과 거재하면서 정분을 쌓은 일, 고향을 그리워하는 마음, 이별 자리의 정경과 회포, 향후 만날 것을 맹세하는 등의 내용을 담고 있다. 시구 가운데 예대기의 "여주驪珠 감춘 깊은 못에 보배 빛 머금었고,

---

68) 의술蛾述이란 부지런히 학문하여 지덕知德이 날로 향상하는 것을 말한다. 『예기』, 「학기學記」에 "개미의 새끼는 수시로 흙을 물어 나르는 일을 익힌다[蛾子時術之]." 라고 하여, 새끼 개미가 어미 개미의 행태를 배워 쉬지 않고 흙을 날라다가 개미 둑을 쌓듯이, 사람도 항상 성현의 교훈을 배우며 익히면 지덕知德이 날로 향상하게 됨을 의미한다.
69) 『춘추좌전春秋左傳』의 양공襄公26年 조에 의하면 춘추시대 초楚나라 오거伍擧가 채蔡나라 성지聲子와 세교世交를 맺고 있었는데, 두 사람이 우연히 정鄭나라 교외에서 만나 형초荊草를 자리에 깔고 앉아서 옛날이야기를 주고받았다는 고사가 있다. 따라서 반형班荊은 옛 친구를 만난 기쁨을 표현한 것이다.

매미는 나무에서 가을 소리 보답하네."라 구절은 명구로 보인다.

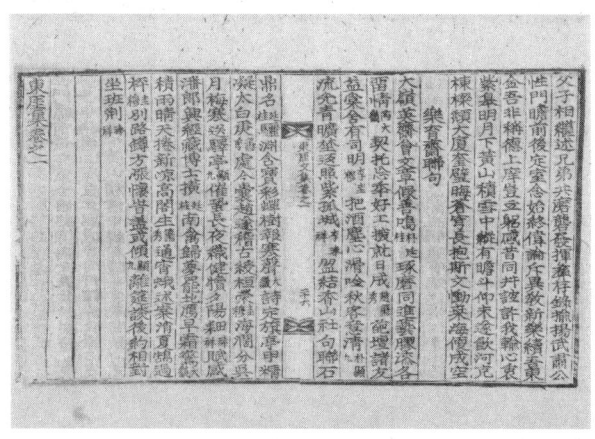

조선수, 낙육재연구

이 밖에도 이상두의 「낙육재여제현영당고연구樂育齋與諸賢詠堂鼓聯句」(5언, 36韻)는 낙육재에서 식사 등을 알릴 때 두드리는 북[鼓]을 읊었다. 낙육재의 북의 기능은 식사 때 뿐만 아니라 긴급히 논의해야 할 어떠한 사건이 발생했을 때도 두드리는 물건이다. 이상두와 동연우인 곽성렴의 『낙육재창수록樂育齋唱酬錄』[龜陽集]에서는 동일한 시의 제목을 「재고연구齋鼓聯句」라 하였다. 곽성렴은 변체시를 좋아하였으니, 재생들과 회문체回文體70)로 「영류詠柳」를 짓기도, 장두체藏頭體71)로 「설매雪梅」를 짓기도 하였다.

---

70) 회문체回文體는 시를 짓되 바로 읽어도 되고 거꾸로 읽어도 되어 평측平仄과 운韻이 꼭 틀림이 없는 것을 회문체라 한다.
71) 장두체藏頭體는 시체의 한 가지로, 앞 구절의 끝자 속에 다음 구절의 첫 자가 감춰져 있는 체를 말한다.

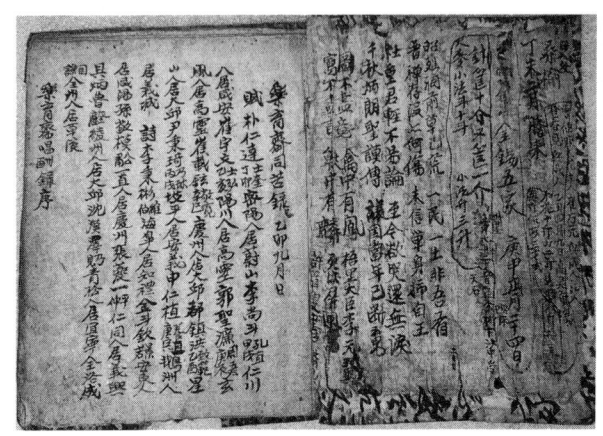

곽성렴, 구양집 (대구교육박물관 소장)

재생들의 시를 보면 거재할 때 읊은 것이 많다. 유동규의 「낙육재등하염운樂育齋燈下拈韻」을 포함하여 이정보의 「관선당시첨익觀善堂示僉益」, 손윤구의 「달성재봉입추達城齋逢立秋」, 윤병구의 「낙육재제우공부樂育齋諸友共賦」, 이근만의 「낙육재제우창수樂育齋諸友唱酬」, 이정효의 「낙육재입춘樂育齋立春」·「낙육재대설樂育齋對雪」, 예대기의 「낙육재수제우樂育齋酬諸友」, 최정한의 「재거동지齋居冬至」, 이상진의 「낙육재입춘야여허해촌손국산공부樂育齋立春夜與許海村孫菊山共賦」, 안찬중의 「우음우음偶吟」, 허위의 「관선당만영觀善堂漫詠」, 황희수의 「낙육재여제우동화樂育齋與諸友同話」 등이다. 이들의 시를 보면 독서를 하며 계절을 읊고, 사물을 보고 즐기며, 강학과 토론을 하며 교유를 긴밀히 하고 있음을 살필 수 있다.

다음의 시는 이정보가 관선당觀善堂에서 벗들에게 보인 시이다.

吾輩羣居樂育地　　우리들 여럿이 머물던 낙육재
邇來事業做如何　　근래의 사업 어떻게 이루었나.
相觀取益誠眞趣　　살펴서 유익 취하니 진취가 있고

更把詩書好講磨 다시금 시서 잡아 강마 즐겼네.[72]

이 시에서는 관선을 취한 당호에서 보듯이 재생들이 『예기』의 「학기 學記」에서 취한 '서로가 본연지성을 잃지 않도록 살피는 것을 마摩라고 한다[相觀而善之謂摩]'를 목표로 삼아 서로가 학업을 연마하며 권장하고 있음을 알 수 있다.

허위許煒가 관선당에서 제생들과 읊었던 「관선당만영」이라는 시도 거재할 때 지은 것이다.

一榻相歡秋復春	탑상에서 서로 즐기며 가을 보내고 다시 봄인데
夫夫風表異今人	장부들의 풍채는 지금 사람과 다르네
易林著得還多苦	초연수焦延壽의 『역림』 저술 도리어 괴로움 많았는데,[73]
柯竹吹來正幾巡	채옹蔡邕은 대나무 피리로 분 것이 정히 몇 번인가.[74]
學道洞賓曾傲世	여동빈呂洞賓은 도를 배워 일찍이 세상을 피하였고,[75]
能詩魯直已傳神	황노직은 시를 잘하여 이미 그 정신을 전하였네.[76]

---

72) 李楨輔, 앞의 책, 권1, 「觀善堂示僉益」
73) 漢나라 초연수焦延壽가 『역림易林』을 지었는데, 총 16권으로 이루어져 있으며, 길흉을 점치는 법을 기술한 책이다. 그는 역을 맹희孟喜에게서 배워 경방京房에게 전했는데 경방은 『역전易傳』을 지었다고 한다.
74) 후한 때 채옹蔡邕이 가정관柯亭館에서 자는데, 그 집은 대나무로 서까래를 하였다. 그는 그 서까래를 쳐다보고 '좋은 대나무다.' 하고서, 가져다 피리를 만들었다."고 한다. 이육李陸의 『청파극담』에 "옛날 채백해蔡伯諧[蔡邕]가 강남江南에 피난하다가 가정柯亭의 서까래 대[椽木]을 가지고, 저를 만들어 보배로서 역대를 전해 왔다[昔蔡伯諧避難江南, 仰眄柯亭之椽木, 取以爲笛, 歷代傳寶之]."라는 말이 있다.
75) 呂洞賓은 당나라 道敎의 八仙 중의 한 사람이다. 그는 선인仙人이 되어 인간 세상에 다니면서 기이한 전설을 많이 남겼는데, 그 가운데 선검仙劍을 날려 그 검을 타고 洞庭湖를 지나갔다는 전설이 있다.
76) 魯直은 송나라의 시인 黃庭堅을 가리킨다. 노직은 그의 자이고, 호는 山谷道人이며, 蘇東坡의 문하에서 배웠다. 이 두 사람은 시풍이 비슷하고 성치적으로 불우했으므

且須張李權徐到　모름지기 장張·이李·권權·서徐 등 여러 벗 도착하고
兼速申韓酒入脣　신申·한韓도 속히 와서 함께 술을 마셨네.[77]

그가 낙육재에서 독서하면서 지난날의 초연수, 채옹, 여동빈, 황정견 등의 고사故事를 상기하고, 벗들을 상징하며 술잔 들이키는 모습을 시 구절에 고스란히 담고 있다. 시의 독창성을 보여준다. 여기서 말한 장· 이·권·서·신·한 등은 그와 함께 1894년에 거재하였던 장병조, 이상진[또 는 이길항, 이인표], 권봉수, 서경표, 신숙균, 한석관 등을 일컬었다. 비단 이들 6명뿐 아니라 함께 거재한 모든 사람들과 술잔을 기울이며 지었다 고 볼 수도 있다.

이근만은 낙육재 재우들과 창수한 것인데 시는 이러하다.

幸與諸君此地同　다행히 여러분들과 이곳에서 함께하며
論文樽酒兩情通　글 논하고 술 마시는 두 정이 통하였네.
一場名利浮雲外　한 마당 명리는 뜬구름 밖에 있고
百里家鄉暮雨中　백 리길 고향은 저녁 비 가운데 있네.
寸草久違春報志　작은 풀에 봄소식은 어긴지 오래 이고
仞山猶恐簣虧功　인산 만들 때 한 삼태기 흙 모자랄까 두렵네.[78]
滿庭啼鳥何心性　뜰 가득히 우는 새들 무슨 심성에서 그러는가
簾畔斜陽過屋東　발 밖 언덕의 석양빛은 동쪽 지붕 넘어가네.[79]

이 시에서는 거재생들이 평소 글을 논하면서 때로는 술잔을 들고 우

로 함께 소황蘇黃으로 병칭되는 경우가 많다. 저서로는 『山谷集』 등이 있다.
77) 許煒, 앞의 책, 권4, 「관선당만영」.
78) 『서경』의 여오旅獒에 "자그마한 행동이라도 신중히 하지 않으면 끝내는 큰 덕에 누를 끼칠 것이니, 이는 마치 아홉 길의 산을 만들 적에 한 삼태기의 흙이 부족하여 그 공이 허물어지는 것과 같다[不矜細行, 終累大德, 爲山九仞, 功虧一簣]."라는 말이 있다.
79) 李根萬, 『小峯集』(목활자본) 권1, 「樂育齋諸友唱酬」의 2수 중에서 둘째 시.

의를 다지는 모습과 고향 생각하며 학습에 매진하고 자연을 음미하는 일상이 잘 표현되어 있다.

거재를 마치고 이별할 때의 임별시臨別詩는 김용한, 이동간, 이정익, 이정두, 이상두, 곽성렴, 예대기, 이병운, 최정한, 김영수, 허위 등의 문집에 실려 있는데, 시를 보면 그간의 심회와 헤어짐에 대한 아쉬움이 담겨 있다.

낙육재에서 행하는 향음례는 존경, 겸양, 청결, 공경 등을 가르치며, 문풍을 장려하는데 목적이 있고, 정읍례는 학습과 예절을 강조한 것이다. 이러한 시를 읊은 사람들은 김이덕, 최남복, 손윤구, 민재남, 구연우, 우효설 등이다. 이 가운데 구연우의 시를 본다.

一省英才育此堂	영남의 영재들을 이곳에서 교육하여
習觀揖讓效鄒鄕	읍양하는 예절 보여 추로지향 본받았네.
吟歌節奏周身處	음악 절주하고 예를 갖춰 주선80)하는 곳
德業相規敬禮場	덕업 과실 권계하며 공경히 예우하는 장소였네
陪席棠軒終日樂	관찰사 모신 하루는 종일토록 즐거웠고
滿庭珠履好風光	훌륭한 빈객 뜰에 가득하여 풍광도 좋았네.
幸蒙賢使賓興道	다행히 어진 감사가 빈흥의 도81) 행하니
復覩南方敎化長	다시금 남방의 교화 길어짐을 볼 것이네.82)

이 시는 정읍례를 행할 때 작자가 관찰사 이호준李鎬俊의 시에 화운한 것이다. 정읍례를 통하여 낙육재 교육과 예절의 중요성을 역설하며, 관찰사의 풍모에 감화를 받은 사실을 표현하고 있다.

정사화의 「세모사징각송죽력주歲暮謝澄閣送竹瀝酒」는 세밑에 경상감

---

80) 정읍례에서는 재생들이 '揖讓周旋'을 행하였다.
81) 빈흥의 도는 선비를 높이 대접하고 천거하는 일이다.
82) 具然雨,『琴愚集』(석판본) 권1,「樂育齋庭揖禮席和李方伯[鎬俊]」.

사가 죽력주를 보내준 데 사례하는 시이다. 5-6구에서 "잔 기울인 궤안에는 거문고 서책 윤택하고, 술 취해 기댄 이불은 꿈속에도 향기롭네[傾來几案琴書潤 醉倚衾裯夢寐香]."라 하였으니, 관찰사가 보낸 죽력주에 취한 심중을 잘 표현하였다.

낙육재에서 강학할 때 관찰사와 창수한 것을 보면 민재남은 「봉차순상신공[석우]낙육재강학운奉次巡相申公錫愚樂育齋講學韻」의 3-4구에서 "이로부터 유학자로 중망 있었고, 영남에서 글 읽는 소리가 잡된 소리 경계했네[從此斯文重有望 山南絃誦戒音哇]."라고 하였다.

낙육재에서 학습할 때 허위는 「을미정조애석상공왕림육재乙未正朝藹石相公[趙秉鎬]枉臨育齋」의 5-6구에서 "관찰사가 임하여 예우를 후히 하니, 거리 아이들도 환성 지르기 넘쳤네[刺史躬臨優禮數 街童項領溢歡聲]."83) 라고 하였다.

낙육재에서 강독과 제술로 1년간 학업을 마치면 서로 헤어진다. 김영수는 3차례 선발되어 3년간을 거재하였다. 헤어질 때 시를 남겼다.

   從古人生恨別離 예로부터 인생은 이별을 한스러워하는데
   湖南湖北道之遠 호남호북 길은 멀구나.
   天使吾儕逢有緣 하늘이 우리들을 인연 있어 만나게 했으니
   三年毫墨共文苑 삼년 필묵으로 문원을 함께 했네.84)
    (이하 생략)

김영수는 3년 동안 거재할 때 재생들이 한 이불을 덮으며85) 벗으로 우의를 다졌고, 학문을 연마하며 강독·제술에 매진했음을 알 수 있다.

---

83) 許蔿, 앞의 책, 권3에 수록되어 있다.
84) 金永銖, 앞의 책, 권1, 「樂育齋別席拈杜詩'藍水遠從千澗落玉山高並兩峯寒'之句分韻得遠字吟贈」
85) 위의 인용한 시 중간에 "所恃百年在於前, 聯衾夜夜情夢穩."이라는 구절이 있다.

전규환이 낙육재에서 독서를 마치고 벗들과 이별할 때 지은 「관선당 우음觀善堂偶吟」을 살펴본다.

今夜幽齋客　오늘 밤은 그윽한 낙육재의 객인데
明日故鄕春　내일은 고향에서 봄을 맞겠지
莫言塵世事　세상살이 괴로움 말하지 말라
苦樂總由人　고생과 즐거움 모두 사람에게 매어있네
一毫生萬變　작은 일에도 만 가지 변화 일어나니
世道正難行　세상 도리 진정 행하기 어렵네.
白石淸川上　흰 돌 위로 흐르는 맑은 물가에서
無如養性情　성정性情 기르는 것만 못하리.[86]

낙육재 관선당에서 읊은 것으로, 작자가 낙육재에 선발되어 1년간 공부를 하다가 거재한 기간이 만료되어 고향으로 돌아갈 때 지은 시이다. 동연우同硏友들과 헤어짐에 따른 아쉬움이 표현되어 있다.

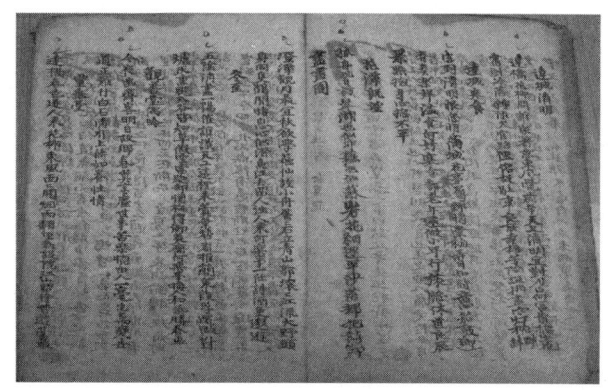

전규환, 소심정자설

그런데 위의 초고본 중심으로 출판한 『소심정문집小心亭文集』을 보면

---

86) 全奎煥, 『小心亭自說』(초고본), 「觀善堂偶吟」.

「관선당우음」이라고 되어 있던 시제를「관선우음觀善偶吟」이라 고치고 다음과 같이 개작하였다.

   今朝觀善客 오늘 아침은 선을 살피는 손님인데
   明日故鄕春 내일은 고향에서 봄을 맞겠지.
   莫言塵世苦 세상살이 괴로움 말하지 말라
   苦樂總由人 고생과 즐거움 모두 사람에게 매어있네.[87]

 시를 보면 간행본에서는 중간에 '당堂'자를 빼고 5언 절구로 축약하였다. 따라서 첫 구절의 '그윽한 낙육재의 객'이 '선을 살피는 객'으로 바꾸고 철학적으로 묘사하였다. 하지만 작자가 낙육재에 선발되어 책을 읽었던 사실이 묻혀버리고 만다.
 고종 20년(1883) 5월에 조강하趙康夏 감사에 의해 선발되어 이듬해 정월에 거재하였던[88] 이병운李柄運의 문집에는 다음과 같은 시가 있다.

   江梅欲放雪天寒 강가의 매화는 피려하고 눈 내린 하늘은 찬데
   卻把離懷脈脈看 문득 이별의 회포를 서로 정을 품고 바라보네
   三朔書燈守孤館 3개월 서재의 등불은 외로운 학관學館을 지켰고
   五更官角動羣巒 5경에 치는 관가의 고각鼓角 여러 봉우리 올리네
   城砧催臘家思倍 성城의 다듬이 소리가 섣달 재촉하니 집 생각 더하고
   驛路成泥客步難 역의 길은 진흙탕 이루니 나그네의 걸음 어렵네
   此別從今知隔歲 이 이별이 이제부터 해가 바뀜을 알겠으니
   峨山花月伴春闌 아미산의 꽃과 달은 봄과 함께 한창이겠지.[89]

---

[87] 全奎煥,『小心亭文集』(목활자본, 1937년) 권1,「觀善偶吟」.
[88] 이 때 선발된 15인은 李柄運을 포함하여 朴世明, 趙寅夏, 張龍甲, 芮大畿, 黃在基, 郭鍾健, 鄭鳳述, 田溶泰, 金斗河 呂昌會, 申泰魯, 秋桂煒, 禹昌植, 李柄洪 등이다.
[89] 李柄運, 앞의 책, 卷1,「樂育齋與朴舜明·趙允萬·張慶三·芮聖集·黃周八·郭可絢·鄭致

함께 거재하며 공부한 벗으로서 섣달이 되니 집 생각은 더하였지만, 막상 이별하는 순간을 맞으니 아쉬운 회포의 정이 배어난다.

낙육재생 이정효李廷孝(1832-1917)는 49세가 되던 1880년에 낙육재에 거재하면서 『퇴계선생문집』에 있는 시를 보고 「낙육재 독퇴계집 차자극궁감추시운樂育齋讀退溪集次紫極宮感秋詩韻」을 지어 감회를 읊었다.

  知非歲云徂 해 바뀌어 49년의 잘못 알게 됨은
  來者追可卜 미래에 돌이켜서 점칠 수 있겠네.
  世道升又沉 세상의 도는 떠오르다 가라앉고
  天運往而復 하늘의 운은 갔다가 돌아올 것이네.90)

이정효는 이 시를 통하여 지난 일들을 돌이켜 본 후 퇴계 이황의 삶을 생각하면서 앞으로 더욱 학문을 향상시키고자 다짐한 것이라고 본다.
시에 나오는 49세는 이백李白과 연관이 있다. 당나라 이백李白이 49세에 「심양자극궁감추작潯陽紫極宮感秋作」을 지었다. 5언 16句80字로 지은 것이다. 핵심 내용은 중반부의 4句가 되겠다.

  四十九年非 마흔 아홉 해의 잘못은
  一往不可復 한번 가면 돌이킬 수 없네.
  野情轉蕭散 야인의 마음은 쓸쓸하기만 한데
  世道有翻覆 세간의 이치에는 번복이 있네.

시제에서 인용한 감추시感秋詩는 『회남자』의 「원도훈」에 "거백옥은

顯·田杜甫·金而五·呂應天·申聖瞻·秋士沃·禹進叔·族兄士範臨別共賦」.
90) 李廷孝. 앞의 책, 卷1, 「樂育齋讀退溪集次紫極宮感秋詩韻」.

나이 50세에 49년의 잘못을 알았다[91]라는 고사를 취한 것이다. 이 말은 그 이전까지 자신의 삶과 행동을 돌이켜 보고 잘못을 후회함과 동시에 인격과 학문이 계속 향상됨을 뜻하는 것인데, 이 시에 차운한 사람들은 대개 나이 49-50세가 되었을 때 지었던 것이다.

이백李白의 이 시는 후대에 소식蘇軾, 황정견黃庭堅이 화운和韻을 하였고, 우리나라에서도 주세붕周世鵬, 이언적李彦迪, 이황李滉, 류성룡柳成龍, 이익李瀷, 이상정李象靖, 정종로鄭宗魯, 허훈許薰 등이 차운次韻하거나 또는 원운을 남겼다.

퇴계 이황이 지은 차운시를 본다.

四十九年非　마흔 아홉 해의 잘못을
知之莫再卜　알았으면 다시 점칠 것 없네.
世患累牽掣　세상 환란에 견제에 묶여도
時光迭往復　세월은 번갈아 오고가네.[92]

재생이 지은 문장의 경우, 1807년 윤광안이 낙육재를 중수하고 관덕당에서 향음주례를 행하였을 때는 최남복, 손윤구, 이정보 등이 행사의 서문을 지었다. 내용을 보면 선비를 우대하며 문풍을 장려한 윤 감사를 흠모한 글들이다. 이헌영李𨯶永이 향음주례를 행하였을 때는 서찬규가 「향음주례서鄕飮酒禮序」를 지었다. 그는 서문에서 관찰사 이숙李翻이 향음주례를 행한 이후로 윤광안, 이삼현李參鉉, 이헌영이 차례로 행하였다고 하였다. 또 이상두의 「낙육재수창시서樂育齋酬唱詩序」와 곽성렴의 「낙

---

91) 『淮南子』의 「原道訓」에 "蘧伯玉은 나이 50이 되었을 때 49년의 잘못을 알았다[蘧伯玉行年五十 而知四十九年之非]"라는 故事에서 취한 것이다.
92) 李滉, 앞의 책, 卷1에 실려 있는 「石崙寺效周景遊次紫極宮感秋詩韻[석륜사에서 周景遊(世鵬)가 '자극궁에서 가을을 느끼며'라는 시에 次韻한 것을 본받다]」.

육재창수록서樂育齋唱酬錄序」를 보면 김학성金學性 관찰사 때 선발된 데 대한 칭송과 자긍심이 담겨 있다.

윤인석의 「유낙육재서遊樂育齋序」에서는 팔도 가운데서 영남에 인재가 가장 많고 낙육재에는 영재들이 거재한다는 사실을 전제하며 지난 1807년 그 증조[尹秉恒, 개명: 秉顥]가 낙육재 재생으로 선발되고 향음례 때 주인찬主人贊을 맡아 소임을 다한 이후, 종조부 형제[尹容默, 尹甯默]가 이었고 자신이 선발되었으니 우리 집안의 문로는 나의 책임이라며 두려운 심경을 표하고 있다.93)

지덕붕이 지은「낙육재중건상량문樂育齋重建上樑文」을 보면 1857년 관찰사 조병준趙秉駿이 중건했음을 알 수 있다. 지덕붕의 「유사」를 보면 조병준이 그에게 낙육재 좌주座主를 맡겼다고 하는데94) 논리적으로 의문이 생긴다. 좌주는 재생을 선발하였던 감사에게 적용할 용어이기 때문이다.

낙육재를 마친 후 지난날을 회고하며 우의를 다지고자 했던 시를 찾을 수 있다.

이동간李東幹(1757-1822)의 「임신칠월기망여제우범주금호壬申七月旣望與諸友泛舟琴湖」는 1777년에 거재한 그가 15년이 지난 1792년 7월 기망旣望(16일)에 동연의 벗 여러 사람과 대구 금호강에서 동파 소식蘇軾(1036-1101)

---

93) 尹仁錫,『一庵文集』(목활자본) 권6,「遊樂育齋序」, "念昔純祖丁卯, 止軒尹相公[光顔], 延道內齒德, 行鄕飮酒禮於觀德堂, 時吾曾王考菊窩府君, 以妙年首居齋選, 贊相節文, 退與立齋鄭先生, 講心經大學於觀善堂, 繼而叔祖從兄弟公, 又居是齋而述是事, 一登齋堂以求. 夫吾家門路, 是吾之責矣, 而顧不肖寡陋, 安敢望紹述家事, 又敢望追遊於一省名勝之列哉."
한편 尹家默,『南豊集』(목판본) 권1,「送仁錫赴選樂育齋序」에서도 낙육재 재생에 선발된 再從孫 尹仁錫에게 菊窩[尹秉顥]를 언급하며 자긍심을 갖고 더욱 면려할 것을 당부하고 있다.
94) 池德鵬,『商山先生文集』(석판본) 권5 附錄,「遺事」에 "巡相趙公秉駿…重修樂育齋, 屬府君以樑頌, 薦府君爲座主, 義不可强辭."이다. 그런데「墓碣銘」에는 "趙公秉駿, 嘗按本道, 選士居齋"라 하였다.

의 「적벽부赤壁賦」를 연상하며 뱃놀이를 즐겼는데, 당시 낙육재의 재생 17인이 참여하였다.95) 그런데 20년이 흐른 1812년 7월 기망에 다시 옛날 낙육재의 여러 벗들과 금호강에서 「적벽부」를 연상하며 뱃놀이를 하였다. 이때 18명이 참석하였다.

> 壬戌壬申歲不同　임술년 임신년 해는 같지 않으나
> 赤江千載錦江東　금강 동쪽에서 천년 전 적벽 뱃놀이 했네.
> 三盃美酒紅霞酌　석 잔의 좋은 술은 신선 먹던 유하주流霞酒이니
> 一葉扁舟白髮翁　백발옹으로 하여금 일엽편주 타게 하네.96)

그는 시구의 말미에서 "지금 20년이 지났지만 호산湖山이 변하지 않았으니, 더욱 지난 일을 생각하는 회포가 있다."라고 주註를 달았다. 이들은 낙육재 동연同硏의 벗으로 소통을 하며 오랫동안 끈끈한 우정을 다진 것으로 보인다.

이광덕李匡德(1762-1824)의 「방이상사망도[정엄]訪李上舍望道[鼎儼]」는 1782년에 거재한 그가 지난날 함께 거재하였던 이정엄을 후일에 방문하여 정취를 담은 것이다. 이정엄李鼎儼(1755-1831)은 1782년에 28세의 나이로 낙육재에 선발되어 거재를 하였는데, 당시에 뽑힌 사람들이 모두 명석名碩이었지만 그 중에서도 더욱 명망이 있었다.97) 함께 거재한 이광덕과는 교분이 좋아서 이광덕의 문집에 여러 편의 글이 실려 있다.98)

---

95) 당시 참여한 낙육재의 벗은 安璜重, 朴亮源, 尹汝璜, 金敏喆, 李鷹燮, 李之發, 金尙元, 金履德, 金宗益, 徐櫶, 鄭錫洪, 曹肅明, 都必宅, 徐麟復, 徐八玉, 曹象奎, 李英鎭 등 17인이다.
96) 李東馪, 『砧山文集』(목판본, 1912) 卷1, 「壬申七月旣望 與諸友泛舟琴湖」.
97) 李廷佑, 앞의 책, 卷3, 「從兄進士農山公(李匡德)行狀」, "壬寅(1782)遊樂育齋, 齋中諸生, 皆一時名碩, 推公文雅寡默, 咸敬重之, 南廬李鼎儼, 尤同齋之望也. 最許情交, 到晚不絶詩疏."
98) 李匡德, 『農山先生文集』(목활자본, 1939)을 살펴보면 卷1의 詩에 「李上舍望道(鼎儼)

이들이 낙육재에서 작별한지 32년이 지난 1814년 8월에 이광덕은 경주 양동良洞의 이정엄을 방문하여 시를 지었다.

妙年蘭契自文房　묘년의 좋은 사귐 문방에서 비롯했으나
幾恨參商各一方　각지에 있으니 얼마나 삼상[99]을 한하였던가!
百里湖山書信阻　호산 백리로 서신은 막혔으나
十年雲樹夢魂長　꿈속의 넋은 십년동안 그리워했네.
淸秋邂逅驚衰髮　맑은 가을에 우연히 만나 쇠한 백발 놀랐는데
永夜絪縕叙舊膓　긴 밤 동안 얽혀 있던 옛 이야기 펼쳤네.
一宿高軒還作別　높은 집에 하루 밤 묵고 작별하여 돌아오니
滿汀霞露更蒼蒼　물가 가득히 젖은 노을이 다시 창창해지네.[100]

오랜 세월이 지나도록 그리워하는 옛정의 두터움과 함께, 늙어서 벗을 찾아가 회포를 풀며 정담을 나누다가 작별하는 정경이 아름답게 펼쳐지고 있다. 낙육재가 공부만 하는 곳이 아니라는 증서이기도 하다. 어쩌면 인맥형성의 계기가 더 큰 목적이었을 지도 모를 일이다.

재생의 시문 가운데 오록誤錄이 발견되기도 한다.

안경일安慶一(1724-1788)은 1750년에 거재하였는데 그의 문집에「포천유일소褒薦遺逸疏」가 있다.[101] 글을 보면 조현명 관찰사가 영남의 유일

─────────

」,「次李上舍望道贈別韻」,「又贈李望道」,「贈李上舍望道」(3首) 등이 있고, 卷2의 書에는「答李上舍望道」,「答李望道」,「與李望道」,「答望道」등이 있으며, 卷3의「南行日記」에서는 이광덕이 1814년 8월 4일과 8월 11일 두 차례나 良洞의 이정엄 집을 방문한 일이 있다. 그리고 이정엄은 이광덕이 졸하자 輓詞 1수를 지었다(卷4, 附錄). 다만 李鼎儼의『南廬遺稿』(도서출판 보문, 2008)를 보면 낙육재 선발·거재와 관련이 있는 글이 누락되어 있고, 이광덕과 교유한 내용도 실려 있지 않다.

99) 삼상參商은『春秋左傳』의 昭公 元年 편에 나오는 말로, 서로 멀리 떨어져 있는 것을 뜻한다. 參星은 동쪽 하늘에 있고 商星은 서쪽 하늘에 있어, 각각 뜨고 지는 시각이 틀리는 관계로 서로 만날 수가 없는 데서 유래된 것이다.
100) 이광덕, 앞의 책, 卷1,「訪李上舍望道(鼎儼)」.
101) 安慶一,『聾窩集』(목활자본) 권3,「褒薦遺逸疏」, 註를 보면 "代觀察使趙顯命撰"으

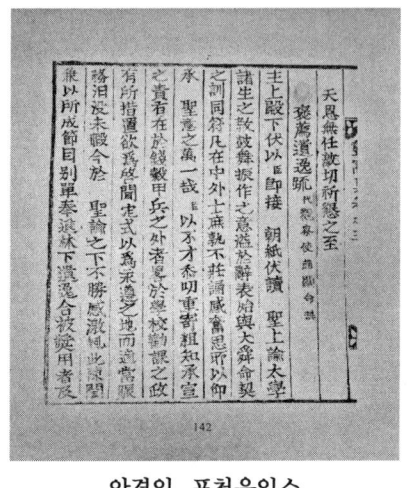

안경일, 포천유일소

遺逸을 조정에 천거하는 상소이다. 그런데 이 상소문의 주註를 보니, "관찰사 조현명을 대신하여 지었다."라고 되어 있다. 그가 태어나기 십수 년 전의 글이 되므로 잘못 이입된 것이다.

유동규柳東奎(1759-1828)는 1784년·1804년 두 차례 거재하였는데, 그가 두 사람의 관찰사에게 드린 「근정김방백[시형]謹呈金方伯始炯」과 「근정김방백[동필]謹呈金方伯東弼」이 있다.102) 고증해보면 그가 태어나기 훨씬 이전에 재임한 관찰사가 되므로103) 사실에 부합하지 않다. 문집을 편성할 때 대상 인물을 잘못 본 것 같다. 이처럼 본 낙육재 연구는 문집이나 시문의 진실을 찾는데도 기여하는 바가 크다.

(3) 산수 유람

재생의 여가 활동으로는 매년 봄·가을에 관찰사의 허락을 받아서 팔공산에 올라가 산수의 아름다움을 보고 즐기는 일이 있다.

팔공산에서 유상遊賞하는 일을 두고 낙육재의 아름다운 풍속이라 하였다.104) 대개 5~6일 동안 유람하면서 개인의 심신을 단련하고 시를 짓는 등 재생 상호간에 교분도 쌓았다.

로 되어 있다
102) 柳東奎, 앞의 책, 권1. 저자는 개명한 柳文奎로 되어있다.
103) 金始炯은 조현명 관찰사의 후임으로 1732-1734년에 재임하였고, 金東弼은 그보다 앞선 1724.3.-1724.9.에 재임하였다.
104) 崔廷翰, 앞의 책, 권2, 「遊八公山錄」, "樂育齋儒, 於公山之花辰楓節, 每年遊賞已成美俗矣."

팔공산을 유람하면서 재생들 간에 우의를 다지고 사물을 읊은 시가 있다. 유동규의「여낙육재동연우인유팔공산與樂育齋同硏友人遊八公山」(4명), 구연우의「여낙육재동연우유공산사與樂育齋同硯友遊公山寺」(7명), 윤봉주의「등가산암登架山巖」(13명) 등이 그것이다.

김영수는 기축년(1889) 여름에 본인 포함 12명이 수일간 휴가를 얻어서 팔공산에 유람한 시[105]를 남겼다. 시제詩題를 보면 해안解顔에서 길을 가던 도중에 향산암香山菴을 바라보며 지은 시, 염암念菴 뒤에 있던 일인석一人石에 대한 시, 파계사 야화夜話 때의 시, 소리재素履齋에서 지은 연구聯句 등이다.

정사화도「여육재제우공등팔공산與育齋諸友共登八公山」 8수를 남겼다. 시제詩題를 살펴보면 동화사, 부도암浮屠菴, 은해사, 안흥암安興菴, 백흥암百興菴, 운부암雲浮菴, 중암中菴, 동석動石[중암 뒤편에 있음] 등을 대상으로 삼고 있다.

최정한은 1880년 4일 24일부터 5일산 농연 제익同硏 諸益과 팔공산에서 유람하고「유팔공산록遊八公山錄」을 지었는데[106] 내용이 비교적 상세하다.

당시 참석자는 1887년에 선발된 최정한을 포함하여 송태흠宋泰欽, 우창식禹昌植, 구달서具達書, 여창회呂昌會, 우동식禹東軾, 조희우曺喜宇, 유환긍柳煥兢, 서석동徐錫東, 김진수金進銖[김영수], 서재전徐載典, 이정화李貞和[뒤에 도착] 등 12명(15명 중 3명 불참)이다. 2년이 지난 1889년 4월에 관찰사의 허락을 받고 유람한 것이다. 행로의 대강을 살펴본다.

---

105) 金永銖, 앞의 책, 권1,「己丑夏與齋中崔季鷹…諸益請暇數日遊八公山」.
106) 崔廷翰, 앞의 책, 권2,「遊八公山錄」.

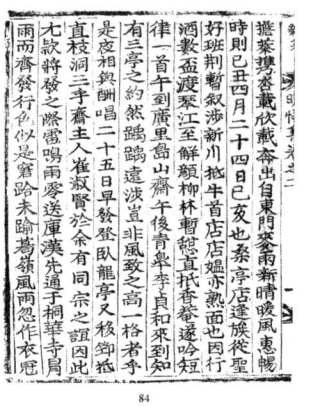
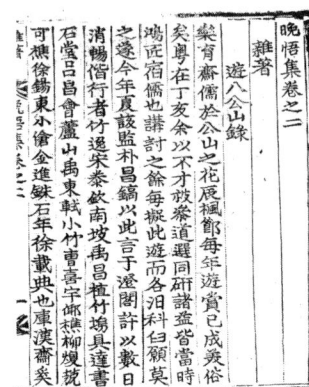

최정한, 유팔공산록

- 4월 24일 : 상정점桑亭店 - 신천新川 건너감 - 우수점牛首店 - 금강琴江 건너감 - 해안解顔의 유림柳林 - 향암香菴 - 광리廣里의 도산재島山齋 [이날 밤에 서로 酬唱함]

- 4월 25일 : 와룡정臥龍亭 - 직지동直枝洞의 삼호재三乎齋 - (천둥소리와 비바람 만남) - 목과점木果店 - 사송정四松亭 - 동화사 두월료斗月寮

- 4월 26일 : 불우佛宇를 두루 돌아다니며 자세히 살펴봄 [聯句를 지음]

- 4월 27일 : 봉서루鳳棲樓의 동미東楣에 동유록同遊錄 게시 - 부도암浮屠庵 - 내원암內院庵 - 염불암念佛菴 - (사방의 산에는 철쭉꽃이고, 온 숲에는 꾀꼬리 소리가 나니, 점입가경이라 이를만하다고 감탄.) - 일인석一人石[바위에 3자 새겨져 있음, 고려 태조 왕건 피난처] - 다시 부도암 - 부인동 강사夫仁洞講舍

- 4월 28일 : 농연서당聾淵書堂 - 용추龍湫와 유허비 관람 - 파계사 백화루(百花樓 : 20년 전 최정한의 독서 장소) [이날 밤에 서로

酬唱함]

4월 29일 : 동유록同遊錄을 법당 동벽에 기록 - 율림栗林 - 암간점巖間店 - 독좌점獨坐店[최정한 집 문전] - 봉무정鳳舞亭 - 압로정狎鷺亭을 지나서 낙육재에 들어가다[入齋]

낙육재 재생들이 매년 팔공산을 유람할 때는 대개 이러한 행로를 따르지 않았을까 추측한다.

전규환全奎煥(1832-1893)은 이돈영李敦榮 감사가 재임하던 1862년에 거재했던 사람이다. 그의 초고본 문집에 실려 있는 시는 팔공산에서 유람한 사실이 은연중에 드러난다.

暮抵三樂舍 해질 무렵 낙육재에 당도하여
悵望八公山 시름겹게 팔공산을 바라보았네.
山深人不見 산 깊어 사람은 보이지 않으니
知是在雲間 바로 구름 사이에 있음을 알겠네.[107]

이 시는 작자가 낙육재에서 독서를 마치고 귀향한 후에 함께 거재하였던 낙육재생들에게 서찰을 보내면서 지었다. 지난 날 낙육재 재생들과 함께 유람했던 팔공산을 바라보면서 지난날을 회상하고 있다. 과거 함께 공부했던 동연우에게 서신을 보냈다는 점에서 앞으로 소통이 지속되기를 바라는 뜻도 담겨 있다. 서찰의 내용은 지난 날 팔공산에 유람하면서 읊었던 시를 모아서 장첩粧帖하고자 하는 뜻을 전한 것이다.

그런데 그의 목활자본 『소심정문집』을 보면 내용이 다르다.

---

107) 全奎煥, 앞의 『小心亭自說』, 「贈樂育僉座書」

朝過三樂舍	아침에 낙육재를 지나서
午入八公山	점심 때 팔공산에 들어갔네
吾儕十有五	우리 열다섯 낙육재생들은
共與白雲間	다들 흰 구름 사이에 있네.108)

이 문집에서는 앞서 인용한 시의 운자韻字를 취하고 있지만 내용을 보면 실제로 팔공산을 유람한 것으로 되어 있다. 내용을 변개하여 간행한 것이다.

낙육재에서 공부하던 이형천李衡天, 이정익李鼎益, 서식徐栻, 유동규柳東奎, 이경순李景淳, 이익영李益榮 등 6명이 「1805년 여름에 낙육재에 거재할 때 동연의 여러 벗과 함께 현풍 유가사에서 놀면서」109)라는 시제로 지은 것으로, 이형천이 지은 「삼가 영헌공(김지대)의 판상운에 차운[謹次板上英憲公韻]」한 시를 본다.

倚仗尋山路	지팡이 의지하여 산길 찾아가니
何嫌未踞鞍	어찌 말의 안장을 싫어했는가.
林深啼鳥樂	숲은 깊어서 새는 지저귀고
山靜梵僧閑	산은 고요하여 스님이 한가롭네.
月照曇花裡	달이 우담화 꽃 속에 비치고
鐘鳴梵宇間	종소리는 절집 사이로 울리네.
携朋盤石上	벗들과 함께 반석 위에 오르니
靜聽松風寒	고요히 솔숲에서 부는 찬 바람소리 듣네.

고려의 문신 김지대金之岱(1190-1266)를 생각하며 비슬산의 산수와 유

---

108) 주후환, 앞의 『小心亭文集』 권1. 「與樂育齋諸益遊八公山」.
109) 李衡天, 앞의 책, 「乙丑(1805)[乙巳로 잘못 표기]夏 留樂育齋與同硏諸益 仕遊玄風瑜伽寺」. 이 문집에는 아래에 인용한 시 2수가 수록되어 있는데, 이형천의 시 외에도 5명의 시가 모두 부록에 실려 있다.

가사의 한적한 자연의 정취를 맘껏 느끼면서 지은 시이다. 시구에 고요함의 의미인 정靜과 사찰의 의미인 범梵 자를 두 번씩이나 넣어서 높은 산 속에 있는 고찰의 정적인 현상을 그려내고 있다.

또 이들은 유가사의 「취적루에서 차운[次翠滴樓韻]」110)한 시를 남겼는데, 이형천의 시를 본다.

    昨到瑜伽古寺中 어제 고찰 유가사에 도착하여
    相携團坐樹陰濃 손 맞잡고 나무 그늘 짙은데 앉았네.
    詩留壁上傳千劫 벽 위에 시를 새겨 천겁을 전하고
    峰出雲邊列萬重 구름 가에 솟은 봉우리 첩첩이 펼쳤네.
    洞裡飛霞僧掃榻 동네 속 나는 노을에 스님은 탑을 쓸고
    樓前淸響客聽鍾 누각 앞 맑은 울림은 객이 듣는 종소리네.
    今行滌盡塵間事 이번 길 속세의 일 깨끗이 씻어주는데
    誰續遊人去後蹤 노니는 사람 떠난 뒤의 자취는 누가 이어갈까.

동연우 6명이 그늘에 앉아서 비슬산의 우뚝한 봉우리를 바라보면서 심성을 도야하고, 유가사 종소리를 들으며 속세의 먼지를 씻고자 하는 등 자연과 동화된 심경을 표현하고 있다.

낙육재에서 함께 거재했던 유동규柳東奎, 김광섭金光涉, 정약광鄭約光, 박곤경朴昆璥, 곽명수郭明修, 홍익서洪益瑞 등이 뒷날 비슬산의 은적암隱蹟菴에서 공부하다가 석계石溪를 찾았을 때 각각 시 1수씩을 지었는데, 그 중에 김광섭의 시를 본다.

    自城行一舍 성城으로부터 30리를 지나가니
    瑟岳雨晴初 비슬산에는 비로소 비가 개었네.

---

110) 취적루는 유가사의 범종루梵鐘樓이다.

野犢歸新牧	들판의 송아지는 새 목장으로 돌아오는데
溪魚徙舊居	시냇가 물고기는 옛 살던 곳으로 옮겨가네
客遊三月久	객이 되어 노닐며 공부했던 3개월은 긴데
寺出半空虛	절은 높지 않은 허공에서 나오네.
欲問羅王蹟	신라왕의 사적을 묻고자 했는데
空留板上書	헛되이 판상에 시를 쓰게 되었네.[111]

이들은 1784년에 선발되어 낙육재에서 거재한 사람들이다. 거재를 마친 후에 다시 모여서 지은 것 같다. 뜻이 맞는 몇 사람이 모여서 유람을 하며 시를 짓는 것은 그 나름의 소통문화가 형성되는 것이다.

5) 한말 애국 계몽가

허원식, 구시정소(1880년 11월)

허원식許元栻(1828-1891)은 1864년 문과에서 장원급제하고 사간원 정언을 역임하였다. 구한말 위정척사를 주장하였다. 그는 상소에서 이서배吏胥輩의 중간 수탈과 세납 곡물을 운반하는 조선漕船의 선주가 저지르는 각종 부정행위가 있으므로 국왕을 비롯한 집권세력의 성리학적 가치관의 재정립을 요구하였다. 사치풍조가 극심하게 된 것에 대해서도 개항 이후에 부상富商들이 외국 상인과 곡물의 밀무역을 통해 외국의 사치품을 구

---

111) 柳東奎, 앞의 책, 卷1, 「與樂育齋友人金和之(光涉)·鄭東瞻(約光)·朴士澄(昆璊)·郭元德(明修)·洪子裕(益瑞)隱菴課餘訪石溪」

입하기 때문이라 지적하며 이를 엄금할 것을 주장하였다. 따라서 인천항의 개항을 극력 반대하였다.112)

박주대朴周大(1836-1912)는 1873년 진사에 입격하였는데, 1895년 을미사변으로 명성황후가 시해되자, 예천 사림이 그를 예천 의진義陣의 창의장으로 추대하였지만 신병이 있어서 사직하고「창의통유문」을 지어 유림에 발송하는 등 여러 의병을 지원하였다. 1910년에 일제가 우리나라를 강점하자, 시가詩歌로써 비분한 심회를 표현하였다. 그의 배일사상을 문인·자제들에게 심어 주어, 특히 그의 영향을 받아 항일운동에 활동한 사람으로 생질 김대락金大洛, 생질서 이상룡李相龍, 이중업李中業 등이 있다.113)

송은성宋殷成(1836-1898)은 1879년 진사에 입격하였다. 1884년 만언소萬言疏를 올려 9가지를 건의하였다. 균전均田[백성에게 전지를 고르게 나누어 줌], 입교立敎[교육을 세움], 조적糶糴[환곡 출납], 봉전封錢[화폐 유통 금지], 건중建中[모범을 세움], 고어固圉[변방 방비를 튼튼히 함], 설험設險[요해지를 설치함], 알도遏盜[도둑을 막음], 석복錫福[복을 내려 줌] 등이다.114) 그 가운데 균

송은성, 만언소(甲申三月封事)
(1884년)

전법은 관청에서 토지의 계권契券을 발급하여 토지가 많은 자에게는 더 사는 것을 금지하고, 토지가 적은 자에게는 더 사는 것을 허가하는 일종의 한전限田을 논한 새로운 토지제도였다.

황희수黃熙壽(1855-1923)는 1881년에 영남 유생들이『조선책략』을 공

---
112)『승정원일기』, 고종 17년(1880) 11월 11일 조 및 12월 17일 조
113) 朴周大,『羅巖隨錄』,《한국사료총서》, 국사편찬위원회, 한국사데이터베이스.
114)『승정원일기』, 고종 21년(1884) 3월 20일 조.

박하는 척사소斥邪疏를 올릴 때 참여하였다. 임오군란이 일어나자 다시 4조소四條疏를 올리려 하였으나 실현되지 못하였다. 1894년 낙육재 재생으로 선발되어 거재하였는데, 당시의 경상감사 이용직李容直과 경상감사 이중하李重夏가 황정荒政[흉년을 구제하는 정책]과 취사取士[인재 뽑는 일]에 대해 질문하자, 차례로 갖추어 답하니 사리에 합당하였다. 경상도가 남북으로 분리되어 1899년(광무 3)에 진주 낙육재를 창건할 때 경상남도 관찰사 조시영曺始永을 만나 재규齋規와 학칙을 논의하여 정하였다.115)

채헌식蔡憲植(1855-1933)은 1906년 3월 대구 낙육재가 철폐된 후, 대구 협성학교協成學校를 설립할 때 초대 교장을 맡았다.116) 그는 낙육재 소유 학전의 내역을 잘 알고 있었는데, 간리배姦吏輩가 속여서 점유한 것이 있었으므로 이를 환수하여 협성학교의 재원으로 삼았다. 1909년 12월 일진회一進會에서 한일합방론을 전개하자, 그는 대구 민인民人의 공동 대표로서 김태림金泰林, 서홍균徐興均, 백응칠白應七 등과 일진회를 성토하며 조속히 대역죄로 사법처리 할 것을 청하였다.117) 1918년에는 대구에 문우관文友觀을 창건하여 제생에게 강독과 제술을 권장하며, 춘추로 강회를 열어서 유학 문풍을 장려하였다.

안찬중安燦重(1860-1930)은 1896년에 각 읍에서 창의할 때 예안 의병장 이중린李中麟이 그에게 의진의 서기書記를 맡기니 일을 잘 처리하였다. 1908년 3월 재경 영남인사들이 창립한 교남교육회嶠南教育會에 참여하여 활동하던 그는 1908년 재정난으로 폐교 직전에 있는 동선면 가구리의 동양학교東陽學校를 김영갑, 이직열 등과 함께 재건하는 등 교육구

---

115) 黃熙壽, 『德菴文集』(목활자본) 권5, 李中轍 찬「행장」및《한국역사인물종합정보시스템》자료.
116) 蔡憲植, 앞의 책, 「附錄」, 〈家狀〉 참조. 협성학교는 뒷날 관립 대구고등보통학교로 명맥이 이어져 현재 경북고등학교로 계승되었다.
117) 『大韓季年史』 권9, 隆熙三年 조.

국운동을 전개하였다.118)

최곤술崔坤述(1870-1953)은 1906년 4월에 설립된 민중계몽단체인 대한자강회 회원이었는데 같은 해 7월에 고령군에서 입회 지원자 55명을 모아서 대한자강회 고령군 지회를 설립해 줄 것을 서울 본회에 청원하여 설립하였다.119) 대한자강회는 1907년 고종 황제의 퇴위와 순종 황제의 즉위를 반대하는 국민운동을 전개하였고, 친일 매국단체인 일진회一進會를 성토하였다. 이에 통감부는 1907년 7월 27일에 공포된 보안법 제2조의 규정을 적용하여 8월 21일 강제 해산시켰다.

이종희李宗熙(1878-?)는 1907년 1월 29일 대구 광문사廣文社 내 문회文會라는 특별총회를 열어 대동광문회大東廣文會로 명칭을 변경하고 국채보상운동國債報償運動을 결의하였다. 1907년 2월 17일 광문사 사장이자 대동광문회 부회장이던 김광제金光濟, 광문사 부사장 서상돈徐相敦, 대동광문회장 박해령朴海齡 등을 중심으로 국채보상운동을 위한 조직으로 금연상채회禁煙償債會와 대구민의소大邱民議所가 설립될 때 그는 김재덕金在德·장재철張相轍·도성호都性浩·이병두李柄斗·박광욱朴光郁·최응백崔應伯 등과 함께 금연상채회 평의원에 선임되었다. 금연상채회는 수창사에 국채지원금수합사무소를 설치하였고, 2월 21일 대구민의소 주최로 서문 밖 북후정에서 국채보상을 위한 군민대회를 개최하였다. 이후 「국채일천삼백만환보상취지서」가 『제국신문』과 『대한매일신보』에 실리면서 국채보상운동은 전국으로 확산되었다.120)

한편 이종희는 1924년 낙육재의 동문인 서석태徐錫台와 함께 『대구읍지』를 시의에 맞게 편찬하여 간행한 일이 있고,121) 최곤술은 그 선조 최

---

118) 〈교남교육회잡지〉, 11호, 1910.4.25.
119) 〈대한자강회월보〉, 제3호, 1906.9.25.
120) 한국학중앙연구원, 향토문화전자대전 및 『국채보상운동사』(대구상공회의소, 1997)
121) 徐錫台 李宗熙 등편, 『大邱邑誌』(연활자본, 1924년) 1책, 이 책의 판권지를 보면

치원의 『고운선생문집』을 편집하여 간행한 일이 있다.122)

이복래李福來(1867-?)는 대구 출신인데 1919년 영남 유림의 대표 곽종석郭鍾錫을 포함한 유교지식인 137명이 '파리평화회의에 보내는 글'[파리장서]을 보내어 독립청원 운동을 펼칠 때 연명을 하였다.123)

"저작 겸 발행자 徐錫台, 校閱者 李宗熙, 인쇄소 鮮一印刷所."로 되어 있다. 본래 낙육재생 蔡憲植·李柄達이 舊誌에서 添入하여 1908년에 편집한 것을 내용 추가하여 간행하였다.
122) 崔致遠, 『孤雲先生文集』(목판본, 1926년) 3권 2책, 책의 판권지를 보면 "편집 겸 발행자는 경북 고령군 우곡면 속동 321 崔坤述이고, 인쇄자는 밀양의 申泰亨이며, 발행소는 泗南書庄"으로 되어 있다.
123)《면우 곽종석 전시관》소장, 「呈巴黎平和會」문안 참조.

V. 낙육재 교육이 대구 교육 문화에 끼친 영향

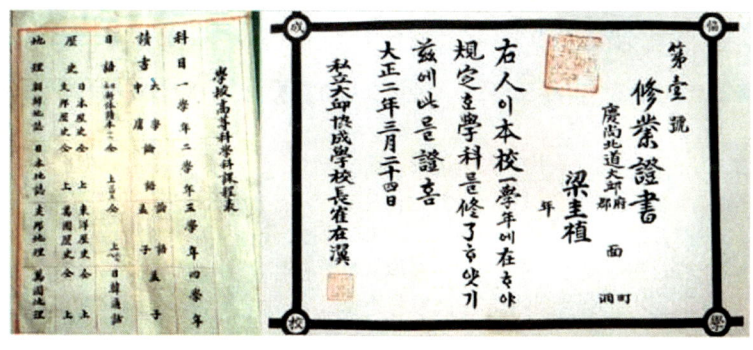

● 대구교육의 근원

낙육재는 1721년에 설립되었고 1896년에 경상도가 남북으로 나누어질 때는 경상남도 유생들이 학부學部에 청원함에 따라 진주晉州에서도 경상남도의 낙육재가 설립되었다.1) 이에 경상도에서는 대구 낙육재, 진주 낙육재 두 기관으로 양립되었다.

두 교육기관이 이와 같이 운영되다가 10년이 채 못가서 낙육재 교육에도 위기를 맞게 되었다. 1904년에 일본 사람이 대구 낙육재를 점거한 사건이 있었다.2) 당시 상황을 구체적으로 살펴본다.

> 慶北觀察使 李允用氏가 內部에 電報ᄒ되 日本 鐵道技師 大塚爲名人이 連請府下 在樂育齋許借나 公廨를 不可私借라 ᄒ야 不許ᄒ얏더니 自意奪入ᄒ고 逐送儒生아라 ᄒ얏더라.3)

《황성신문》 1904년 2월 13일자의 기사인데 일본의 철도기사가 부하府下에 있는 낙육재를 빌리고자 하여 허가해 줄 것을 잇달아 청하였으나, 공해公廨는 사사로이 빌려 줄 수 없다고 불허하니, 스스로 탈입奪入하여 유생들을 축송逐送했다고 하였다. 이러한 일제의 조선 전통교육에 대한 방해 공작으로 인하여 1906년 3월에는 봉상사奉常司 부제조 이필화李苾和가 신교육 제도 도입하여 소학교, 중학교, 대학교 등의 설치를 청

---

1) 진주 낙육재는 진주시 중안동에 설립되었다. 1897년에 경상남도관찰사로 부임한 조시영曺始永이 건립을 시작하였고, 후임 관찰사 이근용李根鎔이 1900년에 일을 마무리 하였다. 건립을 시작할 때는 하재구河在九가 「낙육재창건기」를 지었고, 마무리 할 때는 신기선申箕善이 「경상남도낙육재기」를 지었다. 1907년에는 진주 낙육재에 의무소義務所를 설치하여 국채 1,300만환을 상환하고자 모금운동을 전개하였는데 곽종석郭鍾錫을 의무소 회장으로 추대하였고, 다시 재생들이 동아개진교육회를 만들어서 항일 투쟁을 전개했다고 한다.
2) 채무식, 앞의 「樂育齋稟目」, "不幸昨冬, 本齋爲日人之所占, 世道重可慨也."
3) 《皇城新聞》, 1904년 2월 13일, 2면, 「逐儒自居」

하는 상소를 올렸는데, 이에 따라 같은 해 4월에 조서詔書를 내려서 실효 實效를 얻게 되었다.4)

이 시기 경상북도관찰사 장승원張承遠이 낙육재의 유생을 기르는 방도가 처음의 계획을 이어나가지 못하므로 연름 400금을 낙육재에 내놓기도 했다.5) 그러나 철폐를 막을 수는 없었다. 이에 낙육재는 대구부 남문 밖에 설립되어 185년간 존속하다가 마침내 1906년 3월에 문을 닫게 된 것이다.

낙육재 재생들은 관교육의 학문을 받은 당대의 신지식인으로서 자긍심을 가졌기에 일부이긴 하지만 낙육재 철폐 이후에도 문풍 발전을 위해 활동한 흔적이 뚜렷하다.

먼저 낙육재의 교육적 측면에서 살펴보면 1906년 대구의 낙육재가 철폐된 후 낙육재 재산으로 사립 대구협성학교大邱協成學校가 설립되었는데, 낙육재 출신 채헌식이 교장이 되었다.

협성학교는 옛날 낙육재 재원을 기용한 것이다. 부군[채헌식]이 낙육재에 거재하여 전토의 유래와 전말을 상세히 알고 있어서 또 피선[교장]되었고, 간리배가 속여서 점유하고 있던 전토를 환수한 후에 즉

---

4) 『조선왕조실록』, 광무 10년(1906) 3월 25일(양력)의 기사에 의하면 奉常司副提調 李芯和가 올린 상소에 "성균관을 대학교로 만들고, 서울에는 하나의 署에 각각 하나의 중학교를 설치하고 하나의 坊에 각각 하나의 소학교를 설치할 것이며, 각 郡에는 향교를 중학교로 삼고, 하나의 面마다 각각 소학교를 설치하며 … 소학교를 졸업한 사람은 중학교로 올라가게 하고, 중학교를 졸업한 사람은 대학교로 올라가게 해야 할 것입니다."하였는데, 얼마 후에 詔書를 내려서 實效를 얻도록 하였다.(동년 4월 17일조 참조)
5) 《皇城新聞》, 1905년 3월 6일, 4면, 「遞達察張承遠氏治蹟」, "樂育齋養士之道 不勝權輿 而捐廩四百金付與事" 장승원은 1904.9.13.부터 1905.2.26.까지 경상북도관찰사에 재임하였다. 신문의 기사는 관찰사에서 체직할 때의 업적인데, 재임 중에 400금을 낙육재에 기부한 것이다. 그의 아버지는 1841년에 낙육재에 거재한 장석룡張錫龍이다.

시 물러났다.[6]

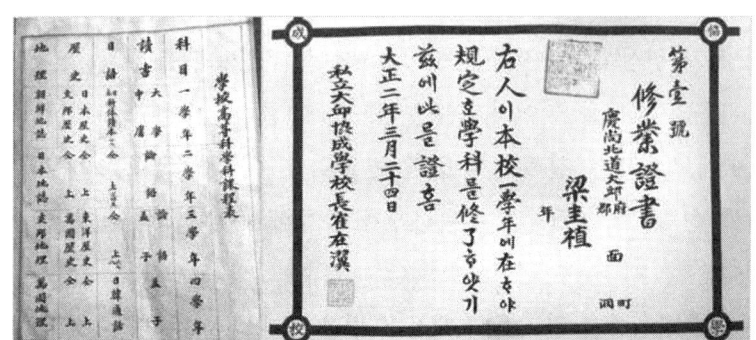

사립 대구협성학교 1913년 3월 수업증서(매일신문, 2016.05.12)

1913년 3월에는 최재익崔在瀷이 협성학교의 교장을 맡았는데 학제는 1학년에서 4학년까지이고, 교육 과목은 『대학』, 『중용』, 『논어』, 『맹자』 등 사서四書의 독서와 일어, 역사, 지리 등을 가르쳤다.

사립 협성학교는 1916년에 관립官立 대구고등보통학교大邱高等普通學校[7]로 명맥이 이어져 현재 경북고등학교로 계승되었는데,[8] 그동안 수많은 인재를 배출하여 각계각층에서 국가·사회의 중추적 역할을 한 사람이 많았다.

• 문풍계승

낙육재의 문풍계승 측면에서 살펴보자. 이 점은 전통 문화의 계승과 관련이 있다. 낙육재 철폐 후에 낙육재 출신 문인들이 지난날의 문풍을

---

6) 蔡憲植, 앞의 책, 「附錄」, 〈家狀〉, "協成學校, 起用舊樂育齋財源也. 府君以居樂育齋久詳其土田由來顚委故, 又被選而出還收其土田, 於姦吏輩所詐占而亦卽退."
7) 遠捨藏, 『慶北大鑑』(東京, 東京文化協會, 1936), 313쪽
8) 경북고등학교 연혁을 보면 1916. 5. 16에 관립 대구고등보통학교로 정식 개교하였는데, 학교 위치를 대구부 동본동으로 정하고, 舊 協成學校이던 대구향교 부속 건물을 수리하여 개교식을 거행했다고 하였다.

숭모한 나머지 1914년에 대구 상덕각尙德閣을 빌려서 강소를 설치하고 한 고을의 합강合講을 주도한 바 있다. 이들은 1918년 대구에 문우관文友觀을 지어 강독, 제술을 권장한 흔적이 보인다. 채헌식이 「문우관창건기」에서 명분으로 삼았던 글을 본다.

> 갑인년(1914)에 대구부의 남쪽에 있는 상덕각尙德閣에 향사鄕士들을 모았는데 모두 뜻을 같이하는 이들이었다. 상덕각도 또한 사림이 전현前賢을 존상尊尙하는 곳이고 소유한 토지와 전답도 모두 사림에서 나온 까닭으로 여론을 따라 본관本觀에 부속시키고 이어서 강소講所를 정했다. 그리고 각 면으로 하여금 월삭月朔[초하루]에 분강分講하게 하고 해마다 춘추로 한 고을이 본 관에서 합강合講하게 하여 규례에 따라서 시행하니, 거의 근래의 어지러운 물결이 되돌려질 기미가 있었다. … 아, 대구부는 한 도의 본보기가 되는 으뜸가는 지역이나, 낙육재와 양사재養士齋는 지금은 폐허가 되어서 선비들이 갈 곳을 잃어 돌이가 의지할 소상이 없는데 오직 이 문우관만이 높이 서서 혼미한 길에 방향을 알리는 표준이 되었으니, 어찌 다행이 아니겠는가.9)

기문을 보면 경술국치 후 문풍이 해이해진 때에 대구의 선비들이 강규講規를 적용하여 사문斯文을 일으키고자 1914년 대구의 상덕각에서 강독을 행한 것이다. 그러다가 낙육재 출신 채헌식을 포함한 관원들이 1918년에 네 칸 건물의 문우관을 신축하였다. 비용은 5천여 전錢 들었고

---

9) 蔡憲植, 앞의 책, 권5, 「文友觀創建記」, "歲甲寅會鄕士, 于府之南尙德閣, 皆同志也. 此閣亦士林尊尙之所, 而所有土田, 皆出士林故, 從輿議附于本觀, 因定講所, 使各面爲月朔分講, 每春秋爲一鄕合講于本觀, 遵行規例, 庶有回瀾之漸矣. … 噫! 達府是一省首善之地, 樂育養士兩齋, 今爲丘墟, 悵悵無依歸之所, 而惟此一觀, 歸然爲迷道之指鐵, 豈不幸哉."

비용 조달은 상덕사에서 기부한 돈과 관원觀員들이 성금을 낸 것이었다. 이 일에는 낙육재 출신 구달서具達書가 노고를 분담하였다.

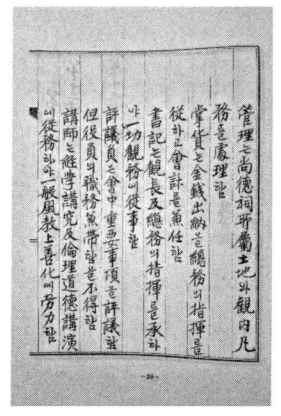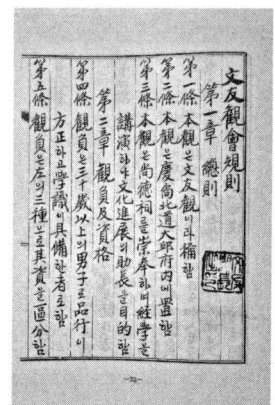

문우관 회 규칙

「문우관 회 규칙」10)의 주요 부분을 살펴본다.

- 총칙: 본관本觀은 경상북도 대구부 내에 치置함.
- 목적: 본관本觀은 상덕사尙德祠를 숭봉하며 경학經學을 강연하여 문화진전文化進展의 조장을 목적으로 함.
- 임원: 관장觀長(1), 부관장(1), 총무(1), 간사(3), 관리(1), 장화掌貨(1), 서기(1), 감사(2), 평의원(10), 강사講師(2)
- 강사 임무: 강사는 경학經學을 강구하고 윤리도덕을 강연하며 일반풍교의 선화善化에 노력함.
- 개정 부칙(1943년): 관내 사업으로 문우 국어강습회文友 國語講習會 설립함.

---

10) 金洪永 편, 『尙德祠文友觀志』, 문우관, 1993.

문우관은 상덕사에서 제향하고 있는 이숙李䎘(1626-1688)과 유척기兪拓基(1691-1767)의 숭봉 외에 경학을 강연하고 우리나라 문화를 발전시키는 데 목적을 두고 있다. 임원에 강사 2명을 두어 경학을 강구하고 윤리도덕 강연과 풍속 순화에 노력하도록 하였다. 그리고 1943년 규칙을 개정할 때는 국어강습회를 조직하여 일제 강점기임에도 전통문화 회복을 꾀한 사실에 주목할 필요가 있다.

대구향교에서는 1905년 3월 낙육재 철폐가 임박하던 시기에 강약소講約所에서 강회를 한 사실이 확인된다.11)

이 책의 강록講錄을 보면『대학』,『맹자』,『논어』,『중용』의 순으로 문목 하였다. 강에 참여한 사람은 서석태徐錫台[1903.1. 낙육재 거재], 이봉래李鳳來, 손무갑孫武甲, 양원갑楊元甲, 최의환崔義煥, 도상해都相海, 구문회具文會, 우동수禹東狩, 채하성蔡河誠, 윤태현尹台鉉, 유진하柳鎭河, 서재헌徐在憲, 양도화楊道華, 손윤모孫允謨[1905.11. 낙육재 선발], 박기동朴驥東, 이대휘李大輝, 최인崔𪎋, 전병권全柄權, 이신우李善雨[1905.11. 낙육재 선발], 남교준南教準, 정성환鄭成煥, 허웅許雄 등 대구 선비 22명이다. 당시 강장講長은 서만규徐萬奎이고, 직월은 도성호都聖浩·양재기楊在淇[1898.2. 낙육재 선발]가 맡았다.

이 책에 보인 강회의 한 가지 사례를 본다.

손윤모「논어」옹야 장孫允謨『論語』雍也章

◎ 문[질문]하기를, 지혜로운 이는 물을 좋아하고 어진 이는 산을 좋아한다. 라고 합니다. 지혜로운 이를 먼저 말하고 어진 이를 뒤에 말하는 것은 무슨 까닭입니까?[問 知者樂水 仁者樂山 先言知而後言仁何也].

---

11) 大邱鄕校 편,『大邱鄕校講約所講生問目』(필사본, 1905년), 국립중앙도서관 소장본

◎ 대[대답]하기를, 이를 살펴보면, 지혜로움을 먼저하고 어짊을 뒤에 한 것은 한쪽으로 말한 측면을 볼 수 있습니다. 그러나 이 어짊과 어짊을 편안히 여기는 어짊은 대략 등급과 구분이 있는 듯합니다. 『논어집주』에 지혜로운 이는 사리에 통달한 것이고 어진 이는 의리를 편안하게 여깁니다[按此先知後仁 可見其偏言 而此仁者與安仁之仁者 恐畧有等分 集註知者達於事理 仁者安於義理].

『논어』 '옹야 장'에서 질문한 사람은 강생 손윤모(1886-?)이고, 대답한 사람은 강장 서만규이다. 손윤모는 1905년 11월에 낙육재에 재생으로 선발된 사람이다. 대구향교 강약소에서는 이러한 방법으로 강회를 계속 진행해 나갔다.

대구향교 강약소의 강생 문답은 낙육재의 강독과 유사하다. 경서經書에 대한 심화 학습이라 하겠다. 이처럼 전통 문풍을 널리 펴고자 노력했으나, 1945년 광복 이후에는 신문물의 급격한 유입과 근대 교육의 서구적 가치관에 밀려서 점차 맥이 끊어지게 되었다.

VI. 결어

경상감영 낙육재는 경상도 인재를 양성하고 문풍을 진흥하고자 설립한 도 단위 관립 학교였다. 반계 유형원의 교육 개혁에 입각하여 제시한 영학營學을 수용한 것으로, 1721년 조태억이 설립하였다. 1730년 조현명이 중창한 후로는 학전이 마련되었고 절목이 제정되어 있어서 능력 있는 선비들이 대거 참여하도록 유도하였다.

필자는 낙육재 설립 당시의 절목의 내용, 장서의 성격, 학전의 규모와 운영비, 학습의 권장 도서, 강독과 제술 등을 구명하여 낙육재의 위상을 정립하고 교육 분위기를 파악하였다.

낙육재의 1781년 개인별 지급 내역을 보면, 재생 1인당 매일 반미飯米 2되와 부식비로 찬가饌價 1전, 진유眞油·남초南草[담배]·채소가菜蔬價 1전을 지급하고 춘하절기에는 점심용 반미 5합, 찬가 3분을 추가로 지급하였다. 이 외에 개인별로 지필묵가紙筆墨價, 5절일 등의 상채床債, 공도회 과거 등의 응시에 따른 과채科債 등을 지출하였다. 1807년에는 운영비가 증가되어 지필묵가는 1인당 5전에서 1냥으로 인상되어 학습에 매진토록 했고, 색리·고자·재직 등 관리 인력에게 삭하전을 신설하여 처우를 개선하였다. 이처럼 경상감영에서는 낙육재 교육 예산을 대폭 지원하여 인재 양성에 주력하였고, 연간 지출 비목을 통하여 재생을 매우 우대하였음을 확인할 수 있었다.

낙육재의 역사에 대해서는 주요 관찰사별로 시대 구분하고, 주도적으로 공헌한 6명을 설정하였다. 조태억은 낙육재를 설립할 당시의 배경과 시대상이 글을 통하여 투영되어 있었고, 조현명은 침체된 낙육재를 중창하여 절목[학규]을 확정하고, 대구를 포함한 도내 여러 곳에 토지[학전]를 마련하였으며, 영조로부터 도서 3종의 내사본內賜本을 받았다. 윤광안은 낙육재 중수와 함께 관선당, 장서각을 별도로 마련하고, 도서를 확충하였다. 당시 2,000여 냥이나 되는 연간 예산을 보면 낙육재생을 우대한 사실을 알 수 있었다. 엄세영, 조기하, 이헌영 등은 학교을 일으키고 인재를 양성하는 교육목표에 관심을 갖고 일조한 사실을 살펴볼 수 있었다. 학습으로 강독에서 재도載道의 서적을 중시한 것과 제술에서 경의經義에 근거한 순정하고도 아건한 문체를 강조한 사실도 확인할 수 있었다.

교육 의례로는 관찰사가 행한 것으로 문헌에 남아 있는 정읍례와 향음주례를 사례로 들어서 성격을 분석하고, 영남 문풍 진흥과 연관 있음을 살폈다.

인재 선발은 감영에서 시관試官을 선정하여 백일장을 열어서 선발하고, 관찰사가 면접을 하여 최종 선발하였다. 정원은 초창기에 30명을 뽑아 절반의 인원으로 1개월씩 교대로 학습하였다. 1800년경부터는 대체로 15명을 선발하여 1년간 관비官費 지출을 함에 따라 무료 숙식으로 거재하였다. 그러나 1902년부터는 대개 1개월 단위로 선발하여 1개월씩 거새하였다. 신교육이 대두되던 시기에 명맥을 유지하는 차원이었다. 일본인이 낙육재를 점거한 1904년 이후에는 임차한 건물에 낙육재 현판을 걸었으므로 교육을 제대로 수행하기가 어려웠다.

낙육재에서 편성한 자료는 6책 전하는데,『재록』[동연록] 2책은 선발·거재한 인명록이고,『강목강어』 2책은 강독 자료이며,『정읍강론록』 1책은 제술 및 정읍례 자료이고,『향음훈사』 1책은 1807년 향음주례의 의례를 기록한 것이다. 인명·강독 자료는 1872년부터 1905년까지 기록인데, 중간에 결락이 있다.

필자는 그간에 수집한 낙육재 동연생을 이번에 종합하였다. 영조·정조 연간 78명, 순조·헌종·철종 연간 108명, 고종 연간 319명 등 505명이다. 이 인원을 중심으로 살펴본 결과 다음과 같은 결론을 도출하였다.

낙육재는 경상감사의 인재 양성 의지에 힘입어 교육 예산이 비교적 풍족하고 교육여건이 좋았다. 따라서 한 번 지원하는데 그치지 않고 수차례 선발되어 거재하기도 하였으니, 선발자를 거재 횟수별 살펴보면 1회 368명(72.87%), 2회 103명(20.39%), 3회 27명(5.35%), 4회 7명(1.39%) 등 505명이다. 이를 연인원으로 환산하면 683명이다. 2~4회 선발되어 거재한다는 것은 경상도 유생들이 낙육재 선발·거재하는 것을 영예롭게 여겼다는 뜻이다.

낙육재 거재자를 연령별로 살펴보면 15세에서 73세까지 다양하였다. 그 중에서 30대가 가장 많고, 다음이 20대이며, 그 다음이 40대이다. 낙육재가 기초 학습기관이 아닌 연학硏學의 교육기관임을 입증해주고 있다.

낙육재 거재자를 지역별로 살펴보면, 경상도가 남북으로 분리되기 이전인 1732년부터 1895년까지는 71개 고을 가운데 57개 고을의 선비 407명이 참여하였다. 그 가운데 대구가 59명으로 가장 많고, 청도 18명, 경주 15명, 안동 13명, 영천 11명, 상주·울산·칠곡이 각 10명의 순이었다. 1896년 경상도가 남북으로 분리된 시기부터 1906년까지의 경상북도에서는 20개 고을에서 98명이 참여하였다. 대구가 56명으로 가장 많고, 칠곡 7명, 하양 4명의 순이었다. 전체 505명 가운데 대구가 115명이므로 영학의 소재지라는 지역적 혜택을 가장 많이 본 것이다.

재생들 가운데 문집을 남긴 사람 80명을 확인하였다. 이들이 남긴 낙육재 관련 글은 시 작품이 많다. 거재할 때 재생들이 시구를 번갈아 지었던 연구聯句, 학습한 시제의 차운次韻, 독서·사물·계절을 읊은 것 등 다양하였다. 관찰사와 송별할 때의 전별시餞別詩, 동연우와 이별할 때의 임별시臨別詩 같은 것이 여러 편이었고, 향음례·정읍례를 행할 때 읊은 것도 더러 있다. 관찰사가 술을 보내준데 사례한 시에서는 취중의 정감이 배어난다. 낙육재 이건할 때의 시에서는 남의 집을 빌려서 낙성해야만 했던 1904년 시대상이 그려져 있다.

재생의 문장으로는 낙육재 건물을 신축 또는 중수할 때 지은 기문을 포함하여 상량문, 각종 서문, 유록遊錄 등이 있는데 낙육재를 이해하는데 도움이 되는 글이다. 한편 재생의 글 가운데는 사실과 부합하지 않는 오록誤錄이 나타나기도 하였다. 세월이 지나서 편집한 문집의 글임을 감안하면 고증이 잘못되었을 것이다.

재생 가운데는 구한말 애국 계몽의식을 지닌 사람이 있었다. 위정척사를 주창한 허원식, 의병 항쟁한 박주대, 우국 의식을 보인 송은성, 유풍을 지키고자 진력한 황희수, 대구 협성학교·문우관 등을 설립한 채헌식, 의병활동과 교육 구국운동을 한 안찬중, 대한자강회 지회 설립을 주도한 최곤술, 1907년 대구에서 시작된 국채보상운동國債報償運動에 주도적으로 참여한 이종희, 파리장서에 연명한 이복래 등인데, 그 나름대로 성력을 다하여 낙육재를 빛내기도 하였다.

근대 계몽사상가인 해학 이기(李沂, 1848-1909)는 「낙육재중수기」에서 말하기를 "영남의 지명인사들은 이 곳 출신이 많았다."라 하였으니, 경상감영에서 영남 인재를 양성하는데 크게 기여한 사실을 입증할 수 있었고, 낙육재 동연생들도 1721년 설립부터 1906년 3월 철폐 때까지 영남의 문풍을 일으키는 데 많은 역할을 하였다.

낙육재 교육이 대구 교육 문화에 끼친 영향을 살펴보면 먼저 낙육재 재원으로 협성학교를 창립하여 신교육을 담당하기도 했다. 협성학교는 그 후 관립 대구고등보통학교로 이어져서 현재 경북고등학교로 계승되어 많은 인재를 배출하였다. 다음으로 채헌식을 포함한 재생들이 대구시 남산동에 문우관을 세워서 문풍을 전하고자 노력하였다. 문우관에서는 우리나라 문화를 발전시키는데 목적을 두고 있으며, 임원에 강사 2명을 두어 경학을 강구하고 윤리도덕 강연과 풍속 순화에 노력하도록 했다.

그리고 1943년에는 국어강습회를 조직하여 일제 강점기임에도 전통문화 회복을 꾀한 사실을 확인할 수 있었다. 또한 대구향교에서는 강약소講約所에서 강회를 하였는데 당시의 강생 문답은 낙육재의 강독과 유사한 것으로, 경서經書에 대한 심화 학습이었던 것이다.

이번 연구에서 필자는 낙육재 동연생을 각종 문헌에서 683명(실 인원 505명)을 수집하여 조선시대 경상도 공교육의 '영학 동연파營學 同研派'라는 새로운 인적자원을 확인했다는 점에서 의미가 있다. 이들은 현대적 의미로 경상도 엘리트층이다. 〈부록 1〉에 683명의 낙육재 동연록을 수록하였으니, 앞으로 인명의 활용을 기대해 본다.

아울러 〈부록 2〉에는 근대에 확인된 낙육재 도서목록을 수록하였으니 재생들이 학습하였던 도서의 성격을 이해하는데 도움이 되게 하였다.

또한 〈부록 3〉, 〈부록 4〉에서 낙육재『재록』의 원문 영인본을 수록하여 입증자료로 삼았다.

이 글을 마치면서 필자가 바라는 것은 그간에 낙육재가 조선후기 영남 최고의 학술의 전당으로써 지방교육의 발전에 크게 기여했다는 점에서, 행정당국에게 낙육재 복원 계획을 수립하도록 요청하고자 한다.

장소는 옛 낙육재 터의 인근인 지금의 대구광역시동부교육지원청 부지 한 켠 일부를 분할하여1) 관선당觀善堂·장서각藏書閣, 좌재左齋·우재右齋 등의 옛 낙육재 시설을 종합할 수 있는 상징성 있는 낙육재 건물 1동이라도 복원한 후, 우리나라 전통 윤리교육, 인성 재교육 등을 수행하고, 소통의 장으로 활용되었으면 한다. 이를 실현하기 위해서는 관계 당국의 적극적인 논의와 협조가 필요할 것이다.

---

1) 대구광역시 중구청에서는 2021년에 대구광역시 중구 관덕정길 35에 소재한 대구광역시동부교육지원청 북쪽 벽면에 '낙육재 옛터' 안내판(필자의 글)을 부착한 바 있다.

Ⅵ. 결어 195

낙육재 옛터 안내판
(대구광역시동부교육지원청 북쪽 벽면)

그리고 대구광역시립중앙도서관에 소장되어 있는 『근사록집해』, 『어정대학류의』 등 내사본을 포함한 옛 낙육재 도서 8백여 책은 문화유산이 되므로 대구광역시 유형문화유산으로 지정하여 보존할 필요가 있다.

참고문헌

樂育齋 편,『鄕飮訓辭』(필사본, 1807년) 1책.
樂育齋 편,『齋錄』(필사본, 1872-1886년) 1책.
樂育齋 편,『詩賦[齋錄]』(필사본, 1902-1905년) 1책.
樂育齋 편,『綱目講語』(필사본, 1895년) 2책.
樂育齋 편,『庭揖講論錄』(필사본, 1898년) 1책.
樂育齋生 편,『樂育齋科詩集』(필사본, 1892), 1책.

慶尙監營 편,『嶺營事例』(필사본, [1841년]), 대구가톨릭대학교 도서관 소장본
郭溟翰,『東湖遺稿』(필사본), 계명대학교 동산도서관 소장본
郭聖濂,『龜陽集』(필사본), 대구교육박물관 소장본(2023년 구입)
郭潚 편,『俛宇先生年譜』(石版本)
具然雨,『琴愚集』(석판본. 1933년)
權相一,『淸臺先生文集』(목판본)
權相一,『淸臺日記』《국사편찬위원회, 한국사데이터베이스. 한국사료총서》
金聖鐸,『霽山先生文集』(목판본, 1893년)
金永銖,『晩山文集』(석판본)
金龍翰,『念睡軒文集』(목판본)
盧相稷,『小訥先生文集』(목판본)
『大邱郡邑誌』(필사본, 1899), 계명대동산도서관 소장본
『大邱府邑誌』(필사본. 1899년), 서울대학교 규장각 소장본(10838)
『大邱府邑誌』(필사본. 1907년), 서울대학교 규장각 소장본(10810)
大邱鄕校 편,『大邱鄕校講約所講生問目』(필사본, 1905년), 국립중앙도서관 소장본(한고朝27-25)
國史編纂委員會,『大韓季年史』, 1957.
閔在南,『晦亭集』(木活字本)
朴周大,『羅巖隨錄』,《국사편찬위원회, 한국사데이터베이스. 한국사료총서》
徐命膺,『保晩齋集』(聚珍字本, 1838년)
徐錫台·李宗熙 등 편,『大邱邑誌』(연활자본, 1924년)

『세종실록』133권,「五禮」
孫綸九,『省齋文集』(목판본)
孫翊龜,『石間遺稿』(필사본), 계명대학교 동산도서관 소장본
申箕善,『陽園遺集』(필사본), 서울대학교규장각 소장본
申綽,『石泉遺稿』(필사본, 1938)
申昌朝,『籠潭集』(목활자본)
安慶一,『聾窩集』(목활자본)
呂相琪 編,『嶺南文苑』(연활자본, 1972)
『輿地圖書下』(한국사료총서, 제20집)
禹熙容,『又春遺稿』(필사본), 국립중앙도서관 소장본
柳東奎,「肅齋逸稿」(柳道善 編,『屛湖世稿』(석판본, 1937)
柳正源,『三山先生文集』(목판본)
柳馨遠,『磻溪隨錄』(목판본, 1770년)
尹家默,『南豊集』(목판본)
尹鳳五,『石門集』(목판본)
尹游 편,『平壤續誌』(목판본, 1730)
尹仁錫,『一庵文集』(목활자본)
李匡德,『農山先生文集』(목활자본, 1939)
李光庭,『訥隱先生文集』(목판본, 1808)
李根萬,『小峯集』(목활자본)
李肯翊,『練藜室記述』(연활자본, 1912)
李沂,『국역海鶴遺書』,《국사편찬위원회, 한국사데이터베이스》
李德壽,『西堂私載』(필사본)
李敦榮 편,『希顯堂聯句』(필사본. 1841)
李東馦,『砧山文集』(목판본, 1912)
李東汲,『晚覺齋先生文集』(목판본)
李萬敷,『息山先生續集』(목판본, 1813)
李柄運,『兢齋文集』(목활자본, 1942)
李參鉉,「鍾山集抄」(국사편찬위원회,『한국사료총서8』, 1958)
李尙斗,『雙峯集』(목활자본)
李象靖,『大山先生文集』(목판본)
李裕元,『林下筆記』(필사본), 서울대학교규장각 소장본
李楨輔,『寒松齋先生文集』(목활자본)

李廷佑, 『所庵先生文集』(목활자본, 1920)
李鼎益 저, 황의열·최석기 역주, 『교감국역 甘華集』, 1998.
李廷孝, 『後松遺集』(목활자본)
李鑴永, 『敬窩漫錄』(필사본), 국립중앙도서관 소장본
李鑴永, 『敬窩輯略』下《국사편찬위원회, 한국사료총서》
李衡天, 『菊籬遺稿』(필사본), 李鍾海 씨 소장본
李滉, 『退溪先生文集』(목판본)
張錫龍, 『遊軒先生文集』(목판본)
全奎煥, 『小心亭自說』(초고본), 계명대학교 동산도서관 소장본
全奎煥, 『小心亭文集』(목활자본)
全羅監營 편, 『全羅監營誌』(필사본. 1789)
正祖, 『弘齋全書』, 「日得錄」《한국고전종합DB》
鄭道傳, 『三峯集』(목판본, 1791)
鄭宗魯, 『立齋先生文集』(목판본)
鄭玄(漢) 注, 『儀禮』(목판본), 「鄕飮酒禮」
趙龕秀, 『東厓集』(목판본)
趙泰億, 『謙齋集』(필사본)《한국문집총간》
趙顯命, 『歸鹿集』(필사본)《한국문집총간》
朱熹(宋), 呂祖謙(宋) 共撰, 『近思錄集解』(목판본)
池德鵬, 『商山先生文集』(석판본)
蔡武植, 『訥軒文集』(석판본)
蔡憲植, 『後潭文集』(석판본)
崔南復, 『陶窩先生文集』(목판본)
崔廷翰, 『晩悟集』(목활자본, 1928), 국립중앙도서관 소장본
崔致遠, 『孤雲先生文集』(목판본, 1926)
崔興遠, 『百弗庵先生文集』(목판본)
河範運, 『竹塢先生文集』(목활자본)
河在九, 『渭叟集』(목판본)
海州郡 편, 『海州誌』(필사본, 조선후기)
許元栻, 『三元堂文集』(목판본, 1915)
許煒[許煐], 『海村遺稿』(필사본). 錦南 許鋧 소장본
洪경, 『我室遺稿』(필사본), 계명대학고 동산도서관 소장본
黃在瓚, 『梧堂詩文集』(석판본)

黃熙壽, 『德菴文集』(목활자본)《한국역사인물종합정보시스템》

경북대 영남문화연구원 편, 『事例Ⅰ, 慶尙監營』, 경북대학교출판부, 2009.
경북대 영남문화연구원 편, 『嶺營日記. 嶺營狀啓謄錄』, 학민문화사, 2004.
逵捨藏, 『慶北大鑑』, 東京, 東京文化協會, 1936.
金洪永 편, 『尙德祠文友觀志』, 문우관, 1993.
남권희, 「경상감영 간행본과 낙육재 소장서책 분석」, 경북대 영남문화연구원, 『경상감영의 종합적 연구』, 2004.
대구상공회의소 편, 『국채보상운동사』, 1997.
대구시립도서관 편, 『藏書圖錄 ; 日本語圖書·漢古籍 및 西洋圖書 篇』, 1977.
동국대학교 경주도서관, 『蘇湖文庫目錄』(李相杰先生 寄贈圖書), 2001.
烏川鄭氏 門中 편, 『橫溪書堂記』, 2006.
柳鐸一, 『영남지방 출판문화 논고』, 세종출판사, 2001.
이성심, 「조선후기 지방교육 연구」, 한국교원대학원 박사학위논문, 2017.
『仁川李氏大同譜』(2004년), 恭度公派.
장인진, 『영남 문집의 출판과 문헌학적 양상』, 계명대학교출판부, 2011.
장인진, 「영남 낙육재 고 - 특히 영남지방의 도서관적 기능과 그 효시로서」, 대구시립도서관, 『圖書館報』, 3호(《대구광역시통합도서관》〉통합도서관〉발간자료〉圖書館報, 제3호), 1978.
장인진, 「경상감영의 낙육재 교육에 대하여」, 계명한문학회, 『漢文學硏究』 8집, 1992.
장인진, 「경상감영 낙육재의 교육과 문화 소통」, 경북대학교 영남문화연구원, 『嶺南學』 20호, 2011.
장인진, 「경상감영 낙육재의 교육문화와 재생」, 계명한문학회, 『漢文學硏究』 23집, 2014.
장인진, 「경상감영의 인재 선발과 낙육재 동연록」, 계명대학교 한국학연구원, 『한국학논집』 93집, 2023.
장인진, 「조선조 문인의 육방옹시 수용에 대하여」, 계명한문학회. 『漢文學硏究』 6집, 1990.
趙婷化, 「朝鮮朝後期 嶺南官板本에 관한 硏究」, 성균관대학교 대학원 박사학위논문, 1996.
최재욱 편, 『망국의 한』, 동화출판사, 1999.

〈교남교육회잡지〉 11호, 1910.4.25.
〈대한자강회월보〉 제3호, 1906.9.25.
《독립신문》. 1899년 9월 30일. 4면. 「락육지의 둔토」
《皇城新聞》. 1904년 2월 13일
《국사편찬위원회, 한국사데이터베이스》(https://db.history.go.kr/)
《승정원일기》(https://sjw.history.go.kr/)
《조선왕조실록》(https://sillok.history.go.kr/)
《한국고문헌종합목록》(https://www.nl.go.kr/korcis)
《한국고전종합DB》(https://db.itkc.or.kr)
《百度百科》(인터넷자료)
《維基文庫 自由的圖書館》(인터넷자료)
《면우 곽종석 전시관》 소장, 「呈巴黎平和會」

〈색인〉

〈ㄱ〉

가례家禮 58
각봉장閣奉藏 78
갈입방葛立方 62
감화문집甘華文集 139
강내상姜來相 110 136
강독講讀 40 60 90 97 118 162 185 190 194
강목강어綱目講語 5 61 63 118 191
강소종康紹宗 59
강필구姜必龜 103
강필호姜必祜 103
강필효姜必孝 100 101 102
겸와유고謙窩遺稿 139
겸재집謙齋集 29
경와집략敬窩集略 109
경학지사經學之士 28
경현록景賢錄 49 50
고윤식高允植 141
고재문집古齋文集 142
고재선생문집顧齋先生文集 138
공거사목貢擧事目 12 18
공거제貢擧制 12 21
공도회公都會 25 36 55 56 57
공령功令 13 39 43 44
공전貢錢 55
과강절목課講節目 35
과체科體 65
곽명수郭明修 175
곽명한郭溟翰 103
곽성렴郭聖濂 140 148 158 161
곽종석郭鍾錫 180 182 199
관문關文 32 36
관선당觀善堂 13 75 89 158 194
관선당기觀善堂記 75 142
관선당수즙기觀善堂修葺記 82 84 142
관풍각觀風閣 114

광문사廣文社 179
괴와문집愧窩文集 139
교남교육회嶠南敎育會 178
교선지제敎選之制 18 34
교임校任 31 33 34
구달서具達書 171 186
구도口到 42
구문회具文會 187
구상춘具祥春 146
구양집龜陽集 140 158
구연우具然雨 141 161 171
구영규具永奎 96
구장具樟 103
구하서具夏書 71
국괴연방집菊槐聯芳集 139
국리유고菊籬遺稿 139
국채보상운동國債報償運動 179 193
권상하權尙夏 50
권익權翊 140
권재고權載皐 71 141
권학절목勸學節目 15 31 33 35 60
균곡유고筠谷遺稿 141
근사록近思錄 35 41 45 58 59 60 78 82 107
근사록집해近思錄集解 46
금동렬琴東烈 142
금사유집錦沙遺集 142
금애유고錦涯遺稿 140
금연상채회禁煙償債會 179
금와유고琴窩遺稿 138
금우집琴愚集 141
긍재문집兢齋文集 141
기명器皿 29
김광섭金光涉 175
김광제金光濟 179
김대락金大洛 177
김두현金斗鉉 63
김병우金炳愚 114

김보균金普均 146
김봉희金鳳喜 139 148
김상헌金尙憲 50
김상현金商絢 110
김상휴金相休 151
김석룡金錫龍 65
김성탁金聖鐸 30 35 131 138
김성희金成喜 81 95
김수증金壽增 50
김안국金安國 107
김영수金永銖 82 141 161 162 171
김영제金寧濟 87 88
김용한金龍翰 138 154 161
김이덕金履德 139 161
김재덕金在德 179
김재명金再鳴 139
김점운金漸運 103 139
김지대金之岱 174
김진규金鎭圭 50
김태림金泰林 178
김평묵金平默 69
김학성金學性 144 167
김한영金翰永 146
김휘철金輝轍 140

〈ㄴ〉
나암유고羅巖遺稿 140
낙육재과시집樂育齋科詩集 71
낙육재상량문樂育齋上樑文 30
낙육재서책목록樂育齋書册目錄 150
낙육재시첩樂育齋詩帖 145 146
낙육재장서각명樂育齋藏書閣銘 76
낙육재절목樂育齋節目 27 28 31
낙육재절목서樂育齋節目序 27
낙육재중수기樂育齋重修記 80 193
난석문집蘭石文集 139
난초유고蘭樵遺稿 139
남계문집楠溪文集 140
남공철南公轍 151 152
남교준南敎準 187

남려유고南廬遺稿 138
남용익南龍翼 50
남초南草 56 190
남태량南泰良 116
남한모南漢模 103
남한후南漢厚 103
녹봉집鹿峯集 142
농담집籠潭集 121 138
농산선생문집農山先生文集 138
농연서당聾淵書堂 172
농와집聾窩集 138
눌헌문집訥軒文集 142

〈ㄷ〉
단봉집丹峯集 141
대구고등보통학교大邱高等普通學校 178 184 193
대구균세소大邱均稅所 85
대구민의소大邱民議所 179
대구협성학교大邱協成學校 183 184
대동광문회大東廣文會 179
대상야어對床夜語 62
대학大學 35 37 41 45 58 68 78 94 132 147 184 187
덕암선생문집德菴先生文集 142
도대주都大籌 139
도산재島山齋 172
도상해都相海 187
도성호都性浩 119 179 187
도연명陶淵明 68
도와선생문집陶窩先生文集 139
도회소都會所 36
도훈장都訓長 31 32 33 37 132
독법讀法 41 90 93 96 101 103
독서당讀書堂 5 14 45
동애집東厓集 141
동양학교東陽學校 178
동연파同研派 8 194
동정일기東征日記 150
동호선생문집東湖先生文集 141

두월료斗月寮 172
등왕각서滕王閣序 70

〈ㄹ〉
류성룡柳成龍 166
류치명柳致明 100 102

〈ㅁ〉
만산문집晩山文集 141
만산유고晩山遺稿 141
만오집晩悟集 141
매산집梅山集 150
면학面學 34 35
면훈장面訓長 31 32 33 34
묵암문집黙庵文集 139
묵와문집黙窩文集 139
문성공묘서원文成公廟書院 12
문우관文友觀 8 185 186 193 198
문이관도文以貫道 59
문이재도文以載道 59
민응수閔應洙
민재남閔在南 140 142 161

〈ㅂ〉
박곤경朴昆璥 175
박광욱朴光郁 179
박기동朴驥東 187
박명섭朴命燮 25 26
박영환朴永煥 140
박용혁朴龍赫 136
박재갑朴在甲 89 86
박재현朴宰鉉 139
박종우朴宗羽 103
박주대朴周大 140 146 177 193
박천호朴天浩 146
박태진朴泰鎭 146
박해령朴海齡 179
박현구朴顯九 141 155
박희전朴熙典 136 139
반계수록磻溪隨錄 12 18 22 24 34

반목가飯木價 57
방채전防債錢 53 55
배극소裵克紹 139
배상유裵尙瑜 22
배인희裵獜喜 71
배진희裵震喜 96
배헌裵憲 96
백응칠白應七 178
백치유집百癡遺集 141
백태원白泰元 96
백하문집白下文集 140
범희문范晞文 62
벽오유집碧塢遺集 139
보본당報本堂 24
봉무정鳳舞亭 173
봉서루鳳棲樓 172

〈ㅅ〉
사기史記 60 70 71
사보략史補略 49
사송정四松亭 172
사장師長 21 86 150 152
사장詞章 41 135
사학四學 12 18 21 86
사현祀賢 12 18
사황재思皇齋 24 25
산산창蒜山倉 55
삼도三到 41 42
삼원당문집三元堂文集 140 146
삼호재三乎齋 172
상덕각尙德閣 185
상산선생문집商山先生文集 140
상읍례相揖禮 40
상정점桑亭店 172
상채床債 56 57 190
색리色吏 14 55 57 58 190
색목色目 32 33 34
서만곤徐萬坤 96
서만규徐萬奎 187 188
서문옥徐文玉 103

서상돈徐相敦 179
서석동徐錫東 171
서석태徐錫台 179 187
서식徐栻 174
서유락徐有洛 103
서재전徐載典 171
서재헌徐在憲 187
서정보徐珽輔 114
서진태徐鎭泰 96
서찬규徐贊奎 110 139 142
서책유사書册有司 13
서택열徐宅烈 103
서학西學 28 86
서홍균徐興均 178
석간유고石間遺稿 140
선사방選士榜 34
선사選士 66 71 88 113 114 115 117
선취選取 38
선현승주법選縣升州法 112
선화당宣化堂 75 114 115
섬학고贍學庫 25 29
섭채葉采 58
성균관 12 21 86 183
성리대전性理大全 59
성이홍成爾鴻 30 131 132
성재규成在奎 103
성재문집省齋文集 139
성주로成周魯 103
성헌징成獻徵 30
세조세租 51 53
소남집小南集 140
소봉집小峯集 141
소식蘇軾 60 166 167
소심정문집小心亭文集 140 163 173
소심정자설小心亭自說 140 163
소통疏通 15 81 143 146 152 168 173 194
소학제가집주小學諸家集註 58
손무갑孫武甲 187
손윤구孫綸九 108 139 142 161 166
손윤모孫允謨 187 188

손익구孫翊龜 140 146
손정설孫廷卨 110
송시열宋時烈 151 152
송은성宋殷成 140 177 193
송정유집松亭遺集 139
송태흠宋泰欽 171
수산문집睡山文集 140
숙사塾師 32 33
숙재일고肅齋逸稿 138
술규述規 40
승보升補 32 34
시부詩賦 44 118 121 122
시수詩藪 47
식산선생문집息山先生文集 138
신봉균申鳳均 96
신석우申錫愚 144
신욱申梆 110
신인식申仁植 146
신창조申昌朝 121 138
심경心經 35 41 45 58 61 78 82
심도心到 41
심동택沈東澤 142 124

〈ㅆ〉
쌍봉집雙峯集 140
쌍호집雙湖集 142

〈ㅇ〉
안경일安慶一 138 169 170
안도眼到 42
안찬중安燦重 141 158 178 193
안호연安浩淵 140
압로정狎鷺亭 173
양도화楊道華 187
양사養士 12 115
양사재養士齋 185
양원갑楊元甲 187
양재기楊在淇 80 95 187
어정대학유의御定大學類義 77
엄세영嚴世永 78 80 95

엄주하嚴柱廈 81
여위룡呂渭龍 146
여조겸呂祖謙 46 58
여창회呂昌會 171
역대사전歷代史傳 58
역하유고櫟下遺稿 140
연계재蓮桂齋 84
연묵비硏墨費 84
열녀전列女傳 86
염불암念佛菴 172
염수헌문집念睡軒文集 138
영고營庫 53
영문營門 32 33 132
영영사례嶺營事例 30 48 51 53 56 112 113 131
영영嶺營 30 51 113
영영일기嶺營日記 113
영재營齋 13 146
영학營學 5 8 12 13 15 18 21 34 74 145 190 192 194
예대기芮大畿 117 141 148 154 155 156 161
오당시문집梧堂詩文集 141
오횡묵吳宖默 68
와룡정臥龍亭 172
완영完營 145
왕발王勃 70
우규환禹圭煥 141
우동수禹東狩 187
우동식禹東軾 171
우성규禹成圭 110
우세동禹世東 110
우재右齋 13 39 194
우정문집愚亭文集 142
우창식禹昌植 171
우춘유고又春遺稿 142
우효봉禹孝鳳 142
우효설禹孝卨 142 161
우희용禹熙容 64 142
운어양추韻語陽秋 62

운재유집雲齋遺集 142
원서문집源西文集 140
위사魏斯 63
유가사瑜伽寺 174 175
유간선생문집酉澗先生文集 139
유동규柳東奎 138 143 170 174 175
유연헌집悠然軒集 141
유정원柳正源 35
유진하柳鎭河 187
유척기兪拓基 187
유치윤柳致潤 114
유향劉向 86 116
유헌선생문집遊軒先生文集 139
유형원柳馨遠 12 15 18 20 22 23 24 28 190
유환긍柳煥兢 171
육유陸游 59 60
윤가묵尹家黙 108
윤광소尹光紹 105
윤광안尹光顏 48 57 74 75 100 102 106 108 110 166
윤덕규尹德逵 141
윤동야尹東野 139
윤병구尹炳九 140 158
윤병항尹秉恒 103 107 139
윤봉오尹鳳五 115
윤봉주尹奉周 141
윤여경尹汝瓊 103
윤영묵尹甯黙 117 128 167 206
윤용묵尹容黙 117 128 167 206
윤인석尹仁錫 108 140
윤종한尹鍾漢 103
윤증尹拯 22
윤태현尹台鉉 187
율포유고栗圃遺稿 141
은적암隱蹟菴 175
읍학邑學 19 21 34
의의疑義 38 44
이경순李景淳 174
이경희李慶熙 96

이광덕李匡德 138 168 169
이광정李光庭 35 37
이규일李圭一 140
이근만李根萬 141 158 160
이기묵李基默 63
이기승李基升 141
이기연李紀淵 149
이기李沂 80 193
이단하李端夏 50
이대휘李大輝 187
이돈영李敦榮 145 146 173
이동간李東幹 138 161 167
이만부李萬敷 30 35 38 131 138
이만李槾 30 131 138
이명준李明峻 103
이미李瀰 22 24
이범선李範善 81 95
이병두李柄斗 179
이병련李柄連 65
이병운李柄運 101 117 141 161 164
이병적李柄迪 96 117
이병태李柄泰 96 97 119
이복래李福來 80 95 180 193
이봉래李鳳來 187
이삼현李參鉉 110 114 166
이상두李尙斗 90 95 140 144 161
이상룡李相龍 177
이상정李象靖 166
이상진李相轤 141 158 160
이선우李善雨 187
이성로李聖老 151
이숙李翻 166 187
이시원李是遠 49
이억상李億祥 110
이언적李彦迪 166
이여李畬 50 51
이영운李永運 102
이용직李容直 178
이익영李益榮 174
이익李瀷 22 166

이장백李章白 96
이정규李鼎揆 100 101 102
이정두李正斗 139 161
이정보李楨輔 108 139 142 158 166
이정엄李鼎儼 138 168 169
이정익李鼎益 135 139 161 174
이정전서二程全書 41 58 59 60 61
이정화李貞和 171
이정효李廷孝 141 158 165
이종택李鐘澤 142
이종희李宗熙 124 179 193
이중린李中麟 178
이중업李中業 177
이중하李重夏 61 178
이필화李苾和 182
이헌순李獻淳 103
이헌영李𨯶永 6 74 82 84 108 110 147 148 166 191
이현일李玄逸 37 131
이형록李亨祿 103
이형천李衡天 139 174 175
이호준李鎬俊 161
이황李滉 59 86 166
이휘매李彙邁 146
인재부고人材府庫 27
일암문집一庵文集 140
일진회一進會 178 179
임재선생문집臨齋先生文集 139

〈ㅈ〉
자치통감강목資治通鑑綱目 50 62
장서각수즙기藏書閣修葺記 83 143
장서각藏書閣 13 48 77 194
장석룡張錫龍 117 139 142 183
장승원張承遠 183
장재철張相轍 179
장정환張丁煥 65
재규齋規 39 178
재록齋錄 5 14 117 119 120 191 194
재유齋儒 32 36

색인 207

재직齋直 14 42 57 58 190
적벽부赤壁賦 168
전규환全奎煥 140 149 163 173
전기열全箕烈 63
전병권全柄權 187
전상재田相在 146
전암문집典庵文集 138
정규양鄭葵陽 30 37 131 138
정내주鄭來周 45
정동관鄭東觀 52 74
정만석鄭晩錫 52 74
정만양鄭萬陽 30
정묘신비丁卯新備 48 50
정민정程敏政 59
정사화鄭思和 141 161 171
정상관鄭象觀 103
정성환鄭成煥 187
정수집靜修集 141
정숙鄭璹 103
정약광鄭約光 175
정읍강론록서庭揖講論錄序 87
정읍강론록庭揖講論錄 5 14 87 90 95 118 127 119
정읍례庭揖禮 15 86 87 88 89 90 95 96 114 116 118 191 192
정이程頤 39 59
정인환鄭寅煥 142
정종로鄭宗魯 100 102 106 107 166
정중기鄭重器 150
정헌조鄭憲朝 114
정현鄭玄 98
정호程顥 59 76
제갈량諸葛亮 70
제산선생문집霽山先生文集 138
제술製述 15 39 40 41 44 65 71 87 112 126 178 190
조강하趙康夏 164
조기하趙夔夏 6 82 83 191
조두환曺斗煥 110
조명하趙命夏 114

조문식曺文栻 115 116
조병선曺秉善 146
조병준趙秉駿 167
조병호趙秉鎬 148
조선수趙蓋秀 141 154 156 157
조선책략 177
조승경趙昇慶 116
조시영曺始永 178 182
조시준趙時俊 52 57 74
조재호趙載浩 114
조적전祖逖傳 69
조적趙籍 63 69 177
조진경趙振慶 116
조태억趙泰億 12 26 28 29 74
조현명趙顯命 13 29 30 34 37 47 52 76 169 190
조희우曺喜宇 171
좌재左齋 13 39 194
주돈이周敦頤 59
주세붕周世鵬 12 166
주자강목朱子綱目 61 63
주자대전朱子大全 41 58 59 60 61
주자서절요朱子書節要 41 58 59 60 61
주자어류朱子語類 41 58 59 60 61
주준周儁 103 한자간격
주희朱熹 46 58 59 69
죽포집竹舖集 140
중재문집重齋文集 141
중학中學 18 20 21
지덕붕池德鵬 140 167
지필묵가紙筆墨價 56 57 190
지필묵紙筆墨 32 33
진덕수眞德秀 45 59
진선陳宣 59

〈ㅊ〉

채무식蔡武植 83 84 85 142 148 182
채필훈蔡必勳 138
채하성蔡河誠 187
채헌식蔡憲植 141 148 178 183 185

책장册匠 14
청양유고聽陽遺稿 141
최경헌崔景憲 103
최곤술崔坤述 83 142 179 193
최남복崔南復 76 108 139 161 166
최동운崔東運 146
최봉환崔鳳煥 96
최시교崔時敎 110
최시술崔蓍述 110
최우문崔宇文 134
최응백崔應伯 179
최의환崔義煥 187
최인崔轔 187
최인환崔璘煥 71
최재익崔在瀷 184
최정한崔廷翰 141 147 148 161 172 173
최진환崔瑨煥 95
최해익崔海益 124
최흥원崔興遠 24 116
추로지향鄒魯之鄕 46 47 161
출사표出師表 70
칠회헌문집七悔堂文集 142
침산문집砧山文集 138

〈ㅌ〉
태려문집泰廬文集 141
태학太學 18 19 20 21 26 124
파리장서 193
팔대가문초 60
풍거비馮去非 62

〈ㅎ〉
하범운河範運 150
하석규夏錫圭 140
학교사목學校事目 12 15 18 20 21
학규學規 31 38
학전學田 20 29 35 47

한건韓虔 63
한동구韓東龜 89
한만용韓晩容 62
한서漢書 41 60
한송재선생문집寒松齋先生文集 139
한용우韓容佑 146
한유韓愈 60 67
한흥조韓興朝 103
해촌유고海村遺稿 141
향공鄕貢 29
향례합편鄕禮合編 26
향음주례서鄕飮酒禮序 110 166
향음주례鄕飮酒禮 98 100 102 104 108
향음훈사鄕飮訓辭 100 104 105 118 191
허식許栻[허원식] 146
허용두許容斗 146
허웅許雄 187
허원식許元栻 140 176 193
허위許蔿 141 159 161 162
허훈許薰 166
현와집弦窩集 139
홍익서洪益瑞 175
황극경세서皇極經世書 64
황암로黃巖老 103
황재찬黃在瓚 141 148 149
황정견黃庭堅 160 166
황정黃戩 46 178
황희수黃熙壽 142 177 158 193
회강會講 39 40 44
회정집晦亭集 140
획린해獲麟解 67
효렴孝廉 29 112
후담문집後潭文集 141
후송유집後松遺集 141
훈지양선생문집壎篪兩先生文集 138
흥학興學 12 28 132
희현당希顯堂 24 145

<부록 1>

◀ 낙육재 동연록 ▶

선발 [거재]	성명	자	호	생년	본관	거주지	출처
1732년	李萬敷	仲舒	息山	1664	연안	상주	『嶺營事例』, 息山集. 訓長?
〃	鄭葵陽	叔向	篪叟	1667	오천	영천	『嶺營事例』 壎篪兩先生集 訓長?
〃	李槾	君直	顧齋	1669	재령	안동	『嶺營事例』顧齋集
〃	金聖鐸	振伯	霽山	1684	의성	안동	『嶺營事例』 霽山集, 文科(1735) 弘文館修撰
〃	成爾鴻	仲擧	翠陰	1691	창녕	상주	『嶺營事例』
〃	李植春	德和					權相一, 淸臺集, 和李 德和(植春)樂育齋韻 趙顯命, 答李植春書
1742경	曺文栻				창녕		尹鳳五, 石門集
1743년	李炫	汝晦	漁叟	1723	鶴城	울산	張錫英, 晦堂集, 漁叟行狀,被簡樂育齋 程詞賦
1746년	權德升	聞彦		1725	안동	안동	權相一, 淸臺日記, 1746.2.15.일조. 生員(1759)
1748년	趙振慶	一初	自笑翁	1719	함안	대구	崔興遠, 百弗庵集, 與趙國老, 南泰良 감사
1750년	安慶一	而貫	聾窩	1724	순흥	함안	聾窩集, 閔百祥감사
1755년	柳河鎭	坦然			瑞山	경주	柳宜健, 花溪集, 燦兒自樂育齋歸示僉 賢贈別韻 初名: 燦周, 李益輔감사
1758년	成應祖				창녕	창녕	安慶一, 聾窩集, 達城日記 소재
〃	權應奎	伯宗		1721	안동	永川	塤叟 鄭萬陽 外孫 文科(1765) 典籍

〃	權應軫	美仲		1724	안동	永川	
〃	徐述初					대구	
1776년	金龍翰	雲翼	念睡軒	1738	경주	언양	念睡軒集, 進士(1789)
〃	宋奎膺						
〃	朴必龍	文瑞	東山	1736	밀양	청도	1777년再, [朴潤德]
〃	姜鼎煥		典庵	1741	진양	칠원	典庵集
〃	具鎭漢	正叔		1746	능성	대구	
〃	朴昆敬						
〃	南子玉						
〃	姜季昇						樂育齋古硯聯句
〃	朴士澄						〃
영조 연간	申昌朝	公晩	籠潭	1753	寧海		有冒忝同齋 卽日捲歸 籠潭集
1777년	李東榦	汝榦	砧山	1757	영천	대구	砧山集, 1792년再
〃	金采東	景受				花山	
〃	曺文極						
〃	朴必龍	文瑞	東山	1736	밀양	청도	2회
〃	郭興祖						
〃	鄭履德						
〃	韓命臣						
〃	洪翊龍						
〃	李成奎						
〃	金必權						
〃	閔師文						
1778년	蔡必勳	德堯	琴窩	1759	인천	대구	琴窩遺稿
1782년	李鼎儼	望道	南廬	1755	驪江	경주	南廬遺稿, 進士(1795)
〃	李匡德	季淵	農山	1762	延安	군위	農山集, 初名: 光德 進士(1798)
1784년	柳東奎	景五	肅齋	1759	문화	군위	屛湖世稿, 改名:文奎, 1804
〃	白圭復	季容					
〃	曺克明	德瞻					
〃	辛碩儀	成之					
〃	金光涉	和之					

〃	鄭約光	東瞻					
〃	朴昆璬	士澄					
〃	郭明修	元德					
〃	洪兪瑞	子裕					
1792년	李東榦	汝榦	砧山	1757	영천	대구	砧山集(18명)[3추가] 壬申七月旣望與[樂育齋]諸友泛舟琴湖, 2회
〃	安璜重						
〃	朴亮源						
〃	尹汝璜						
〃	金敬喆						
〃	李膺爕						
〃	李之發						
〃	金尙元			一善			
〃	金履德	士綱	松亭	1764	김해	하양	松亭遺集
〃	金宗益						
〃	徐糒	季榦		1767	달성	대구	進士(1805)
〃	鄭錫洪						
〃	曺肅明				창녕		
〃	都必宅				성주	대구	硏經書院 儒生
〃	徐麟復					대구	硏經書院 儒生 1802년再
〃	徐八玉						
〃	曺象奎						
〃	李英鎭				星山		
정조 연간	李鼎益	仲謙	甘華	1753	驪江	경주	李鼎益, 古今文(필사본), 同硏錄 및 1804년 자료,甘華集,進士(1804)
〃	曺學敬	望源		1756	夏城	新寧	曺克承 父
〃	張弘矩	毅中		1759	玉山	성주	
〃	朴洙德	乃淵		1762	密城	청도	
〃	成壽鼎	元剞		1762	창녕	상주	

〃	成奎	大圭		1762	창녕	상주	
〃	朴光學	悅之		1765	密城	비안	
〃	朴士以		金谷				李鼎益, 書樂育齋同研錄後
〃	徐檼	汝容		1759	대구	대구	盧周學의 道湖集, '遊海印寺錄'(1807년) 進士(1798)
〃	金器重	用汝				현풍	〃
〃	鄭夢烈	光重					〃
〃	金再鳴	時應	默窩	1772	경주	자인	默窩文集, 生員(1798) 改名: 龜鳴
〃	韓文健	天若		1765	谷山	경주	〃 曾同苦樂育齋 進士(1803)
1802년	朴壽亨						『경상감영의 종합적연구』(경상북 도, 2004), 295쪽
〃	鄭始煥						南公轍, 尤庵影幀韻 次韻
〃	李學燮						
〃	李孚杓						
〃	徐麟復					대구	2회, 1792년 거재
〃	徐駉輔						
〃	徐樸						
〃	曺翼明						
〃	李邦根						
1804년	李鼎益	仲謙	甘華	1753	驪江	경주	李鼎益, 甲子獨述營考詩 (필사본),정조조, 2회 菊籬遺稿에 詩 있음
〃	趙良奎	雲秉		1753	巴山	대구	
〃	李衡天	士仰	菊籬	1757	鐵城	청도	菊籬遺稿
〃	李益榮	士謙	金塘	1758	벽진	金山	甘華集에서 號 취함 菊籬遺稿에 詩 있음
〃	徐栻	君實		1759	달성	대구	菊籬遺稿에 詩 있음
〃	柳東奎	景五	蕭齋	1759	문화	군위	2회, 1784년 거재 菊籬遺稿에 詩 있음

연도	이름	자	호	생년	본관	거주	비고
〃	洪宇龍	幼見		1759	남양	군위	
〃	崔鎭溥	士淵		1760	월성	대구	
〃	李浩直	孟能		1760	벽진	창녕	
〃	李名發	肅未		1761	永陽	의성	
〃	朴馨天	仲逢		1761	凝川	함안	
〃	李亨坤	義謙		1761	延安	군위	
〃	李景淳	景道		1765	벽진	선산	菊籬遺稿에 詩 있음
〃	權宜烈		容膝窩	1778	안동	진해	權埰, 龍耳窩集, 祭文
〃	李之綱	善汝	琴山	1779	재령	청도	金在華, 醇齋集 소재
1807년	尹東野	聖郊	弦窩	1757	파평	거창	鄭宗魯, 立齋集 次贈尹聖郊, 弦窩集
〃	尹秉恒	宗範	菊窩	1773	파평	울산	鄭宗魯, 立齋集, 樂育齋 生問目, 개명: 秉顯 菊槐聯芳集, 進士 (1814)
〃	李周胤	文述					〃 1810년再
〃	金漸運	景鴻	愧窩	1782	의성	안동	愧窩金公墓碣銘 (權璉夏)愧窩集
〃	朴龍赫			1793		청도	姜必孝, 海隱遺稿, 卷14, 四遊錄 소재, 15세
1810년	李楨輔	翼夫	寒松齋	1766	宣城	안동	寒松齋集
〃	李周胤	文述					2회, 1807년 거재
〃	李德章						
〃	李直卿						
1829년	曺正基	汝誠		1779	夏山	현풍	영남대학교, 南齋文庫, 『文苑彙集』소재 樂育齋同硏錄
〃	成禹敎	立中		1783	창녕	현풍	〃
〃	李基洪	顯行		1790	인천	대구	〃
〃	金顯周	光伯		1792	김해	하양	〃
〃	韓公璧	宗瑞		1794	谷山	경주	〃
〃	申冕直	敬老		1795			〃

〃	成英駿	冀汝		1796	창녕	창녕	〃
〃	李敏睦	和瞻		1797	재령	청도	〃
〃	金益洙	謙彦		1799	의성	지례	〃
〃	都鼎東	穉和		1799	성주	河陽	〃
〃	李以晦	敬七		1800	廣陵	칠곡	〃
〃	朴熙典	文則	酉澗	1803	密城	거창	〃 酉澗集, 71세로 進士(1873) 입격
〃	李炳禎	文郁		1803	固城	청도	
〃	柳燦	粲汝		1804	문화	대구	
〃	曺範奎	士洪		1805	夏山	金山	〃
순조 연간	崔南復	景至	陶窩	1759	경주	경주	陶窩集, 生員(1792)
〃	孫綸九	經夫	省齋	1766	월성	경주	省齋集
〃	都大籌	景宅	謙窩	1775	성주	의흥	謙窩遺稿(八莒世稿)
〃	尹容默	可容		1795	파평	울산	尹仁錫, 遊樂育齋序
〃	尹甯默	可愚	松下	[1801]	파평	울산	〃
〃	權翌	敬叔	源西	1804	안동	영일	源西集, 헌종연간再
〃	朴仁壽	性五		1785	월성	義興	李晩燾 撰, 朴公行狀
〃	鄭光極	建五	錦隱	1789	동래	칠곡	鄭氏派譜 善詞翰選入省庠
1836년	權聖烈		石溪		안동		權琜, 龍耳窩集, 京行日錄
1841년	張錫龍	震伯	遊軒	1823	인동	칠곡	遊軒集, 文科壯元 (1846) 刑曹判書, 文憲公
〃	金鳳喜	崎卿	碧塢	1808	경주	밀양	碧塢遺集, 初名: 鳳憙 進士(1861)
1846년	朴宰鉉	國見	蘭石	1830	순천	성주	蘭石集, 1870년再
1849년	裵克紹	乃休	默庵	1819	盆城	하양	默庵集,生員壯元 (1850)
헌종 연간	李正斗	景七	蘭樵	1824	합천	합천	蘭樵遺稿
〃	徐贊奎	景襄	臨齋	1825	달성	대구	臨齋集, 生員(1846)
〃	尹炳九	舜五	小南	1801	파평	합천	小南集(坡山世稿) 進士(1840)

〃	朴世平		默巖		밀성	청도	朴氏總譜
〃	權堛	載中			안동	진해	權堛, 龍耳窩集, 東征日記
〃	李文翊				전주	영천	〃
〃	李在濚	玄民	玄隱	1800	여강	경주	〃
〃	權翌	敬叔	源西	1804	안동	영일	〃 2회, 순조조
〃	李潜	聖川	雲皐	1805	성주	합천	鄭載圭, 老柏軒集, 雲皐行狀, 再升是齋
1851년	權堛	載中			안동	진해	權堛, 龍耳窩集, 延贈日記
〃	李尙斗	孔直	雙峯	1814	인천	함안	雙峯集, 三升臬選 1855년, 1856년
1855년 (賦)	朴仁達	士奎	默窩	1807	밀양	울산	郭聖濂, 樂育齋唱酬錄 (대구교육박물관소장)
〃(詩)	李秉彬	維伯	蘭皐		海皐	지례	金學性 監司時
〃(賦)	李尙斗	孔直	雙峯	1814	인천	함안	雙峯集, 2회
〃(詩)	金斗欽	敬若	竹下		안동	함양	
〃(賦)	崔宇文	士弘	松皐	1815	陽川	고령	小訥集, 墓碣銘, 6年居齋?
〃(賦)	郭聖濂	周彦	龜陽	1820	현풍	고령	龜陽集
〃(詩)	張夒一	平仲	梅山		인동	의흥	
〃(賦)	都鎭洪	致範	錦窩	1825	星山	대구	
〃(詩)	具炳魯	奎應	琴坡		능주	대구	
〃(詩)	沈漢澤	乃見	洛窩		청송	의령	
〃(詩)	全洛成	國謙	洛下		전주	초계	
〃(賦)	申仁植	養直	市隱	1830	鵝州	의성	1861년再
〃(詩)	孫敬模	公肅	樂山		一直	경주	
〃(賦)	崔載鉉	敬寬	菊圃	1821	경주	대구	
〃(賦)	尹秉琦	乃珍		1826	파평	安義	(試取 : 賦8, 詩7)
1856년	閔在南	謙吾	晦亭	1802	여흥	함양	晦亭集
〃	李尙斗	孔直	雙峯	1814	인천	함안	雙峯集, 謹呈繪園申相公七十一韻, 3회
1857년	池德鵬	君擧	商山	1804	충주	하양	商山集, 초명: 祥馹

1861년	具祥春	景伯	秋湖	1821	능성	대구	『樂育齋詩帖』(영남대) 1867년再
〃	孫翊龜	洛玄	石間	1824	밀양	밀양	『樂育齋詩帖』(영남대) 石間遺稿(筆, 계명대) 1890년再(67세) 1848년 安東式科入格
〃	韓容佑	聖吉		1824	청주	의성	『樂育齋詩帖』(영남대)
〃	李彙邁	禹種		1824	眞城	풍기	〃
〃	金普均	德中		1825	안동	안동	〃
〃	田相在	舜璣		1827	담양	의령	〃
〃	許元栻	舜弼	三元堂	1828	하양	함양	『樂育齋詩帖』(영남대) 初名:栻, 文科壯元(1864), 正言, 三元堂集
〃	申仁植	養直	市隱	1830	鵝州	의성	『樂育齋詩帖』(영남대) 2회, 1855년거재
〃	呂渭龍	應弼		1831	성주	金山	『樂育齋詩帖』(영남대)
〃	金翰永	惠卿		1831	和義	선산	〃
〃	朴天浩	士健		1831	龜山	의흥	『樂育齋詩帖』(영남대) 進士
〃	朴周大	啓宇	羅巖	1836	함양	예천	『樂育齋詩帖』(영남대) 1867년 試取 壯元 羅巖遺稿, 進士(1873)
〃	崔東運	周伯		1836	耽津	지례	『樂育齋詩帖』(영남대)
〃	朴泰鎭	舜瑞		1837	밀양	거창	〃
〃	曺秉善	忠彦		1843	창녕	칠곡	〃
1862년	全奎煥	贊玉	小心亭	1832	完山	초계	小心亭集
〃	朴春晦	士吉					
〃	金淵	聖道					
〃	金台應	鉉可					
〃	朴遇尙	弼文					
〃	李心學	氣應					
〃	李承柱	敬道	琴坡	1828	재령	청도	
〃	宋殷成	元伯	白下	1836	청주	김해	白下集, 1878.11.再

							進士(1879) 榜目: 居 龍宮
〃	蔣義淳	致道					
〃	朴海文	命敷					
〃	李東璘	章汝					
〃	宋應毫	尹正					
1865년	權相祜	乃亨	華南	1840	안동	밀양	盧相稷, 小訥集, 權公行狀, 被選于樂育齋
〃	芮東彩	雲五	蘭坡	1841	의흥	청도	芮大僖, 伊山集 소재
1867년	朴周大	啓宇	羅巖	1836	함양	예천	樂育齋詩帖 (영남대소장) 試取 壯元, 同苦錄 2회, 1861거재
〃	李虁秀					칠곡	李參鉉 監司
〃	具祥春	景伯	秋湖	1821	능성	대구	2회, 1861거재
〃	宋鎭鐸					상주	
〃	李中範				眞城	예안	
〃	孫廷禼			1831	安東	대구	
〃	李希柏					싱주	
〃	曺學永					金山	
〃	宋泰永					榮川	
〃	柳文吉					진주	
〃	金洪周					동래	
〃	孫士希					밀양	字
〃	愼永顥					거창	
1870년	朴宰鉉	國見	蘭石	1830	순천	성주	1846選居, 蘭石集
1871년경	鄭晟儉			1836	迎日	경주	禹圭煥, 丹峯集, 詩: 舊時齋儒, 文科(1891)
1872. 11月 選	周基東	和仲		1822	상주	합천	齋錄 (대구시립도서관소장) [1873.1월 居齋]
〃	黃基萬	致疆		1827	창원	풍기	1873.11再選, 1874.1.再居
〃	閔致魯	乃益		1835	여흥	산청	〃
〃	尹彬	文伯		1838	파평	대구	〃

〃	李圭一	極元	櫟下	1840	월성	경주	〃 1875,1 櫟下遺稿 生員(1888)
〃	李進基	海卿		1841	연안	의성	〃
〃	鄭彙永	性可		1841	청주	경산	〃
〃	尹仁錫	元叔	一庵	1842	파평	울산	〃 1875.1 一庵集 尹秉恒의 曾孫
〃	黃萬祚	孟綏		1842	장수	하양	〃 子 黃在瓚
〃	朴奎晉	瑞長		1843	순천	단성	〃
〃	張仁燦	聖宅		1844	玉山	인동	〃
〃	金在璿	舜五		1845	선산	군위	〃
〃	卞芝錫	聖九		1847	밀양	거창	〃
〃	李鉉旼	佳玉		1848	연안	지례	〃 [2회 때 불참]
〃	金近性	聖弼		1850	청풍	함창	〃 [15명 전원 거재]
1873. 11월 選	黃基萬	致彊		1827	창원	풍기	[1874.1 居齋] 2회, 1873.1居
〃	閔致魯	乃益		1835	여흥	산청	2회, 1873.1居
〃	朴珪鉉	廷玉		1836	순천	의성	1874.1.居
〃	尹彬	文伯		1838	파평	대구	2회, 1873.1居
〃	李圭一	極元	櫟下	1840	월성	경주	(2회), 1873.1居
〃	李進基	海卿		1841	연안	의성	2회, 1873.1居
〃	鄭彙永	性可		1841	청주	경산	2회, 1873.1居
〃	尹仁錫	元叔	一庵	1842	파평	울산	(2회), 1873.1居
〃	黃萬祚	孟綏		1842	장수	하양	2회, 1873.1居
〃	朴奎晉	瑞長		1843	순천	단성	2회, 1873.1居
〃	張仁燦	聖宅		1844	옥산	인동	2회, 1873.1居
〃	金在璿	舜五		1845	선산	군위	2회, 1873.1居
〃	卞芝錫	聖九		1847	밀양	거창	2회, 1873.1居
〃	李鉉旼	佳玉		1848	연안	지례	2회[居齋 不參], 1873
〃	金近性	聖弼		1850	청풍	함창	2회, 1873.1居
	金誠鍊	君典		1827	光州	기장	李鉉旼의 대체 居齋 (합15명)
1875. 1居 (賦)	朴相玉	英仲		1806	울산	울산	[甲戌, 乙亥)選], 70세 1876.1.再居

〃	金輝溫	景玉		1808	宣城	순흥	〃
〃	李尙斗	象七		1824	驪州	용궁	
〃	朴文性	公瑞		1833	춘천	경주	1876.1再居
〃	李圭一	極元	櫟下	1840	월성	경주	3회
〃	尹仁錫	元叔	一庵	1842	파평	울산	3회 一庵集
〃	孫鵬海	順擧		1842	안동	대구	1876.1, 1885, 1887
〃	權道淵	學緖		1846	안동	예천	1876.1
〃	卞相璐	路玉		1848	초계	비안	
〃 (詩)	夏錫圭	致成	錦涯	1817	대구	대구	錦涯遺稿
〃	南德熙	士膺		1823	의령	의령	1876.1再居
〃	安浩淵	孟然	楠溪	1827	순흥	순흥	1878.11再選, 楠溪集
〃	朴永煥	而恒	竹鋪	1827	밀양	진해	1876.1再居, 竹鋪集
〃	趙泳	益源		1830	함안	함안	
〃	趙謙植	景益		1833	함안	울산	1878.11再選
〃	朴進默	汝晉		1834	함양	의흥	1876.1再居
〃	李載岳	重汝		1834	德山	칠곡	〃
〃	曺坰振	慶九		1837	창녕	김해	〃
〃	權啓和	繼賢		1838	안동	안동	〃
〃	金輝轕	應由	睡山	1842	宣城	榮川	睡山集, 5명추가(20)
1876.1월居	朴相玉	英仲		1806	울산	울산	[乙亥年(1875) 選] 2회
〃	金輝溫	景玉		1808	선성	순흥	2회
〃	南德熙	士膺		1823	의령	의령	2회, 南悳熙로 표기
〃	朴永煥	而恒	竹鋪	1827	밀양	진해	2회, 竹鋪集
〃	朴文性	公瑞		1833	춘천	경주	2회
〃	朴進默	汝晉		1834	함양	의흥	2회
〃	李載岳	重汝		1834	덕산	칠곡	2회
〃	曺坰振	慶九		1837	창녕	김해	2회
〃	權啓和	繼賢		1838	안동	안동	2회
〃	孫鵬海	順擧		1842	안동	대구	(2회)
〃	權道淵	學緖		1846	안동	예천	2회 (합11명 거재) 거재불참 4명
1877.3월選	楊憲萬	元瑞		1824	중화	대구	[戊寅(1778)정월거재]

	姓名	字	號	生年	本貫	居住	備考
〃	金敬淵	景若		1830	연안	창원	
〃	尹德達	而烈	靜修	1841	파평	합천	靜修集(坡山世稿)
〃	金基孝	忠兼		1843	商山	상주	
〃	徐鎭洪	範五		1846	달성	대구	
〃	朴台陽	孟三		1847	반남	예천	
〃	許杓	極夫		1847	하양	하양	
〃	盧秀源	仁可		1849	光州	창녕	
〃	郭民鎬	敬誠		1850	현풍	경주	
〃	李敬容	士弼		1850	성주	칠곡	
〃	李基升	德造	聽陽	1851	벽진	영천	聽陽遺稿
〃	金翰奎	翼汝		1851	선성	순흥	
〃	尹泰龍	應雲		1852	파평	성주	
〃	蔡賢基	德綏		1855	인천	대구	
〃	金容善	士極	後川	1855	김해	청도	1892居, 金容善은 戊午生 (합15명)
1878.11選 (賦)	李能烈	克善	筍窩	1855	여강	경주	[己卯(1879)정월거재] 筍窩文集
〃	高允植	德顯	泰廬	1831	개성	상주	泰廬集
〃	洪憲燮	休萬		1849	남양	군위	1881.1居
〃	李庭烈	元瑞			고성	청도	
〃	李秉久	恒叟		1827	예안	안동	1880居, 1881居
〃	鄭思和	中立	百癡	1831	오천	대구	〃 〃 百癡遺集
〃	周時翌	聖遇				칠원	
〃 (詩)	安浩淵	孟然	楠溪	1827		순흥	2회, 1875거재, 楠溪集
〃	宋殷成	元伯		1836	김해 [풍기: 誤]		2회, 1862거재, 白下集
〃	趙謙植	景益		1833		울산	2회, 1875거재
〃	金源根	稺淵				봉화	
〃	申泰慶	善夫				의흥	
〃	姜柄賢	文擧				하동	
〃	裵永昊	夏瑞				靈山	
〃	鄭在亨	德仲				언양	(합15명)

1880.1 居(賦)	李秉久	恒叟		1827	예안	안동	'己卯選'표기, (2회)
〃	鄭思和	中立	百癡	1831	오천	대구	(2회)
〃	徐嘉淳	勳卿		1835	대구	의성	
〃	李根萬	聖實	小峯	1839	전의	의령	1881.1再居, 小峯集
〃	禹在東	文兼		1841	단양	대구	〃
〃	張錫羲	周伯		1841	옥산	인동	〃
〃	朴海杓	應斗		1850	순천	칠곡	〃
〃	李中仁				진보	예안	〃
〃 (詩)	孔玟彪	善汝		1824	곡부	함양	1881.1居, 1881.5選, 1883居
〃	河在一	致演		1840	진주	함양	1881.1再居
〃	權心說	子命		1841	안동	안동	〃
〃	李震詢	孝能		1842	함안	하동	〃
〃	宋振學	乃益		1843	청주	김해	
〃	徐鎭國	元瑞		1852	대구	대구	
〃	秋普燁	士準	曙嶠	1853	추계	대구	1881.1再居, (합15명)
1881.1 居(賦)	李秉久	恒叟		1827	예안	안동	'因舊更書'[庚辰選] 3회
〃	鄭思和	中立	百癡	1831	오천	대구	3회
〃	李廷孝	舜擧	後松	1832	경주	울산	後松遺集
〃	李根萬	聖實		1839	전의	의령	2회
〃	禹在東	文兼		1841	단양	대구	2회
〃	張錫羲	周伯		1841	옥산	인동	2회
〃	洪憲燮	休萬		1849	남양	군위	2회
〃	朴海杓	應斗		1850	순천	칠곡	2회
〃	權宜休	章汝		1852	안동	경주	
〃	李中仁				진보	예안	2회
〃 (詩)	孔玟彪	善汝		1824	곡부	함양	(2회)
〃	河在一	致演		1840	진주	함양	2회
〃	權心說	子命		1841	안동	안동	2회
〃	李震詢	孝能		1842	함안	하동	2회
〃	秋普燁	士準		1853	추계	대구	2회 (합15명)
1881.5	申泰乙	星彥		1845	영해	영덕	壬午(1882)正月 居齋

月選(賦)							1883.1再居
〃	芮大畿	聖集	筠谷	1845	의흥	청도	〃 1883.5.選 筠谷遺稿
〃	金鎬相	宣叔		1845	함창	榮川	[居齋 不參]
〃	周時中	致庸		1846	상주	칠원	1883.1再居
〃	趙蘥秀	和彦	東厓	1846	함안	산청	〃 초명: 寅秀 東厓集
〃	李琫祥	舜一		1854	인천	대구	〃
〃	徐鑽華	仲蘊		1860	대구	청송	〃
〃(詩)	孔玟彪	善汝		1824	곡부	언양	(3회)
〃	劉柱昊	士欽		1829	강릉	안동	1883.1再居
〃	朴廷桂	可源		1832	밀양	청도	〃
〃	李圭穆	士玉		1846	경주	비안	〃
〃	文璟鍾	奇瑞		1849	남평	합천	〃
〃	朴顯九	明進	東湖	1853	경주	의흥	〃개명: 顯求, 東湖集
	朴奭奎	章汝		1853	밀양	삼가	金鎬相의 대체 거재, 1883居
〃	許塤	成弼	松年	1862	김해	선산	1883.1再居 (합14명 거재)
1883.1居(賦)	申泰乙	星彦		1845	영해	영덕	[壬午選] 2회
〃	芮大畿	聖集	筠谷	1845	의흥	청도	(2회)
〃	周時中	致庸		1846	상주	칠원	2회
〃	趙蘥秀	和彦		1846	함안	산청	2회
〃	李琫祥	舜一		1854	인천	대구	2회
〃	徐鑽華	仲蘊		1860	대구	청송	2회
〃	崔正佑	純夫		1862	완산	삼가	
〃(詩)	孔玟彪	善汝		1824	곡부	언양	4회
〃	劉柱昊	士欽		1829	강릉	안동	2회
〃	朴廷桂	可源		1832	밀양	청도	2회
〃	李圭穆	士玉		1846	경주	비안	2회
〃	文璟鍾	奇瑞		1849	남평	합천	2회
〃	朴顯九	明進		1853	경주	의흥	2회

〃	朴奭奎	章汝		1853	밀양	삼가	2회
〃	許壎	成弼	松年	1862	김해	선산	2회 (합15명)
1883.5 榜目選 (賦)	芮大畿	聖集	筠谷	1845	의흥	청도	甲申正月仍居齋 (1884년) 3회
〃	朴世明	舜文			밀양	선산	1890再居
〃	趙寅夏	允萬			풍양	상주	
〃	張龍矯	景三	洛厓		인동	인동	一名: 龍甲
〃	禹昌植	進叔			단양	비안	1887選,1888,1889
〃	李柄運	德七	兢齋	1858	인천	대구	兢齋集, 進士(1888)
〃	李柄洪	士範			인천	대구	
〃	郭鍾健	可絢	我石		현풍	현풍	
〃 (詩)	申泰魯	聖瞻			평산	봉화	
〃	金斗河	而五			김해	예천	
〃	黃在基	周八			창원	상주	
〃	呂昌會	應天			성주	성주	1887選,1888, 1889
〃	鄭鳳述	致顯			초계	경산	
〃	田溶泰	聖希			담양	의령	別字: 杜甫
〃	秋桂燁	士沃	曉泉	1850	추계	대구	(합15명)
1886. 4選 (賦)	南斗輝	子明		1826	의령	선산	丙戌(1886)正月 仍居 1887.1.居
〃	金擎成	玟洪		1839	김녕	언양	〃
〃	孫鵬海	順擧		1842	안동	대구	(3회)
〃	郭厚根	文極		1843	현풍	고령	1887.1居
〃	李龍厚	聲應		1849	벽진	의령	〃
〃	李秉魯	國夫		1856	벽진	영천	〃
〃	金晠東	聖弼		1858	서흥	현풍	[거재 불참]
〃 (詩)	徐暻榦	景瑞		1818	대구	경산	1887.1.居
〃	鄭德禧	學汝		1831	동래	동래	〃
〃	李斗錫	極彦		1843	덕산	칠곡	〃
〃	卞翊晉	龍益		1844	초계	울산	〃
〃	李彙善	啓老		1850	고성	청도	〃
〃	南相泰	銘五		1851	영양	대구	〃
〃	朴尙玉	文表		1851	함양	비안	[거재 불참]

〃	李庭樹	道化		1854	고성	청도	[거재 불참]
〃	芮昌根	武汝		1844	의흥	청도	1887.1.居
〃	金秉勳	克明		1848	해평	기장	〃
〃	都鎭商	致和		1863	성주	대구	〃 (선발 18, 거재15)
1887.1居(賦)	南斗輝	子明		1826	의령	선산	[丙戌選], 2회
〃	金擎成	珽洪		1839	김녕	언양	2회
〃	孫鵬海	順擧		1842	안동	대구	4회
〃	郭厚根	文極		1843	현풍	고령	2회
〃	芮昌根	武汝		1844	의흥	청도	2회
〃	金秉勳	克明		1848	해평	기장	2회
〃	李龍厚	聲應		1849	벽진	의령	2회
〃	李秉魯	國夫		1856	벽진	영천	2회
〃	都鎭商	致和		1863	성주	대구	2회
〃 (詩)	徐暻䎘	景瑞		1818	대구	경산	2회
〃	鄭德禧	學汝		1831	동래	동래	2회
〃	李斗錫	極彦		1843	덕산	칠곡	2회
〃	卞翊晉	龍益		1844	초계	울산	2회
〃	李彙善	啓老		1850	고성	청도	2회
〃	南相泰	銘五		1851	영양	대구	2회 (합15명)
1887.春選	崔廷翰	季鷹	晚悟	1845	경주	대구	1888, 1889, 1890 晚悟集, 遊八公山錄
〃	金學奎	性浩	龍岡	1838	김해	언양	1888, 1889
〃	宋泰欽	聖三	竹逸	1849	야성	성주	〃 〃
〃	李舜性	聖浩	愚軒	1849	연안	군위	
〃	禹昌植	進叔	南坡	1849	단양	비안	(2회)
〃	具達書	士洪	竹塢	1850	능성	대구	1888, 1889
〃	李貞和	元一	靑皐	1851	순천	자인	〃 〃
〃	成壽鎭	正老	采下	1855	창녕	영천	
〃	禹東軾	夔和	蘆山	1855	단양	대구	1888, 1889 개명: 孝軾
〃	呂昌會	應天	石堂	1856	성주	성주	(2회)
〃	柳煥兢	致謹	倻樵	1858	문화	합천	1888, 1889

〃	曺喜宇	國日	小竹	1858	창녕	영천	〃 〃
〃	徐錫東	致孝	可樵	1859	대구	대구	〃 〃
〃	金永銖	學一	晚山	1862	의성	안동	〃 〃 初名:進銖,進士(1891) 晚山集
〃	徐載典	國賓	石年	1864	대구	대구	1888, 1889
〃	具然雨	文極	琴愚	1843	능성	대구	[8월 내간상] 琴愚集
1888년	金永銖	學一	晚山	1862	의성	안동	(2회), 晚山集, 詩,記
〃	金學奎	性浩	龍岡	1838	김해	언양	(2회)
〃	崔廷翰	季鷹	晚悟	1845	경주	대구	(2회)
〃	宋泰欽	聖三	竹逸	1849	야성	성주	(2회)
〃	禹昌植	進叔	南坡	1849	단양	비안	(3회)
〃	具達書	士洪	竹塢	1850	능성	대구	(2회)
〃	李貞和	元一	青皐	1851	순천	자인	(2회)
〃	禹東軾	夔和	蘆山	1855	단양	대구	(2회)
〃	呂昌會	應天	石堂	1856	성주	성주	(3회)
〃	柳煥兢	致謹	鄉樵	1858	문화	합천	(2회)
〃	曺喜宇	國日	小竹	1858	창녕	영천	(2회)
〃	徐錫東	致孝	可樵	1859	대구	대구	(2회)
〃	徐載典	國賓	石年	1864	대구	대구	(2회)
1889년	金永銖	學一	晚山	1862	의성	안동	3회
〃	金學奎	性浩	龍岡	1838	김해	언양	3회
〃	崔廷翰	季鷹	晚悟	1845	경주	대구	(3회)
〃	宋泰欽	聖三	竹逸	1849	야성	성주	3회
〃	禹昌植	進叔	南坡	1849	단양	비안	4회
〃	具達書	士洪	竹塢	1850	능성	대구	3회
〃	李貞和	元一	青皐	1851	순천	자인	3회
〃	禹東軾	夔和	蘆山	1855	단양	대구	3회
〃	呂昌會	應天	石堂	1856	성주	성주	4회
〃	柳煥兢	致謹	鄉樵	1858	문화	합천	3회
〃	曺喜宇	國日	小竹	1858	창녕	대구	3회
〃	徐錫東	致孝	可樵	1859	대구	대구	3회
〃	徐載典	國賓	石年	1864	대구	대구	3회
1890년	尹奉周	明肅	重齋	1860	파평	대구	重齋集, 進士(1894)

연도	성명	字	號	생년	본관	거주	비고
〃	孫翊龜	洛玄	石磵	1824	밀양	밀양	2회 (1861) 石磵遺稿(筆, 계명대)
〃	朴世明	舜明	錦陽				2회 [字: 舜文]
〃	鄭煥敎		白下				
〃	都淸一		槐啞		성주		
〃	崔廷翰	季鷹	晩悟	1845	경주	대구	4회 晩悟遺稿
〃	李相軫	廷弼	晩山	1853	합천	합천	1894, 晩山遺稿, 李正斗의 子
〃	李羲重						
〃	安燦重	舜華	栗圃	1860	순흥	안동	1892년 栗圃遺稿
〃	楊在輝	希道	又峯	1862	중화	대구	
〃	李柄達	德三	蒼潭	1861	인천	대구	1892년
〃	鄭箕鉉						
〃	成稷						
〃	黃在瓚	章玉	梧堂	1862	장수	하양	庚寅參樂育齋選士榜 梧堂集, 進士(1894) 父 黃萬祚 丹峯集, 詩, 舊時齋儒
1891년	蔡憲植	定汝	後潭	1855	인천	대구	樂育齋選士榜(家狀) 居齋 凡六年 표기
〃	朴振鎬	厚卿	勉庵		밀양	경산	慶山郡誌
1892년	姜來相			1820	진주	상주	李鑢永,『敬窩集略』下 「鄕飮酒禮行禮時立班」, 73세 거재
〃	朴昫			1828	죽산	남해	1892.5.15
〃	李守洪			1834	덕산	영천	
〃	宋泰翊			1835	야성	榮川	
〃	崔晉鉉			[1838]	경주	의성	
〃	高彦九			1843	개성	용궁	
〃	金鍾華			1845	錦山	산청	
〃	安瑛重			1853	廣州	김해	
〃	李在春			1854	인천	대구	
〃	孔龍秀			1856	곡부	언양	

〃	金容善			1858	김해	청도	1877.3.選, 金容善은 乙卯生
〃	安燦重	舜華	栗圃	1860	순흥	안동	2회, 栗圃遺稿
〃	李柄達	德三	蒼潭	1861	인천	대구	2회
〃	李海春			1865	인천	대구	1892.5.15
〃	蔡武植	烈卿	訥軒	1868	인천	경산	1903.3. 1905.1거. 1905.10. 訥軒集 (합15명)
1892.5.15.(賦)	禹夏龍				단양	김해	樂育齋科詩集,壬辰選士儒生榜目(필자 소장)
〃	李鳳壽					대구	
〃	李福來	疇五	苔雲	1867	인천	대구	1895, 1898
〃	禹夏謨					대구	
〃	李海春					대구	2회
〃	孫聖壽					밀양	
〃	金益孝					동래	
〃(詩)	黃在瓚	章玉	梧堂	1862	장수	하양	(2회)
〃	朴昫					남해	2회
〃	禹圭洪	善若	晚樵	1848	단양	대구	
〃	崔璘煥					대구	
〃	權載皐	汝賡	悠然軒	1867	안동	진해	悠然軒集
〃	裵獜喜					금산	
〃	金廷珪					자인	
〃	具夏書				능성	대구	(합15명)
1893년	許煒	士弦	海村	1847	김해	선산	海村遺稿, 1894, 개명: 煥
〃	蔡憲植	定汝	後潭	1855	인천	대구	(2회), 後潭集
〃	申琡均	順弼	桂農		평산	대구	1894, 별호: 耻堂
〃	徐敬杓		碧樵			달성	1894
〃	禹圭煥		丹峯	1838	단양	대구	丹峯集
1894년	黃熙壽	命汝	德巖	1855	창원	칠원	德巖集
〃	許煒	立汝		1838	김해	김해	
〃	許煒	士弦	海村	1847	김해	선산	2회, 개명: 煥
〃	李吉恒		白蓮				

연도	이름	字	號	생년	본관	거주	비고
〃	韓錫瓘	瀅仲					
〃	徐敬杓		碧樵				2회
〃	李相軫	廷弼	晩山	1853	합천	합천	2회, 晩山遺稿
〃	蔡憲植	定汝	後潭	1855	인천	대구	3회
〃	申琡均	順弼	桂農		평산	대구	2회
〃	黃在瓚	章玉	梧堂	1862	장수	하양	3회
〃	李寅杓						
〃	蔡炳魯	聖一?					蔡武植 從姪
〃	呂永喜		湖雲				
〃	張炳祚						
〃	權鳳洙		聽竹				
〃	孫景明		菊山				李相軫, 晩山遺稿
1895년	楊在輝	希道	又峯	1862	중화	대구	綱目講語(木天麗澤) (2회)
〃	李福來	疇五	苔雲	1867	인천	대구	2회)
〃	金尙東	士魯	鶴圃		청도	하양	
〃	朴憲夏	祥現	又蘭		밀양		
〃	禹孝鳳	德汝	雲齋	1868	단양	대구	雲齋遺集, 禹圭煥 子
〃	鄭升載	南吉	又錦				
〃	朴聖熙	華彦	澗史				
〃	徐在基	學明	石軒		달성		
〃	盧善九	性舜	石圃		경주	선산	
〃	曺鳳永	兩極	東梧		창녕		
〃	張斗益	應三		1869	인동	인동	1898, 1905.11
〃	全台鉉	禹三	玉峭				
〃	韓東龜	應三			청주	칠곡	1898
〃	全箕烈	疇叔			용궁	영천	綱目講語
〃	金斗鉉	應杓			선산	군위	
〃	李基默	道興			성주	성주	
〃	禹熙容	晦敷	又春		단양	비안	1898년 又春遺稿(필사본)
〃	金錫龍	敬緝			김해	대구	
〃	張丁煥	武若		1867	인동	인동	1902.8

〃	李柄連	德五		1873	인천	대구	1895년 (합20명)
1898.2월	崔廷皞					대구	樂育齋 庭揖講論錄 [丁酉選]
〃	李相斗		容雲	1864	영천	대구	嚴世永 감사 시
〃	楊在輝	希道	又峯	1862	중화	대구	3회
〃	李福來	疇五	苔雲	1867	인천	대구	3회
〃	李章和					의성	
〃	崔晉煥		小溪	1868	경주	대구	
〃	潘東翼	鴻瑞			岐城	청도	
〃	楊在淇	龜瑞	次峯	1868	중화	대구	1902.6
〃	李柄泰	汝瞻	畫石	1871	인천	대구	〃 [2회때 불참]
〃	具永奎		竹下	1873	능성	대구	
〃	禹熙容	晦敷	又春		단양	비안	2회, 又春遺稿
〃	嚴柱鉉					예천	
〃	崔坤述	子剛	古齋	1870	경주	고령	1903.3,1905.1,古齋集
〃	蔣根翼					경산	
〃	崔鳳煥		錦竹	1872	경주	대구	
〃	裵晉喜		綠隱	1874	성산	金山	
〃	李柄迪	德五	蒼灘	1873	인전	대구	
〃	韓東龜	應三			청주	칠곡	2회
〃	全良漢					대구	
〃	裵瀍		南愚	1872	성주	대구	
〃	金震韶					하양	
〃	朴在甲		小湖	1878	밀양	청도	
〃	申鳳均		海華	1878	평산	의성	1896.12 本府 外庠生 入格(경북관찰사)
〃	徐鎭泰		又溪	1877	달성	대구	
〃	徐萬坤	載年	槐湖	1879	달성	대구	
〃	禹孝高	教源	鹿峯	1854	단양	대구	鹿峯集
〃	白泰元		石灘	1877	수원	대구	
〃	李慶熙		次錦	1879	인천	대구	庭揖講論錄 附錄의 詩에는 거주지 : 하양
〃	柳震河	仲汝		1881	문화	대구	1905.11
〃	李章白		般霞	1878	영천	군위	

	金輝喆					대구	
〃	李泰榮					대구	
〃	金祚根					대구	
〃	金相奎					대구	
〃	朴孝運					선산	
〃	張斗益	應三		1869	인동	인동	(2회)
〃	金相籍					청도	(합37명)
1900년경	沈東澤	平仲	七悔堂	1871	청송	청송	七悔堂文集
1901.4월	李重和			1869		예천	官員履歷書
1902년	李乾熙	始一	春岡	1884	성주	성주	李承熙, 大溪集, 行記 遊達城之樂育齋(19세)
1902.6월 選	李龍洛	應八		1867	영천	예안	齋錄(詩賦),癸卯(1903) 1월居齋. 1903.3, 1905.1
〃	楊在淇	龜瑞		1868	중화	대구	2회
〃	金肅鎭	九敍		1869	안동	봉화	
〃	李柄泰	汝瞻		1871	인천	대구	2회, [거재불참]
〃	徐載鎬	武卿		1874	달성	대구	
〃	李宗熙	海卿	晴皐	1878	인천	대구	1905.10
〃	具定書	在參		1878	능주	대구	
〃	徐錫台	權七		1878	달성	대구	1905.10
〃	崔奎煥	聚五		1883	경주	대구	
〃	柳基春	和一		1882	문화	대구	
〃	金溶福	振玉		1880	김녕	대구	李柄泰의 대체 거재 1902.8.追選[불참] (합10명 거재)
1902.7월 選	李漢春	華仲		1869	인천	대구	癸卯(1903) 2월 거재 1903.3, 1905.1
〃	郭鎔進	聖三		1871	현풍	대구	1903.3
〃	崔舜教	寬五		1877	경주	대구	
〃	李魯賢	聖哉		1878	德山	칠곡	
〃	李柄遇	德正		1880	인천	대구	
〃	李柄三	台卿		1881	인천	대구	1903.3, 1905.1,

							1905.12
〃	李熙鳳	國鳴		1881	순천	자인	
〃	徐炳和	景元		1883	달성	대구	
〃	李柄祚	福慶		1885	인천	대구	
〃	南極亨	良壽		1885	영양	대구	(합10명)
1902. 8월 選	張丁煥	武若		1867	인동	인동	癸卯(1903) 3월 거재 2회
〃	秋贊求	伯猷		1867	추계	대구	
〃	南洙基	魯源		1867	영양	경산	
〃	李鐘澤	子宣	愚亭	1868	경주	경산	일명: 鍾澤, 愚亭集
〃	金弼秀	允弘		1869	경주	대구	1903.3, 1905.1
〃	尹炳斗	舜仲		1872	칠원	칠곡	〃　　〃
〃	崔雲晢	祥郁		1875	경주	대구	
〃	禹在浩	聖老		1878	단양	하양	
〃	李壽岳					칠곡	[거재불참]
〃	申東性	公善		1884	평산	대구	
〃	朴孝建	剋洪		1879	밀양	선산	추가선발/거재불참
〃	金溶福	振玉		1880	김녕	대구	2회,추가선발/ 거재불참 (선발 12/거재 9)
1903.3. 28.選 (詩)	李龍洛	應八		1867	영천	예안	甲辰(1904) 正月 거재 (2회)
〃	蔡武植	烈卿	訥軒	1868	인천	경산	(2회)
〃	吳衡中	允一		1858	해주	長鬐	1905.1 거재
〃	李漢春	華仲		1869	인천	대구	(2회)
〃	郭鎔進	聖三		1871	현풍	대구	2회
〃	琴東烈	國普	雙湖	1872	鳳城	봉화	1905.1 거재, 雙湖集
〃	李柄三	台卿		1881	인천	대구	(2회)
〃	李文熙	命初		1885	인천	대구	1905.1 거재
〃	丁奎鶴	在鳴		1888	나주	대구	〃
〃 (賦)	崔坤逑	子剛	古齋	1870	경주	고령	(2회)
〃	尹炳斗	舜重		1872	칠원	대구	(2회) [舜仲?]
〃	金弼秀	允弘		1869	경주	대구	(2회)
〃	金基魯	聖極		1872	함창	비안	1905.1 거재

〃	鄭寅煥	敬元	錦沙	1875	동래	군위	〃	錦沙遺集
〃	洪淵圭	玄甫		1881	부림	의흥	〃	
〃	金尙培	子卿		1877	김해	자인	〃	
〃	裵錫采	仲卿		1878	달성	칠곡	〃	
〃	李秀榮	景玉		1881	덕산	칠곡	〃 (합18명)	
	都聲浩	漢應		1860	성주	대구	1904.1.추가 거재[詩] (총19명) 1905.1.거재	
1905. 정월 居齋 (詩)	都聲浩	漢應		1860	성주	대구	[甲辰年 선발] 2회	
〃	李龍洛	應八		1867	영천	예안	3회	
〃	蔡武植	烈卿		1868	인천	경산	(3회)	
〃	吳衡中	允一		1858	해주	장기	2회	
〃	李漢春	華仲		1869	인천	대구	3회	
〃	琴東烈	國普		1872	봉성	봉화	2회	
〃	李柄三	台卿		1881	인천	대구	(3회)	
〃	李文熙	命初		1885	인천	대구	2회	
〃	丁奎鶴	在鳴		1888	나주	대구	2회	
〃 (賦)	崔坤述	子剛		1870	경주	고령	3회	
〃	尹炳斗	舜重		1872	칠원	대구	3회	
〃	金㻽秀	允弘		1869	경주	대구	3회	
〃	金基魯	聖極		1872	함창	비안	2회	
〃	鄭寅煥	敬元		1875	동래	군위	2회	
〃	洪淵圭	玄甫		1881	부림	의흥	(2회)	
〃	金尙培	子卿		1877	김해	자인	2회	
〃	裵錫采	仲卿		1878	달성	칠곡	2회	
〃	李秀榮	景玉		1881	덕산	칠곡	2회 (합18명)	
1905. 10월 選 (論表)	柳寅淑	敬九		1866	문화	칠곡	丙午(1906) 정월 거재	
〃	蔡武植	烈卿	訥軒	1868	인천	경산	4회	
〃	呂肇淵	馨遠		1871	성산	성주		

〃	李宗熙	海卿	晴皐	1878	인천	대구	2회
〃	徐錫台	權七		1878	대구	대구	2회
〃	具京會	載叔		1887	능주	대구	
〃	李景熙	星應		1890	인천	대구	
〃	林淳卿	晦叔		1874	평택	대구	현 청도 풍각 금곡
〃	尹棟	周見		1888	파평	대구	
〃	全益東	士一		1885	정선	칠곡	(합10명)
1905. 11월 選 (論表)	李秉璐	文玉		1864	영천	하양	丙午(1906) 2월 거재
〃	張斗益	應三		1869	인동	인동	3회
〃	裵炳斗	子星		1876	달성	대구	
〃	李羲瑞	見河		1879	영천	예안	
〃	洪淵圭	玄夫		1881	부림	의흥	3회
〃	柳震河	仲汝		1881	문화	대구	2회
〃	孫允謨	元執		1886	안동	대구	
〃	李善雨	平淑		1890	경주	대구	
〃	李泰祐	乃遠		1886	영천	의흥	
〃	金潤植	德遠		1887	김해	대구	(합10명)
1905. 12월 選 (論表)	尹永說	國彦		1863	파평	경주	丙午(1906) 3월 거재
〃	宋秉禧	德五		1873	은진	하양	
〃	李秉玉	明鈺		1874	영천	하양	
〃	金鎭輝	明振		1880	의성	군위	
〃	李柄三	台卿		1881	인천	대구	4회
〃	楊在元	春汝		1886	중화	대구	
〃	申鉉求	自汝		1886	평산	대구	
〃	申道澈	汝一		1882	평산	대구	
〃	李奎浩	在玉		1880	隴西	대구	
〃	金永旭	鳴振		1887	김해	대구	(합10명)
합계							683명 (실인원 505명)

〈부록 2〉

◀ 낙육재 도서 목록1) ▶

連番	書名	著者	版本	刊寫者	刊寫年	冊數	備考
1	大東韻府群玉	權文海 編	木板本			4책(零)	
2	類苑叢寶	金堉 編	木板本			18책(零)	
3	事文類聚(前集)	祝穆 編	木板本		1604	15책	
4	事文類聚(後集)	祝穆 編	木板本		1604	13책	
5	事文類聚(續集)	祝穆 編	木板本		1604	15책	
6	事文類聚(別集)	祝穆 編	木板本		1604	13책	
7	事文類聚(外集)	富大用 編	木板本		1604	10책	
8	事文類聚(遺集)	祝淵 編	木板本		1604	9책	
9	事文類聚(新集)	祝淵 編	木板本		1604	16책	
10	齋錄	樂育齋 編	筆寫本		壬申-丙午	2책	1책 : 詩賦
11	周易諺解	宣祖 命編	木板本	嶺營重刊	壬戌	9권5책	
12	周易諺解	宣祖 命編	木板本	嶺營藏板	庚寅新刊	10책	복본
13	周易傳義大全	胡廣 等編	木板本	嶺營重刊	庚辰	10책	
14	周易傳義大全	胡廣 等編	木板本	嶺營藏板	庚寅新刊	23책	복본
15	書傳大全	胡廣 等編	木板本	嶺營重刊	庚辰	10책	
16	書傳大全	胡廣 等編	木板本	嶺營重刊	戊午	8책(零)	
17	書傳大全	胡廣 等編	木板本			3책(零)	
18	書傳諺解	宣祖 命編	木板本	嶺營重刊	壬戌	5권5책	
19	書傳諺解	宣祖 命編	木板本	嶺營新刊	丙戌	5권5책	

20	書傳諺解	宣祖 命編	木板本			2책(零)	
21	詩傳大全	胡廣 等編	木板本	嶺營新刊	戊子	20권 10책	
22	詩傳大全	胡廣 等編	木板本	嶺營重刊	庚辰	3책(零)	
23	詩傳諺解	宣祖 命編	木板本	嶺營新刊	戊子	7책(零)	
24	詩傳諺解	宣祖 命編	木板本	嶺營重刊	壬戌	5책	
25	詩傳諺解	宣祖 命編	木板本	嶺營藏板		6책(零)	+4책
26	庭揎講論錄	樂育齋 編	筆寫本		1898	1책	
27	纂圖互註周禮	鄭玄 註	木板本		1648	8책(零)	
28	儀禮經傳通解補	韓元震 編	木板本		1805	11권 8책	
29	禮記集說	陳澔	木板本			11책(零)	
30	春秋經傳集解	杜預	木板本			1책(零)	
31	春秋左傳詳節句解	朱申 汁	木板本			8책(零)	
32	孝經		木板本		1885	1책	
33	大學章句大全	胡廣 等編	木板本	嶺營新刊	戊子	1책	
34	大學諺解	宣祖 命編	木板本	嶺營新刊	戊子	1책	
35	御定大學類義	正祖 命編	整理字本	內閣	1805	8책(零)	內賜本 2册缺
36	中庸章句大全	胡廣 等編	木板本	嶺營新刊	戊子	1책	
37	論語諺解	宣祖 命編	木板本	嶺營新刊	壬午	4권4책	
38	論語集註大全	胡廣 等編	木板本	嶺營新刊	壬午	20권 7책	
39	論語集註大全	胡廣 等編	木板本	嶺營重刊	庚辰	20권 7책	
40	孟子諺解	宣祖 命編	木板本	嶺營重刊	壬戌	14권 5책	+2
41	孟子集註大全	胡廣 等編	木板本	嶺營重刊	甲申	14권 7책	+1

42	景賢錄	金夏錫 編	木板本	道東重刊	1839	3권3책	
43	宋子大全	宋時烈	木板本		1847	58책(零)	
44	講目講語	樂育齋 編	筆寫本		1895	1책	
45	心經附註	眞德秀	戊申字本		1672	1책(零)	內賜本 上卷缺
46	唐宋八代家文抄	茅坤 編	木板本	嶺營開刊	戊戌(1658)	62책(零)	+35
47	唐宋八代家文抄	茅坤 編	木板本			1책(零)	
48	性理大全	胡廣 等編	木板本			17책(零)	
49	近思錄集解	朱熹 呂祖謙	木板本			14권4책	
50	近思錄集解	朱熹 呂祖謙	戊申字本			3책(零)	內賜本 1卷缺
51	宣政殿訓義小學		筆寫本			1책	
52	小學諺解		木板本		1744	3책(零)	
53	小學諸家集註	朱熹 編	木板本			1책(零)	
54	朱子書節要	李滉 編	木板本			7책(零)	
55	朱書要類	趙翼 編	木板本		1642	5책(零)	
56	朱子文集大全	朱熹	木板本	完營藏板	辛卯(1771)	53책(零)	
57	敦孝錄	朴聖源	木板本		1783	29책	복본
58	丁酉式年司馬榜目		木板本		1811	1책	
59	鄕飮訓辭	樂育齋 編	筆寫本		1807	1책	
60	國朝五禮儀	申叔丹 等	木板本			7책(零)	
61	國朝續五禮儀	李德壽 等	木板本		1744	5권4책	

62	六禮疑輯	朴世采	木板本			12책	
63	痘科彙編	翟玉華	木板本	嶺營	1687	4권3책	
64	東醫寶鑑	許浚	木板本		1613	2책(零)	
65	三韻聲彙	洪啓禧	木板本	嶺營開刊	己丑	1책	
66	聽松先生集	成守琛	木板本		1806	4권1책	
67	睡谷集	李畬	木板本			19권13책	
68	東里集	李殷相	木板本		1702	1책(零)	
69	晉菴集	李天輔	芸閣印書體木活字本		1762	8권4책	
70	許貞簡公遺集	許詡	木板本		1770	1책	
71	木天麗澤[講目講語]	樂育齋 編	筆寫本		1895	1책	
72	選賦抄評註解删補	蕭統	木板本	安東府	庚午	9권3책	
73	纂註杜詩澤風堂批解	李植	木板本		1739	23책	복본
74	磻溪隨錄	柳馨遠	木板本		1770	12책(零)	
75	麗史提綱	俞棨	木板本			7책(零)	
76	史要聚選	權以生	木板本			1책(零)	
77	少微家塾點校附音通鑑節要	江贄 編	木板本	嶺營新刊	壬辰	8책(零)	
78	史記	司馬遷	木板本			13책(零)	
79	資治通鑑綱目	朱熹 撰	木板本	思政殿訓義		59책(零)	
80	續資治通鑑綱目	金宇顒 編	木板本	晴川書院	1808	14책	
81	史補略	李時善	木板本	嶺營新刊	1863	1책(零)	
82	漢書	班固	木板本			23책(零)	복본
83	東萊先生音註唐鑑	呂祖謙 註	木板本			24권4책	

84	史記英選	正祖 御定	木板本	嶺營新刊	丁巳(1797)	1책(零)	
85	史漢一統	崔립 編	木板本			8책(零)	
86	宋朝名臣言行錄(前集)	朱熹	木板本		1666	10권 3책	
87	宋朝名臣言行錄(後集)	朱熹	木板本		1666	3책(零)	
88	宋朝名臣言行錄(續集)	李幼武	木板本		1666	1책(零)	
89	宋朝名臣言行錄(別集)	李幼武	木板本		1666	7책	복본
90	宋朝名臣言行錄(外集)	李幼武	木板本		1666	17권 5책	
91	湖叟實紀	鄭世雅	木板本		1782	8권2책	
92	璿源系譜記略		木板本		1801	1책	
계						806책	

---

1) 이 목록은 필자가 발표한「영남 낙육재 고 - 특히 영남지방의 도서관적 기능과 그 효시로서」, 대구시립도서관, 『圖書館報』, 3호(1978)에 수록한 것이다. 당시 764책으로 파악하였는데 42책을 추가하여 806책으로 확인하였다.

낙육재 『시부(詩賦)』 [재록] 영인본
뒷면(282쪽부터)

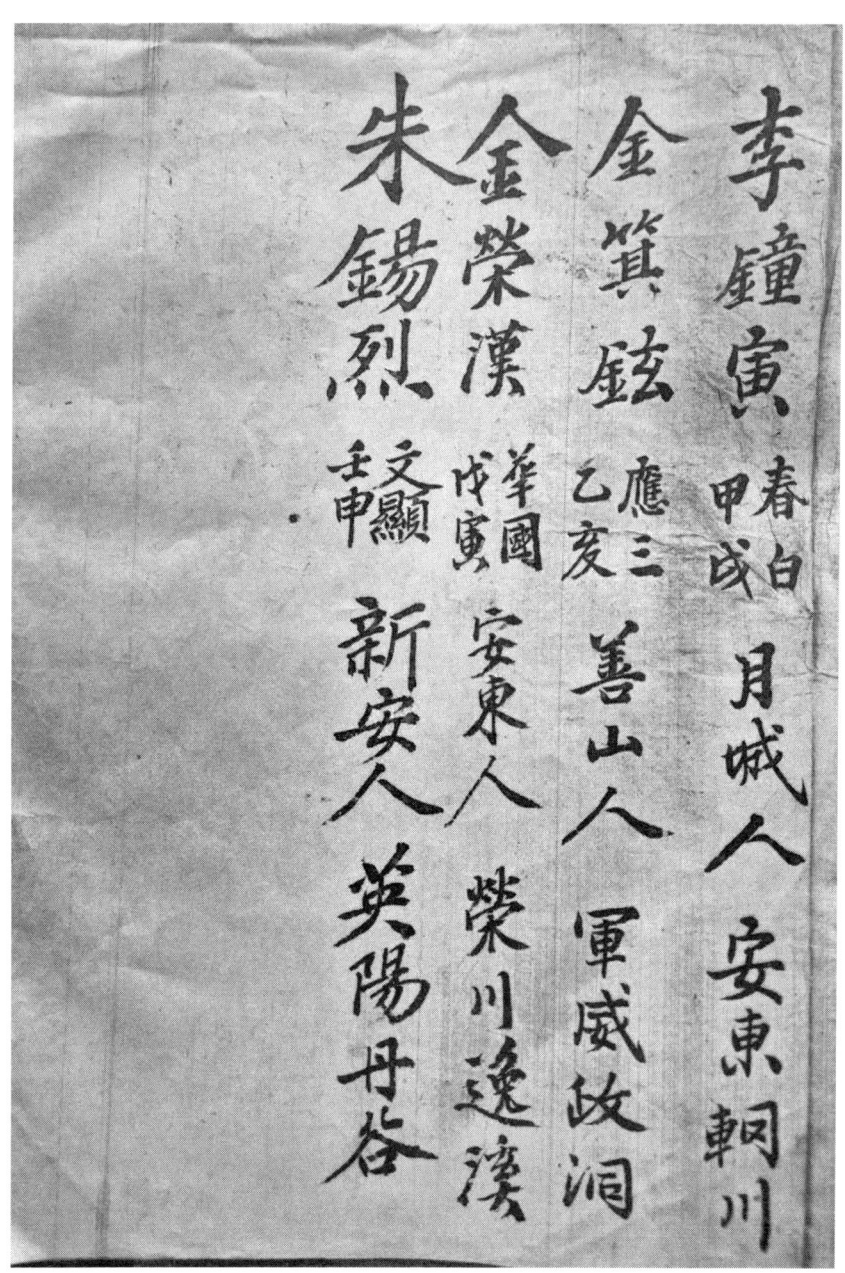

崔晉東 聖甫 癸未 永陽人 金山新下
權規洛 甲正 乙申 安東人 新寧甲峴
陳秀廈 乙明俊 酉 慶州人 興海三海
成斗煥 應極 丁亥 昌寧人 尙州西郭
金秉曾 賢五 戊辰 義城人 豊基瓦洞
李左鉉 明九 甲戌 載寧人 寧海翼洞

朴象祚 丙子啓伯 月城人 義興羅湖
郭養慶 丙子聖昊 玄風人 清河古縣
徐萬坤 己卯載年 達城人 大邱山格
權空國 己卯度淑 安東人 延日洙洞
安球鎮 壬午舜如 順興人 龍宮月梧
卞顯純 壬午周顯 草溪人 比安後村

沈東澤 辛仲平末 青松人 青松德川
蔡南鎮 甲應戌七 仁川人 咸昌利安
李秉玉 甲明戌鈺 永川人 河陽楊洞
呂徹淵 甲舜戌遠 星山人 星州樹村
金瀅相 乙周亥彦 光山人 奉化余浦
李培達 丙中子執 仁川人 大卯無怠

丙午二月 日抄選

李榮基 華玉 鐵城人 清道月谷
朴永琪 鎮五 丙寅 鐵城人 高靈直洞
李寅植 士建 丁卯 永川人 義城山雲
張智煜 懋若 丁卯 仁同人 仁同淵北
蔡武植 源卿 仁川人 慶山獐甫

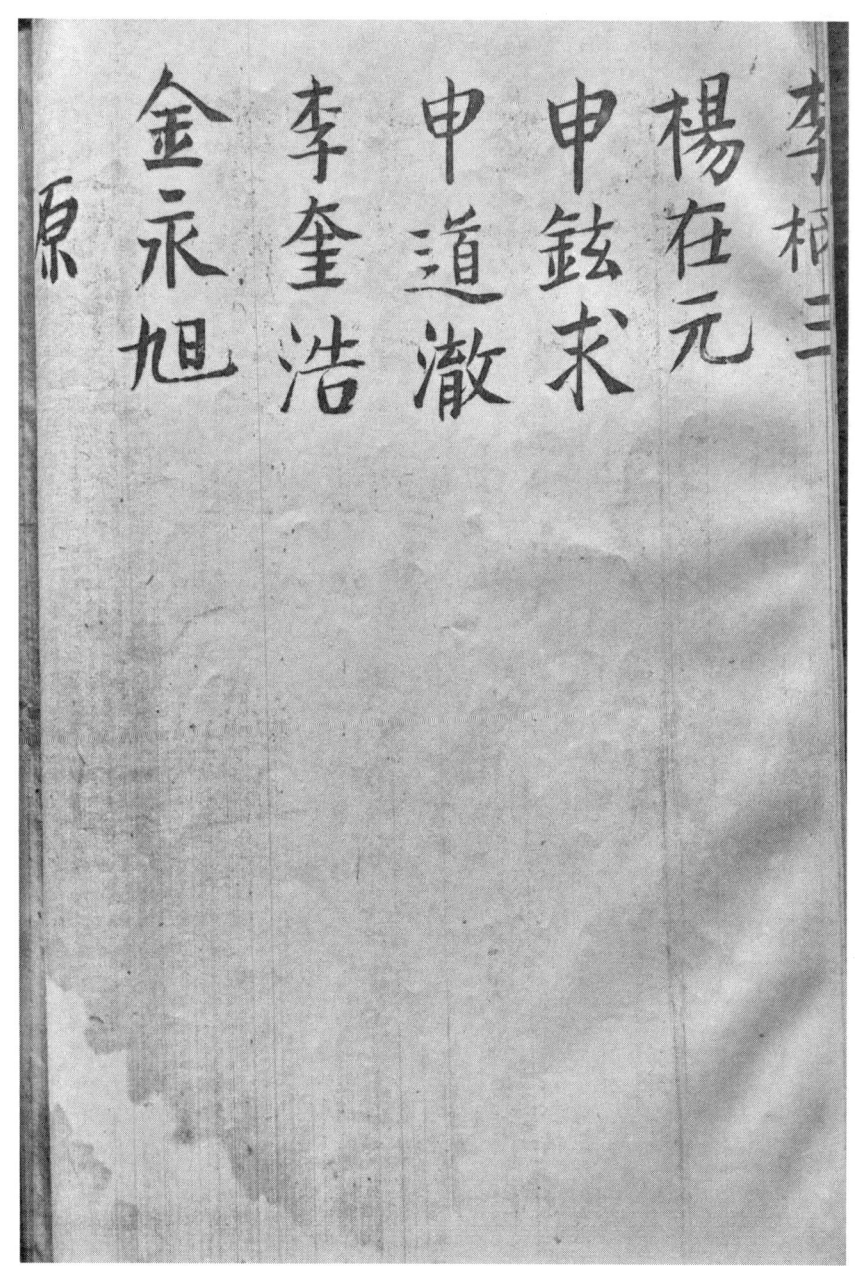

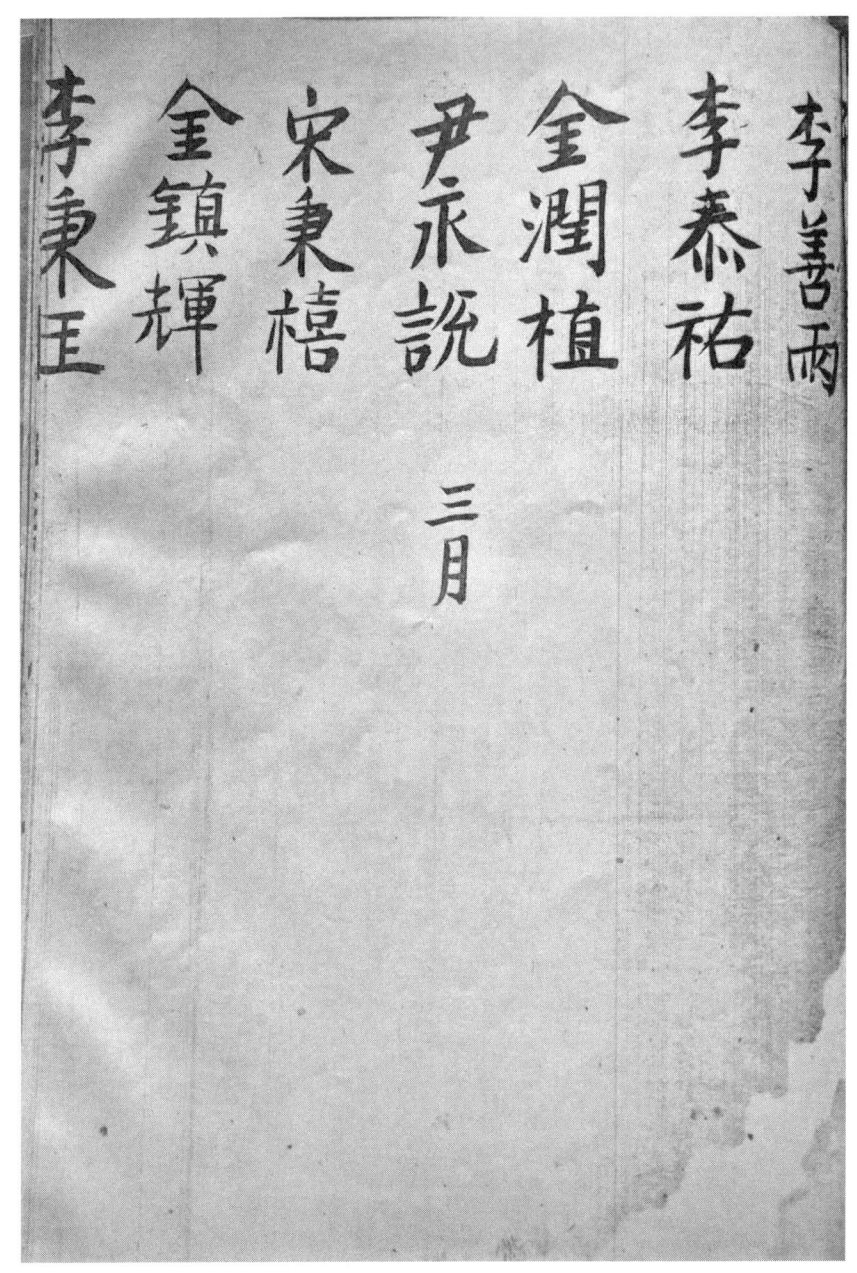

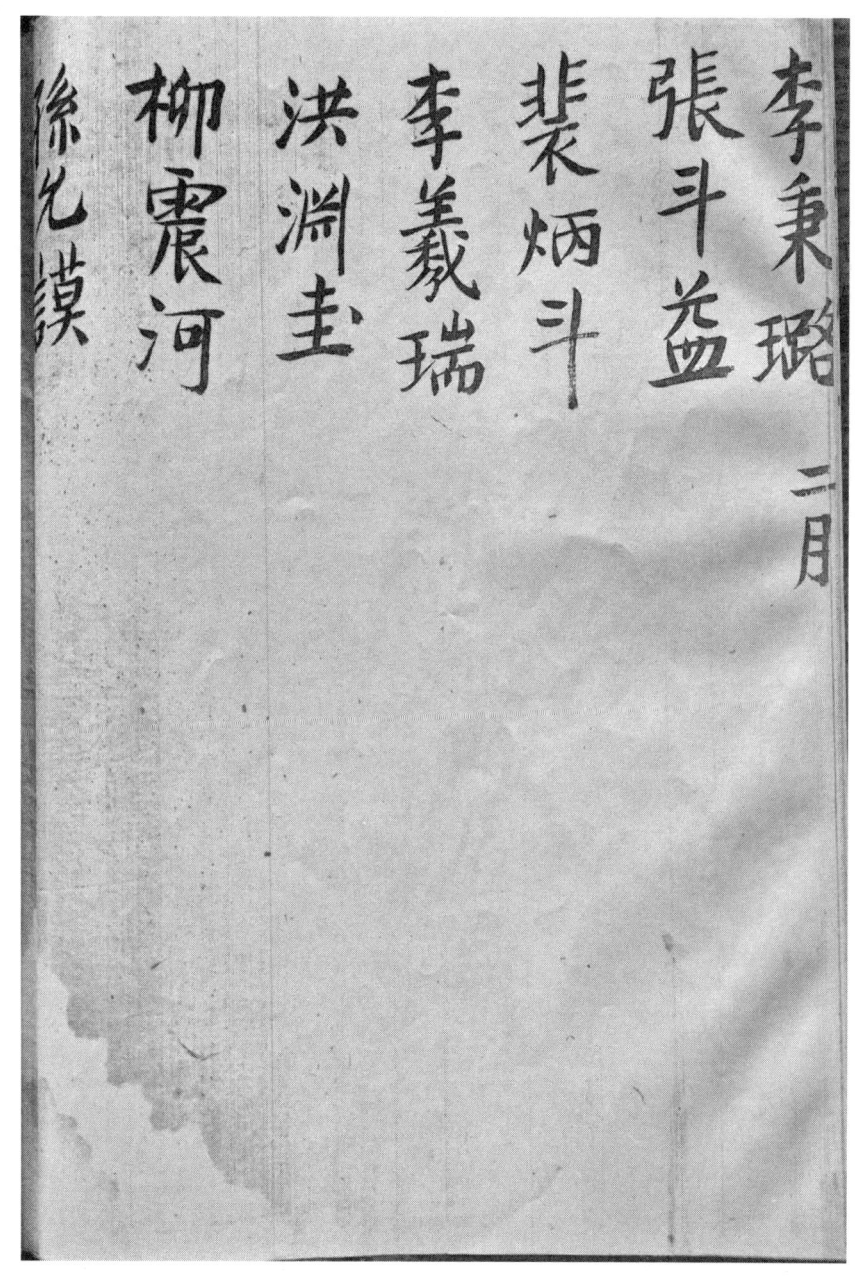

李秉璐 二月
張斗益
裵炳斗
李羲瑞
洪淵圭
柳震河
徐兌謨

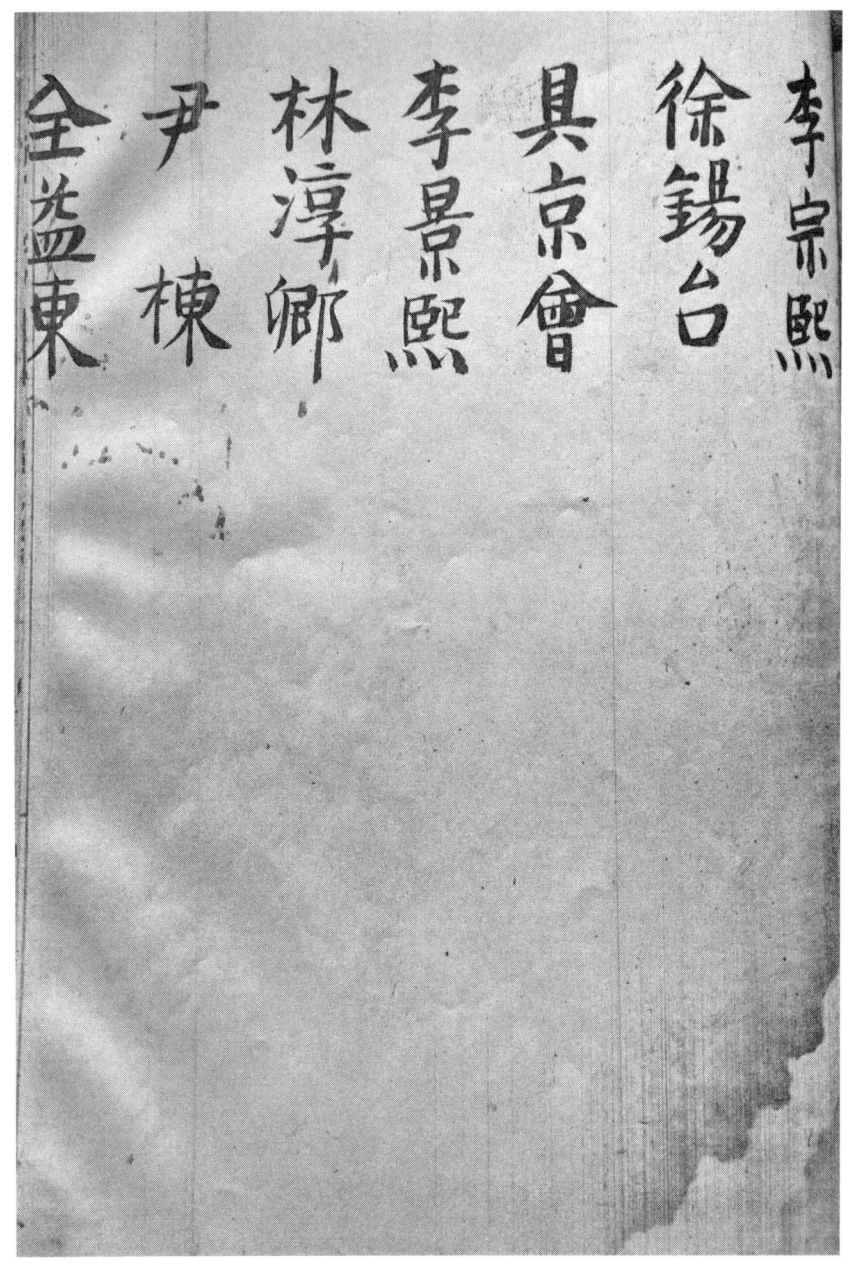

李宗熙
徐錫台
具京會
李景熙
林淳卿
尹棟
全益東

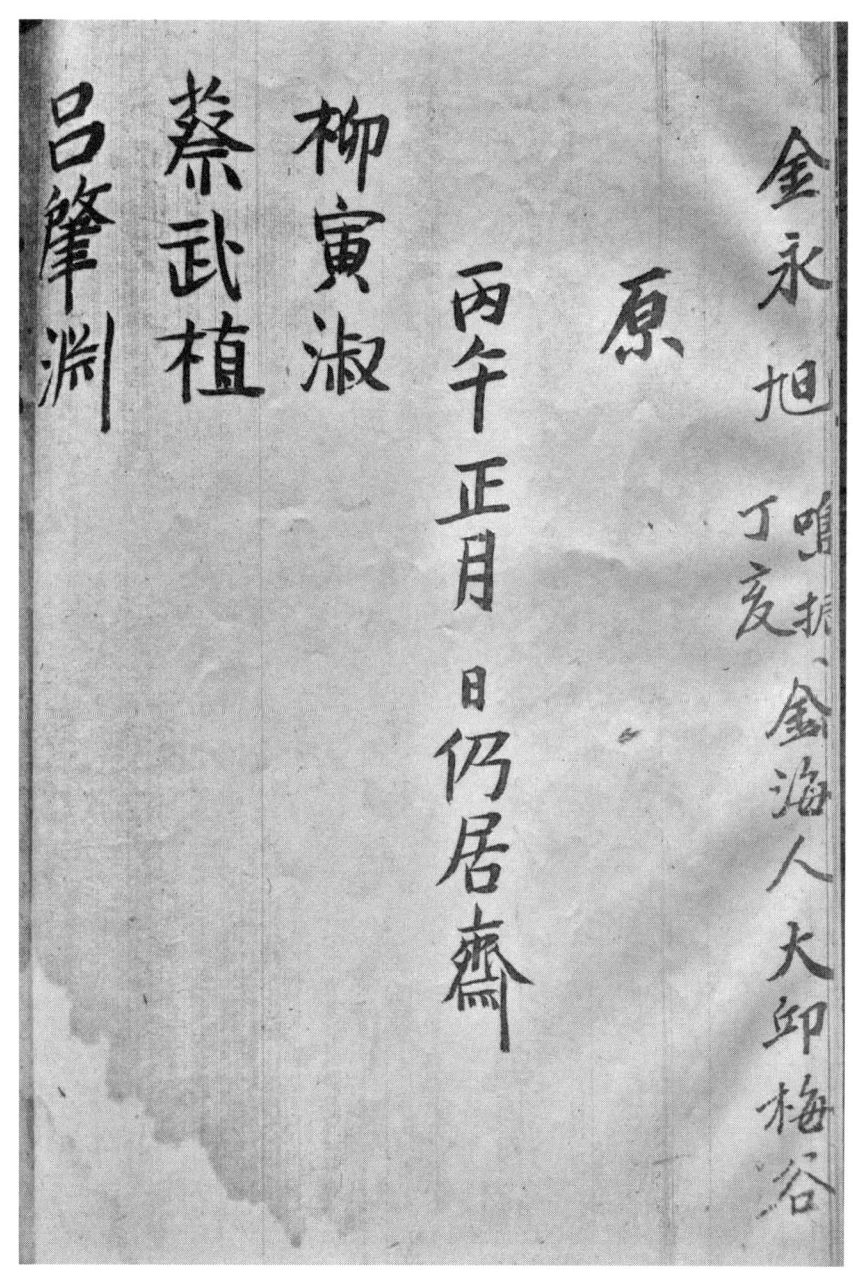

金永旭 丁亥 唱振 金海人 大卯梅谷
原
丙午正月 日 仍居齋
柳寅淑
蔡武植
呂肇淵

李秉玉 甲戌 明鎬 永川人 河陽栅溢

金鎭輝 庚辰 明振 義城人 軍威下武

李柄三 辛巳 台卿 仁川人 大邱無怠

楊在元 春汝 中和人 大邱池山

申鉉求 丙戌 自汝 平山人 大邱黃青洞

申道澈 壬午 汝一 平山人 大邱新塘

李奎浩 庚辰 在玉 隴西人 大邱閈塘

李善雨 庚寅 慶州人 大邱枝底

李泰祐 丙戌 乃遠 永川人 義興新院

金潤植 丁亥 德遠 金海人 大邱新基

十二月

尹永說 癸亥 國彥 坡平人 慶州佳尺

宋秉梧 癸酉 德五 恩津人 河陽德村

張斗光 應三 巳巳 仁同人 仁同淵北

裵炳斗 丙子 星 達城人 大邱邑村

李羲瑞 巳卯 見河 永川人 檀安汾川

洪淵圭 辛巳 玄夫 岳林人 義興大栗

柳震河 辛巳 仲汝 文化人 大邱枝底

孫允謨 丙戌 元執 安東人 大邱枝底

李景熙 庚寅 仁川人 大邱 台村
林淳卿 甲戌 晦叔 平澤人 大邱 金洞
尹棟 戊子 周見 坡平人 大邱 暎碧亭
全益東 乙酉 士一 旋善人 泰谷 菊洞
李秉璐 甲子 玟玉 永川人 河陽 楊洞

十一月

柳寅淑 丙寅九 文化人 茶谷校村
蔡武植 戊辰卿 仁川人 慶山麟角
呂肇淵 辛未馨遠 星山人 星州樹村
李宗熙 戊寅海卿 仁川人 大邱台村
徐錫台 戊寅權七 大邱人 大邱山格
具京會 丁亥載叔 綾州人 大邱無怠

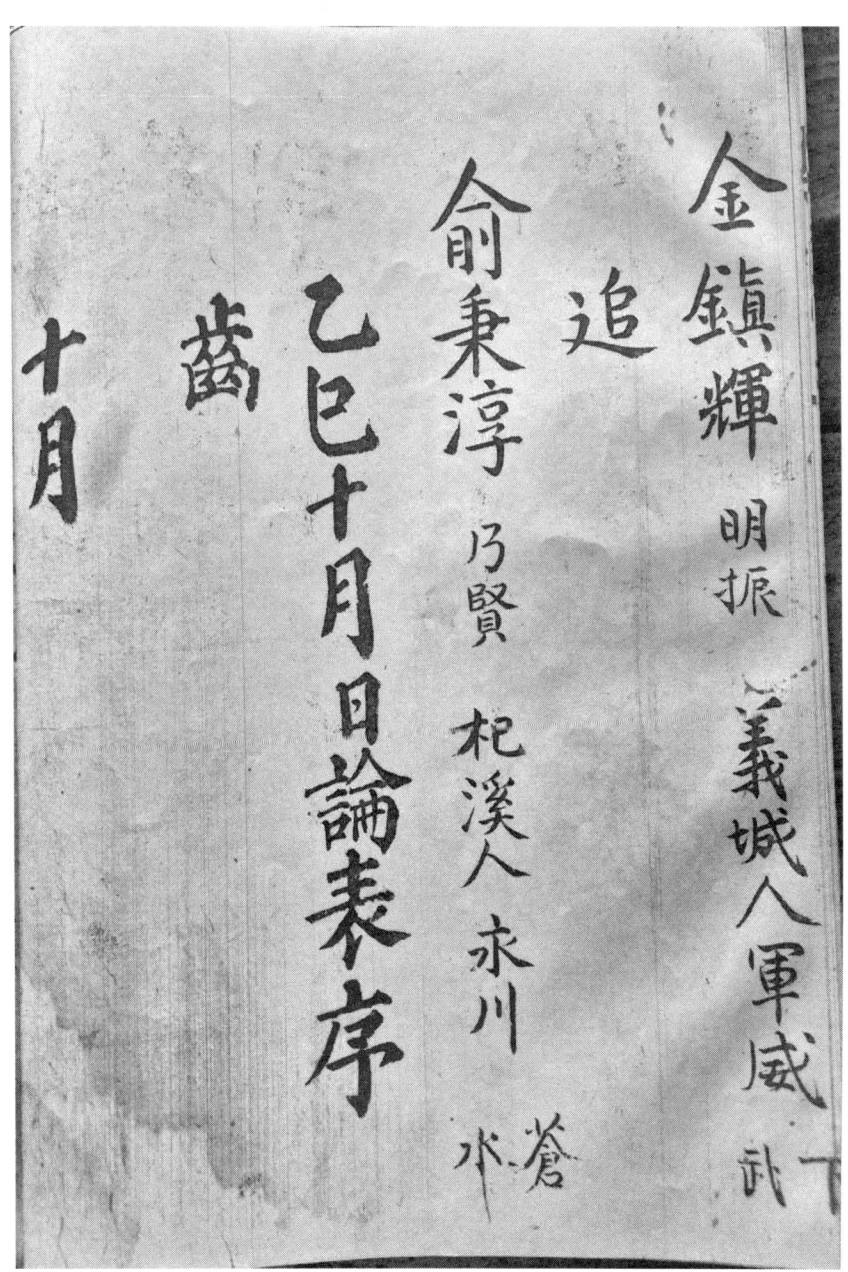

金鎭輝 明振 義城人 軍威 下

追

俞秉淳 乃賢 杞溪人 永川 蒼

齒 乙巳十月日論表序

十月

李宗熙 海卿 仁川人 大邱 村台

崔海溢 謙受 慶州人 大邱 洞西

蔡炳調 德順 仁川人 大邱 洞壯

金相周 在彦 金海人 大邱 湖也

李秀榮 景玉 德山人 柒谷 洞菊

黃儇璉 衡七 長水人 河陽 谷東

徐鎭泰 文可 大邱人 大邱梧山

具允書 希舜 綾州人 大邱息無

李玄誠 禹善 全義人 大邱台三

金幾秀 允若 慶州人 大邱息無

朴時瑩 擎燦 密陽人 慈仁 朴束

李寅植 士建 永川人 義城 雲山

乙巳三月十五日策榜次

朴奎東 成玉 密陽人 清道 安新 道薦主事

蔡武植 烈卿 仁川人 慶山 角麟

柳震河 仲汝 文化人 大邱 唐枝

沈東澤 平仲 青松人 青松 川德

申龍均 心可 平山人 義興 老古 道淵

洪淳圭
金尚培
裵錫采
李秀榮
原

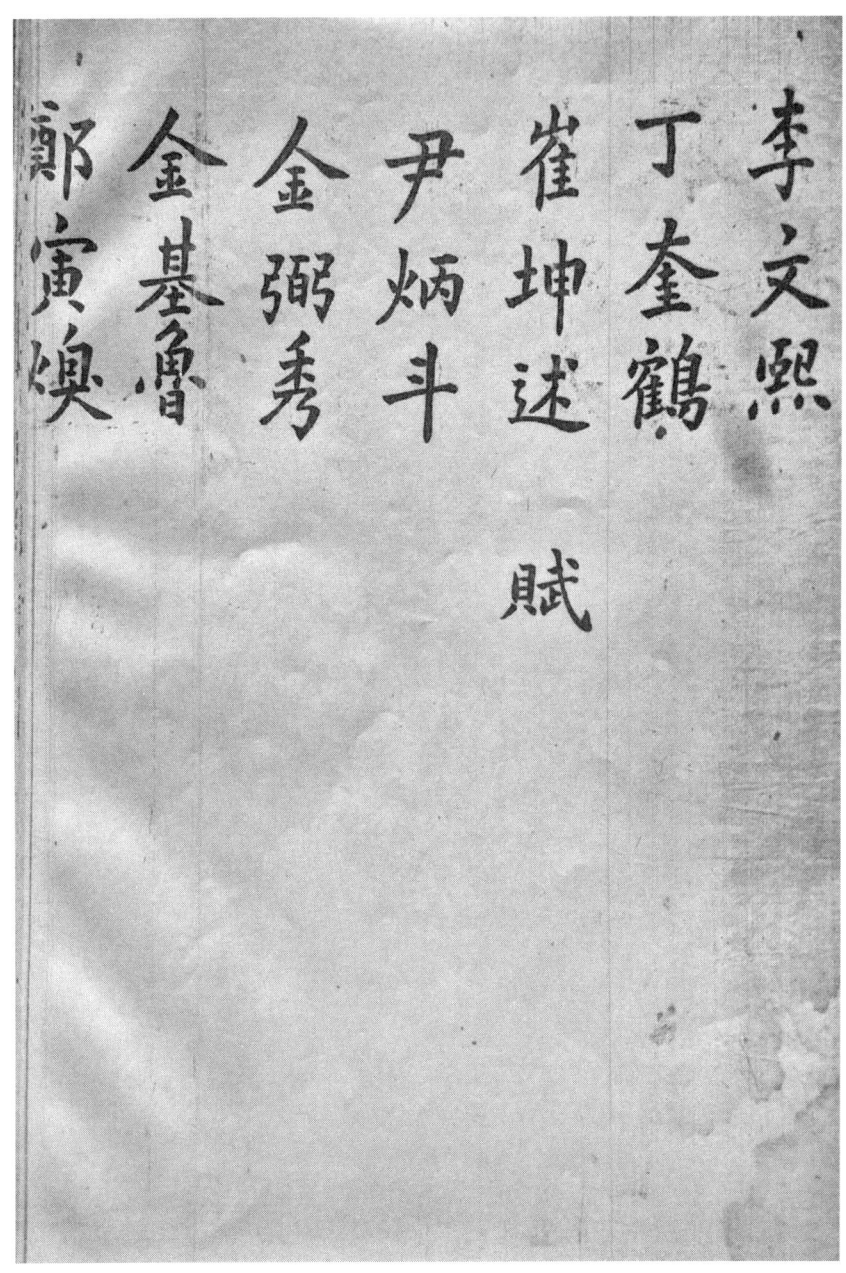

李文熙
丁奎鶴
崔坤述　賦
尹炳斗
金彌秀
金基魯
鄭寅煥

都聲浩

李龍洛

蔡武植

吳衡中

李漢春

琴東烈

李柄三

詩

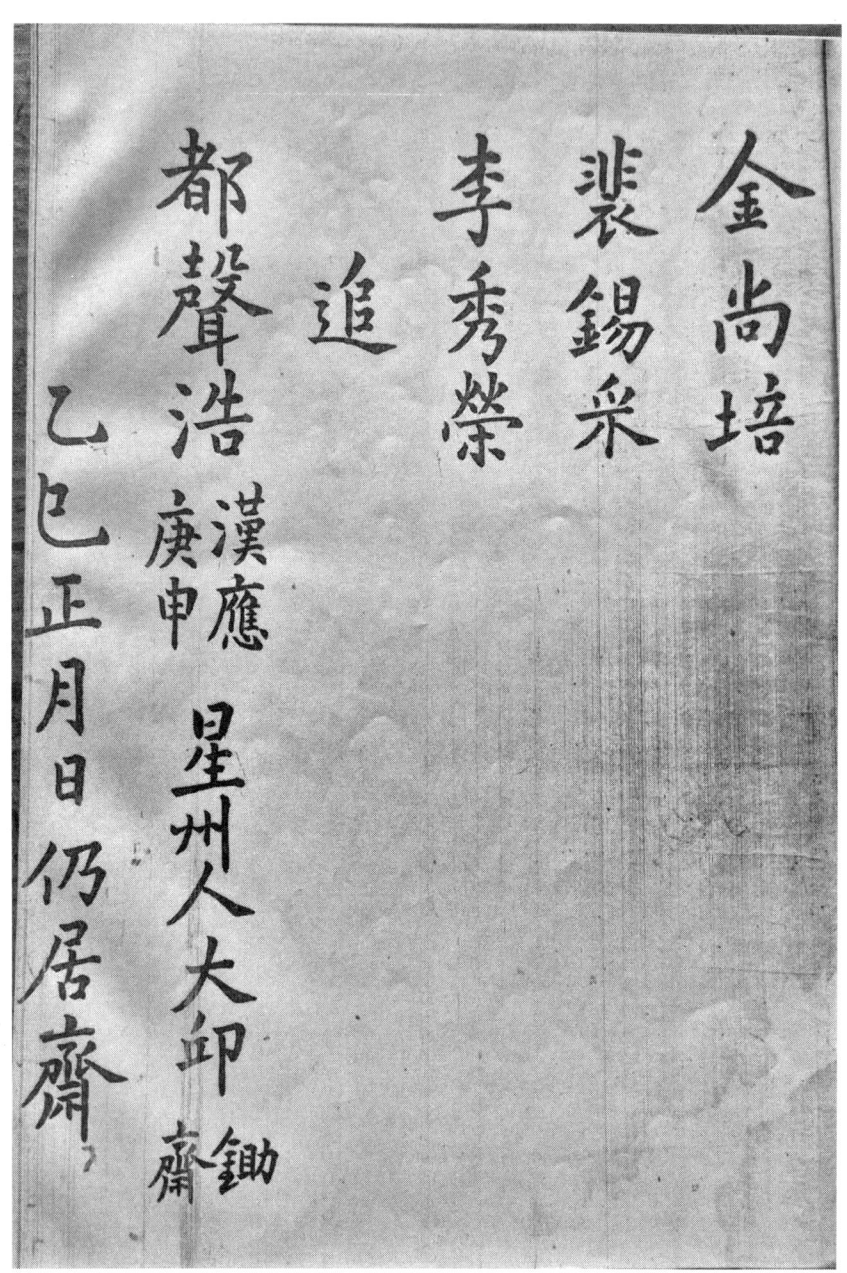

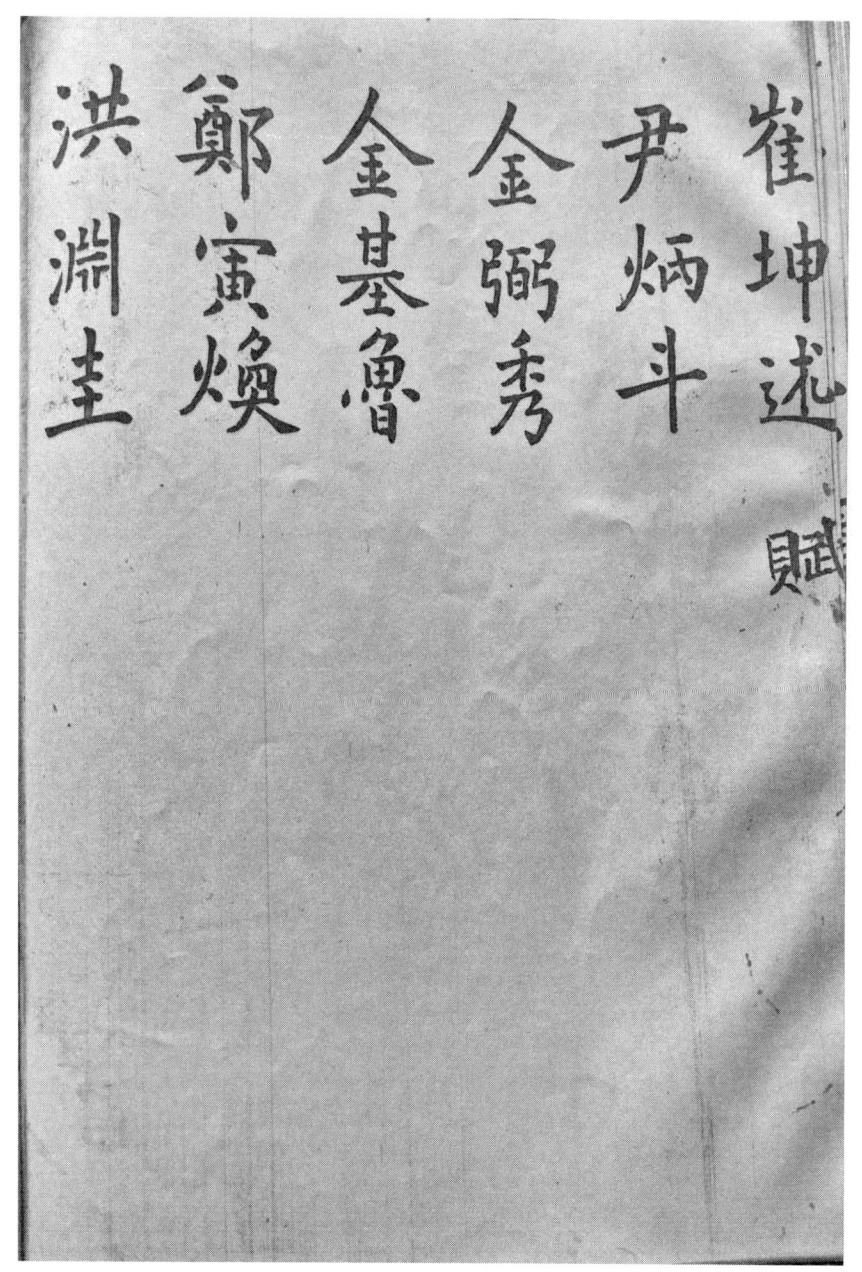

崔坤述
尹炳斗
金弼秀
金基魯
鄭寅煥
洪淵圭

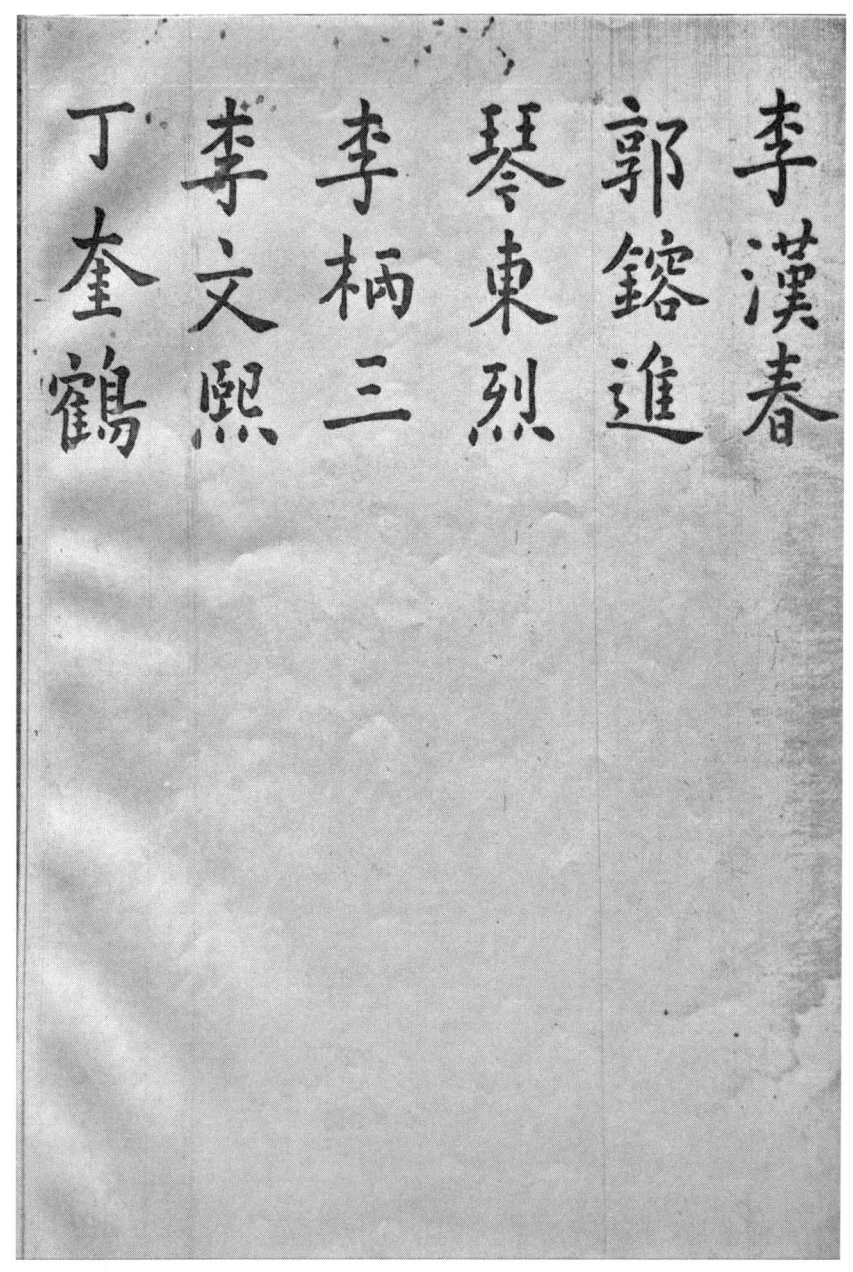

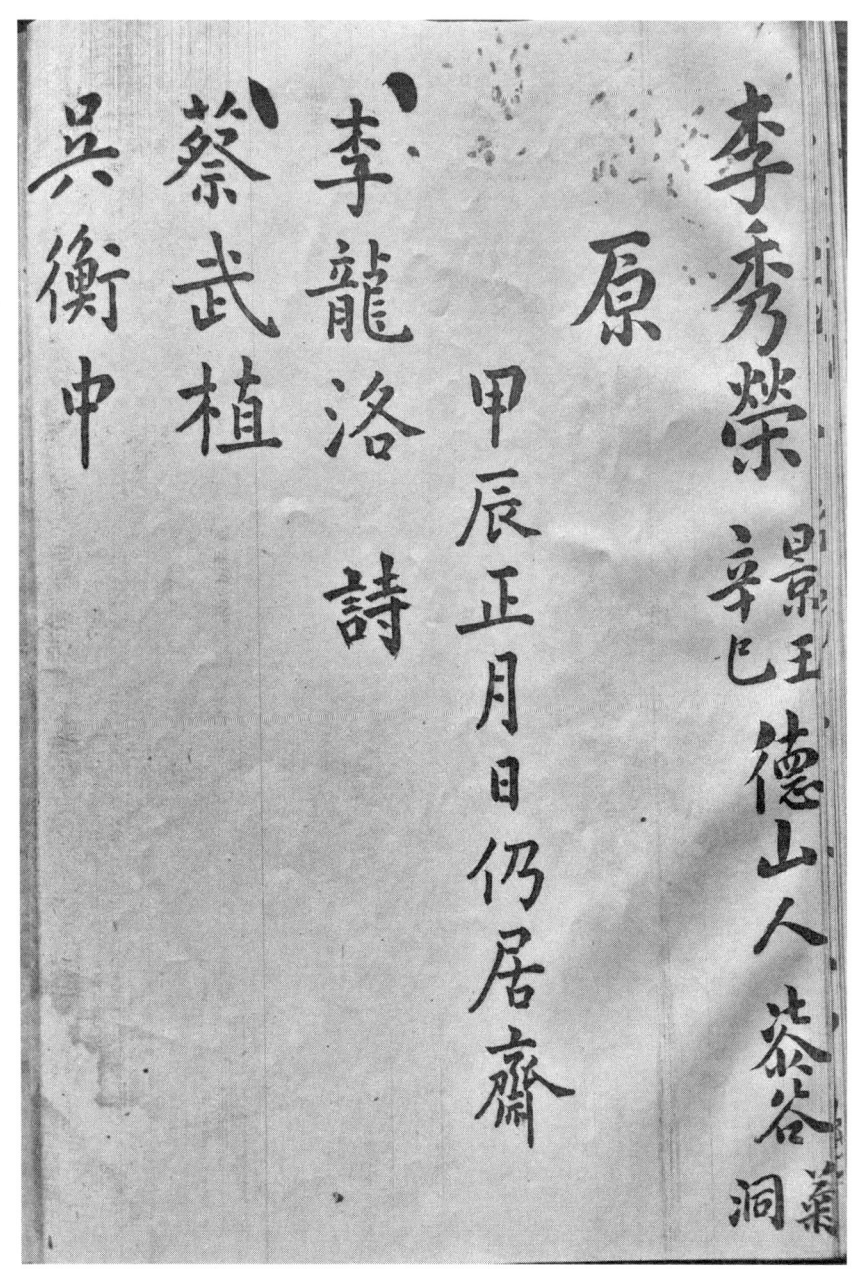

李秀榮 景玉 辛巳 德山人 茶谷洞

原

李龍洛 詩 甲辰正月日仍居齋

蔡武植

吳衡中

一金彌秀 己元弘 慶州人 大邱無
金基魯 壬聖極 咸昌人 北安川浴
鄭寅煥 乙敬元 東萊人 軍威梅新
洪淵圭 辛玄甫 金林人 義興粟大
金尚培 丁子卯丑 金海人 慈仁村鷹
裵錫采 戊仲寅卯 達城人 茶谷南梅

李柄三 辛巳 仁川人 大邱 ○○
李文熙 命初 乙酉 仁川人 大邱 ○無
丁奎鶴 在鳴 戊子 羅州人 大邱 塘聖
賦
崔坤述 子劇 庚午 慶州人 高靈 洞凍
尹炳斗 舜重 壬申 茂原人 大邱 內池

李龍洛 應八 丁卯 永川人 禮安川汾

蔡武植 烈卿 戊辰 仁川人 慶山角麟

吳衡中 元一 戊午 海州人 長鬐校洞

李漢春 華仲 己巳 仁川人 大邱息無洞

郭鎔進 聖三 辛未 玄風人 大邱豆村

琴東烈 國普 壬申 鳳城人 奉化浸浦

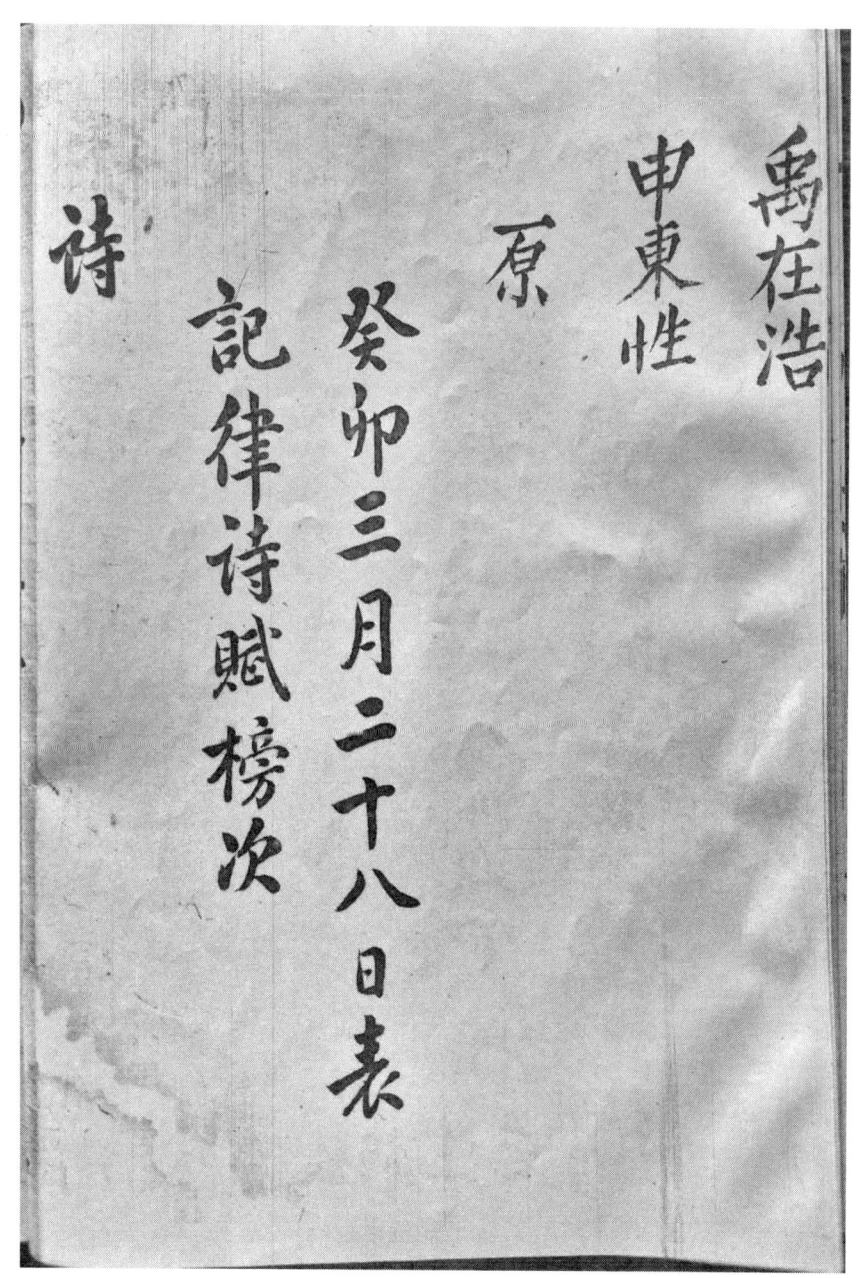

詩

原

申東性

禹在浩

癸卯三月二十八日表
記律詩賦榜次

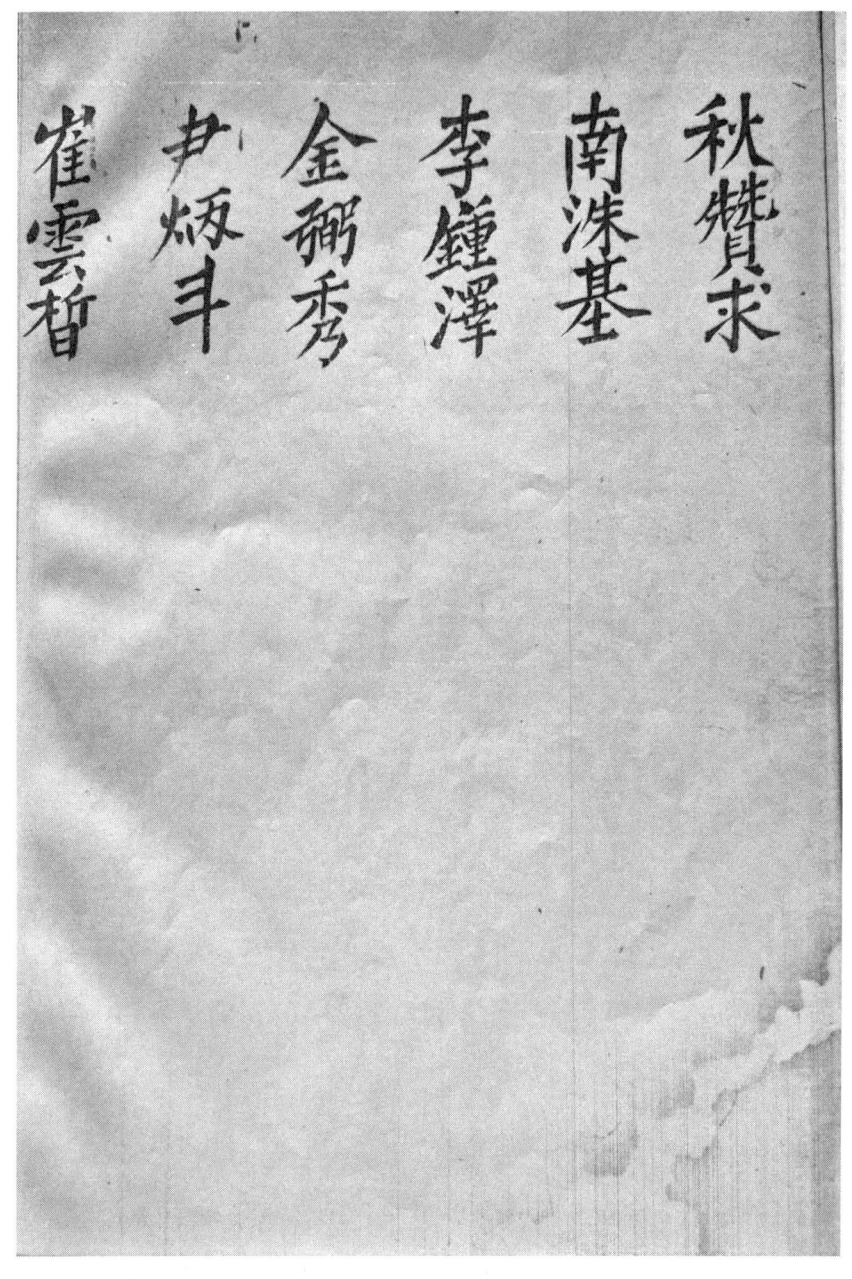

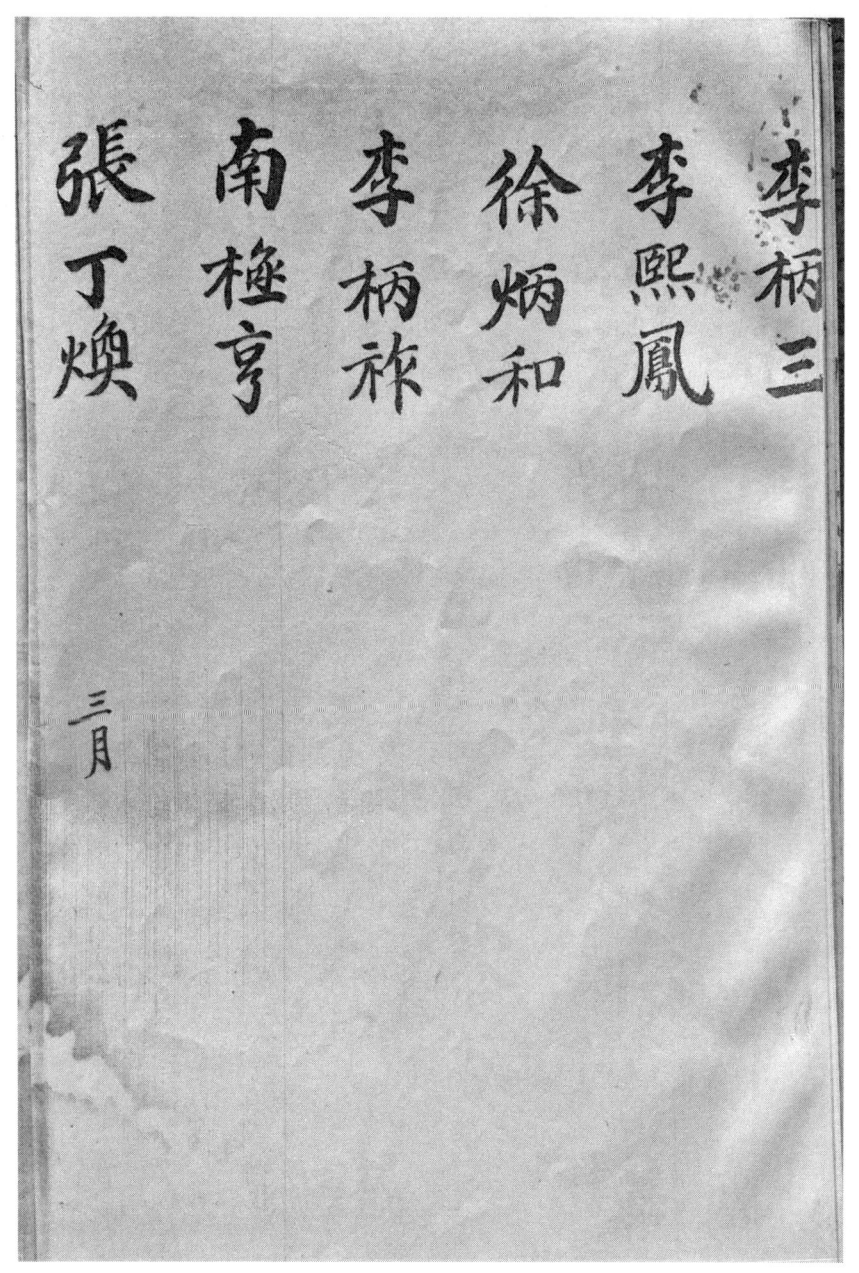

李柄三
李熙鳳
徐炳和
李柄祉
南極亨
張丁煥

三月

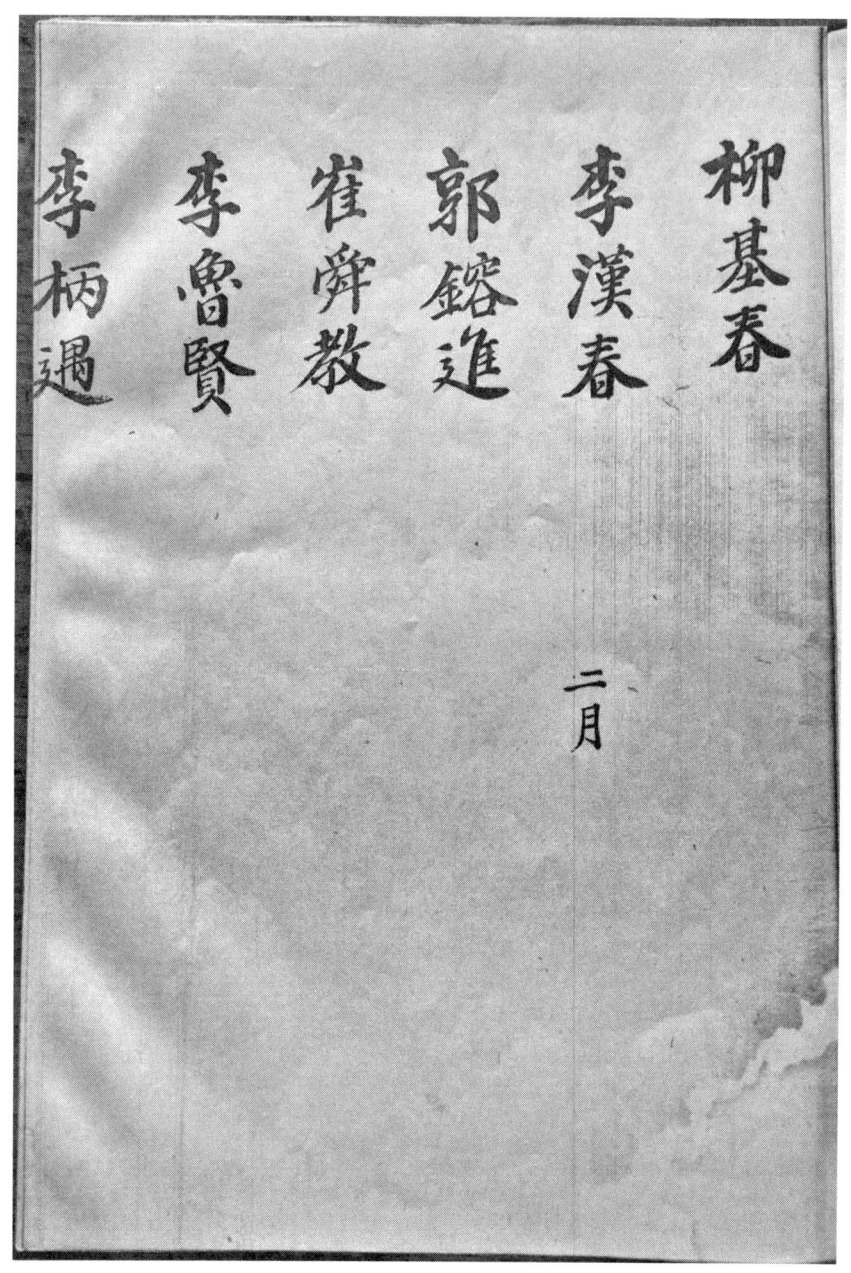

徐載鎬
李宗熙
具定書
徐錫台
崔奎煥
金溶福

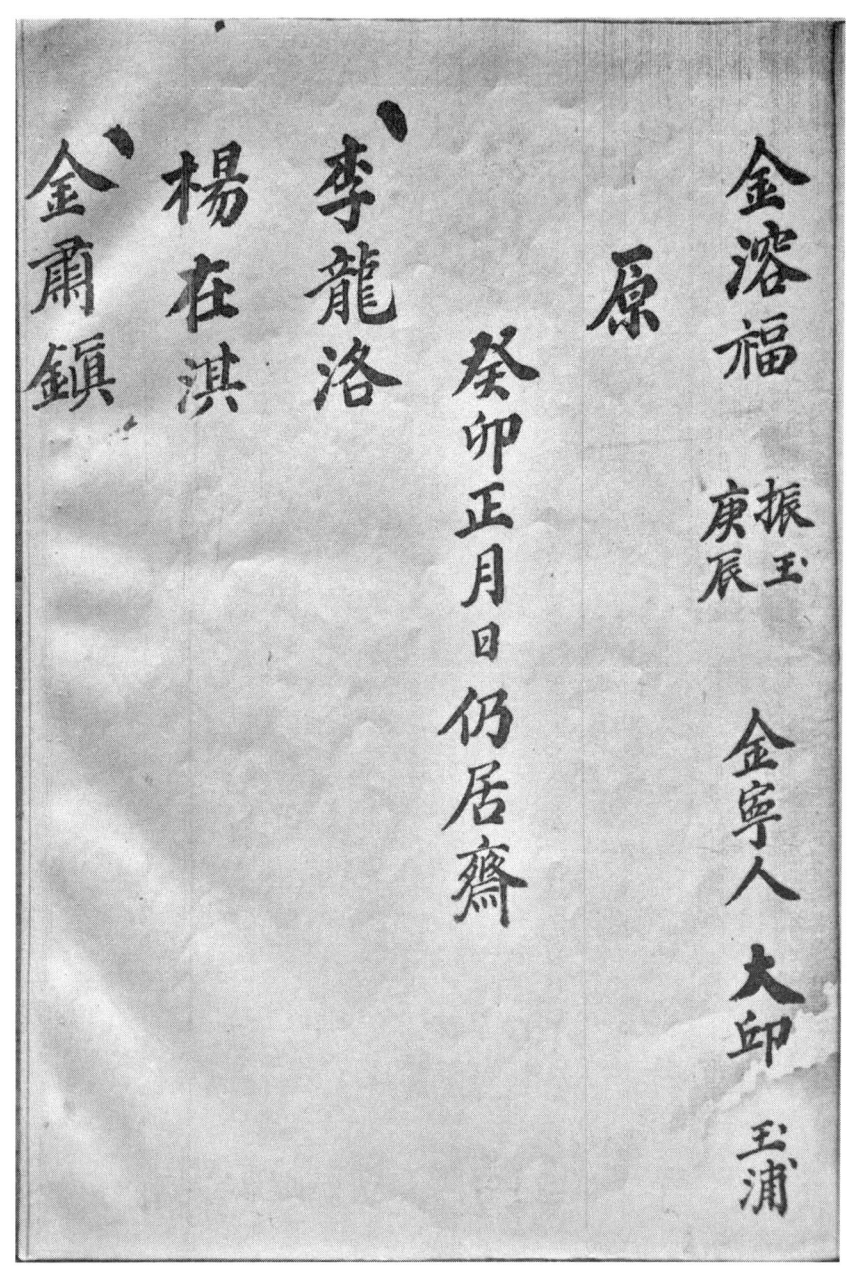

崔雲晳 祥郁 乙亥 慶州人 大邱 成九

禹在浩 聖老 戊寅 丹陽人 河陽 村德

李壽岳 恭谷

申柬性 公善 甲申 平山人 大邱 項橋
追

朴孝建 魁洪 己卯 密陽人 善山 芝

張丁煥 丁武若 仁同人 仁同北淵
秋贊求 丁伯猷 丁卯 秋溪人 大邱川伊
南洙基 丁魯源 丁卯 英陽人 慶山詩洞
李鐘澤 戊子辰宣 慶州人 慶山詩洞
金彌秀 己己弘 慶州人 大邱無憩
尹炳斗 壬舜申仲 漆原人 柒谷池內

李柄三 辛□ 仁川人 大邱 急□

李熙鳳 辛巳 順天人 慈仁 駕日

徐炳和 癸未 景元 達城人 大邱 岱院

李柄旅 乙酉 福慶 仁川人 大邱 急□

南極亨 乙酉 良壽 英陽人 大邱 石立

八月

七月

李漢春 華仲 己巳 仁川人 大邱 息無

郭鎔進 聖三 辛未 玄風人 大邱 村芳

崔舜敎 寬五 丁丑 慶州人 大邱 妙智

李魯賢 聖哉 戊寅 德山人 茶谷 池陽

李柄遇 德正 寅辰 仁川人 大邱 息無

徐載鎬	李宗熙	具定書	徐錫台	崔奎煥	柳基春
武娘甲戌	海鄉戊寅	在參戊寅	權七戊寅	聚五癸未	和一壬午
達城人大邱	仁川人大邱	綾州人大邱	達城人大邱	慶州人大邱	文化人大邱
格山	無怠	無怠	格山	江洞	坊内

< 2 >

壬寅五月晦日月次詩賦

六月

、李龍洛 應八 丁卯 永川 禮安汾
楊在淇 戊辰 龜瑞 中和人 大邱池
、金肅鎭 己巳 九叙 安東人 奉化葛
仙李柄泰 辛未 汝瞻 仁川人 大邱息無川

낙육재 『시부詩賦』[재록] 영인본

　이 자료는 대구광역시립중앙도서관 소장본인데 필자가 1978년에 복사해 둔 것을 영인한 것이다.

낙육재 『재록齋錄』 영인본

뒷면(334쪽부터)

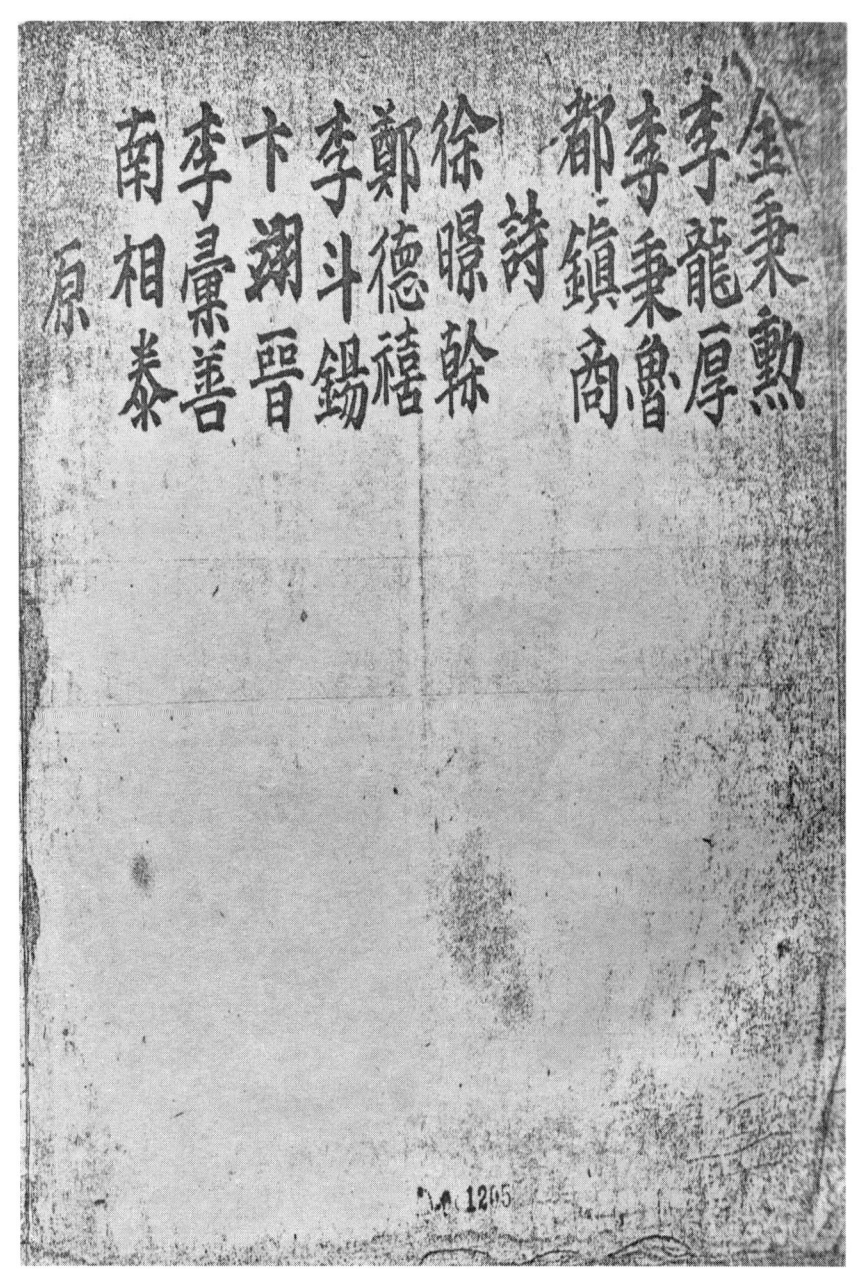

金秉勳
李龍厚
李秉魯
都鎭商
徐暎幹
鄭德禧
李斗錫
卞潁晉
李彙善
南相泰

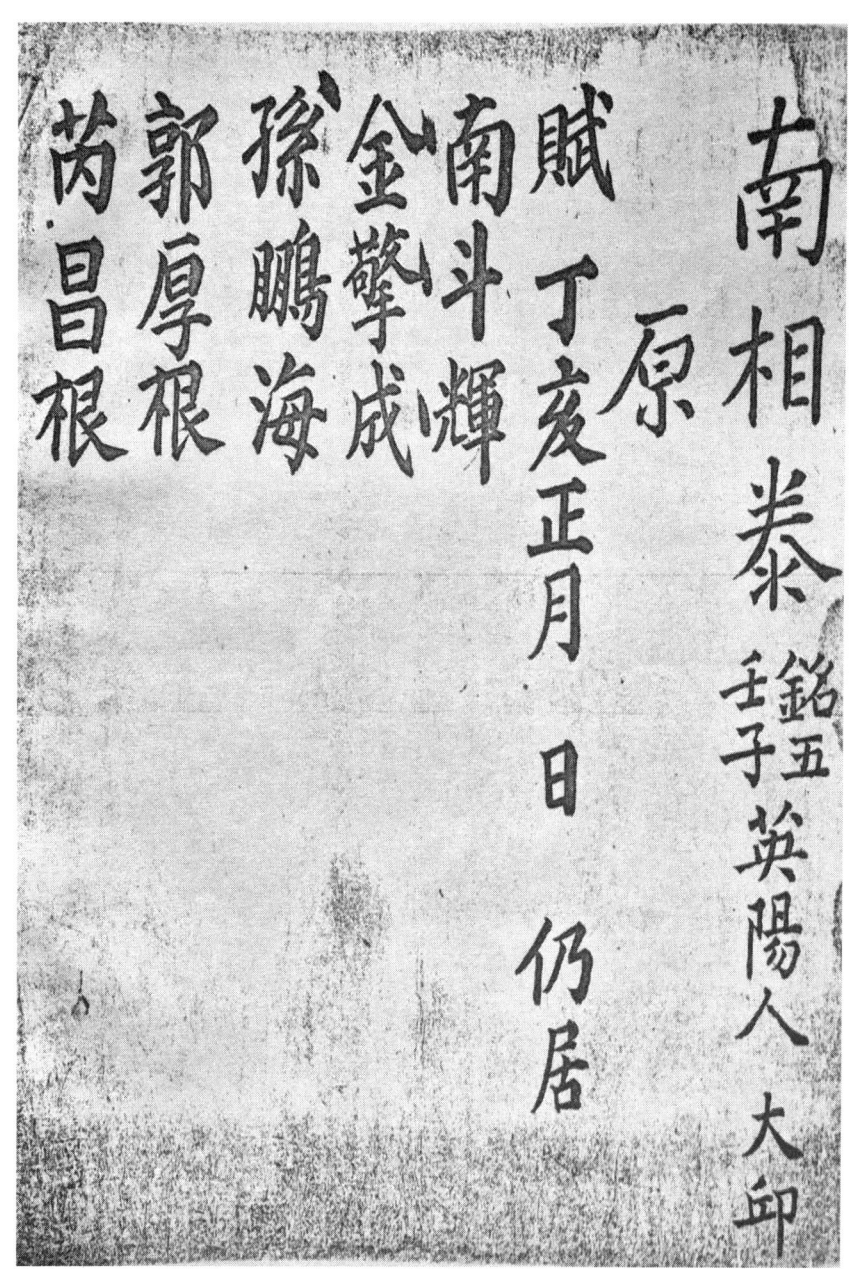

都鎭商 癸亥 星州人 大邱
徐暻斡 戊寅 景瑞 大邱人 慶山
鄭德禧 學波 辛卯 東萊人 東萊
李斗錫 極彥 癸卯 德山人 茶谷
卞翊晉 龍益 甲辰 草溪人 蔚山
李彙善 啓老 庚戌 圍城人 清道

金警戒 己亥 班洪 金寧人 彦陽
孫鵬海 壬寅 順翠 安東人 大邱
郭厚根 癸卯 文極 玄風人 高靈
芮昌根 甲辰 武汝 義興人 清道
金秉勳 戊申 克明 海平人 機張
李龍厚 己酉 聲應 碧珍人 宜寧
李秉魯 丙辰 國夫 碧珍人 永川

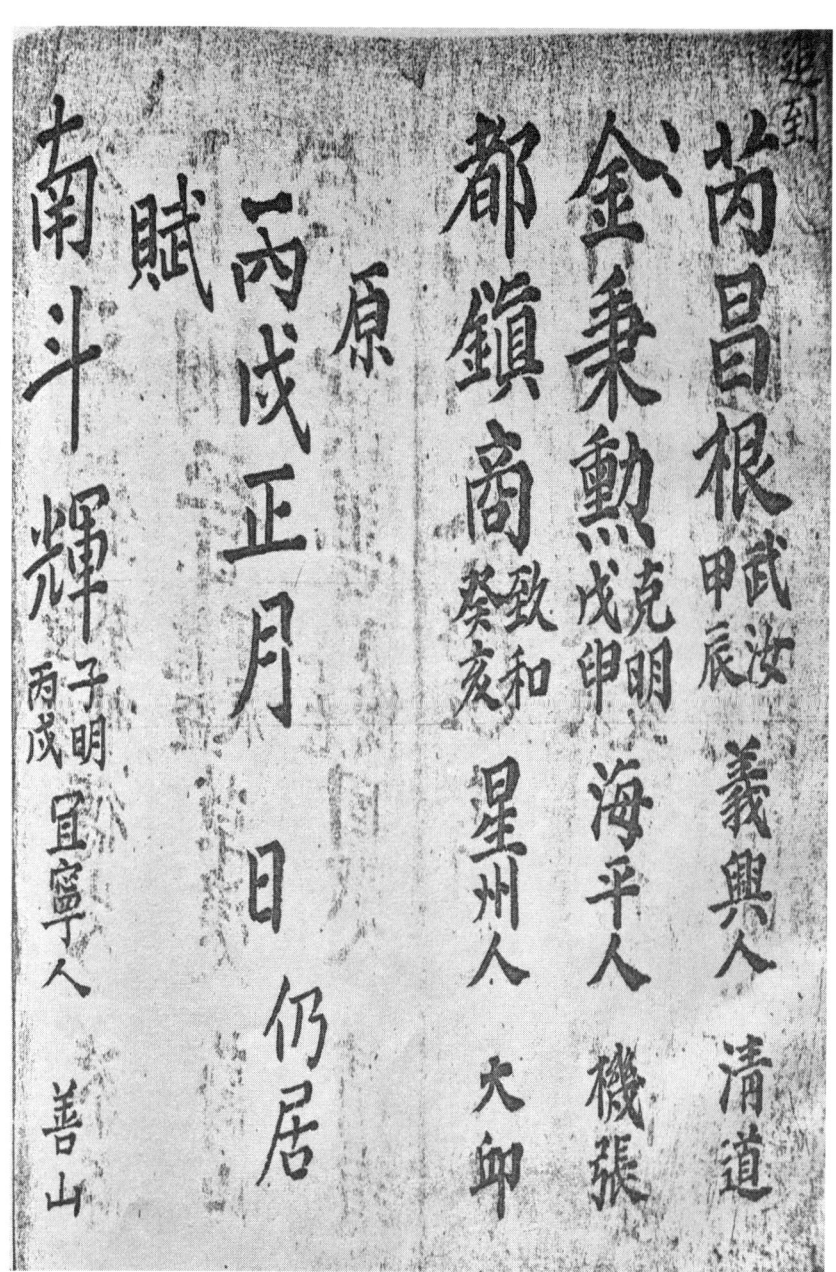

〈 44 〉

李斗錫 極彥 癸卯 德山人 茶谷
卞翊晉 甲辰 龍益 草溪 蔚山
李彙善 庚戌 啓老 固城人 清道
南相㻩 辛亥 銘五 英陽人 大邱
朴尚玉 辛亥 文表 咸陽人 比安
李庭樹 甲寅 道化 固城人 清道

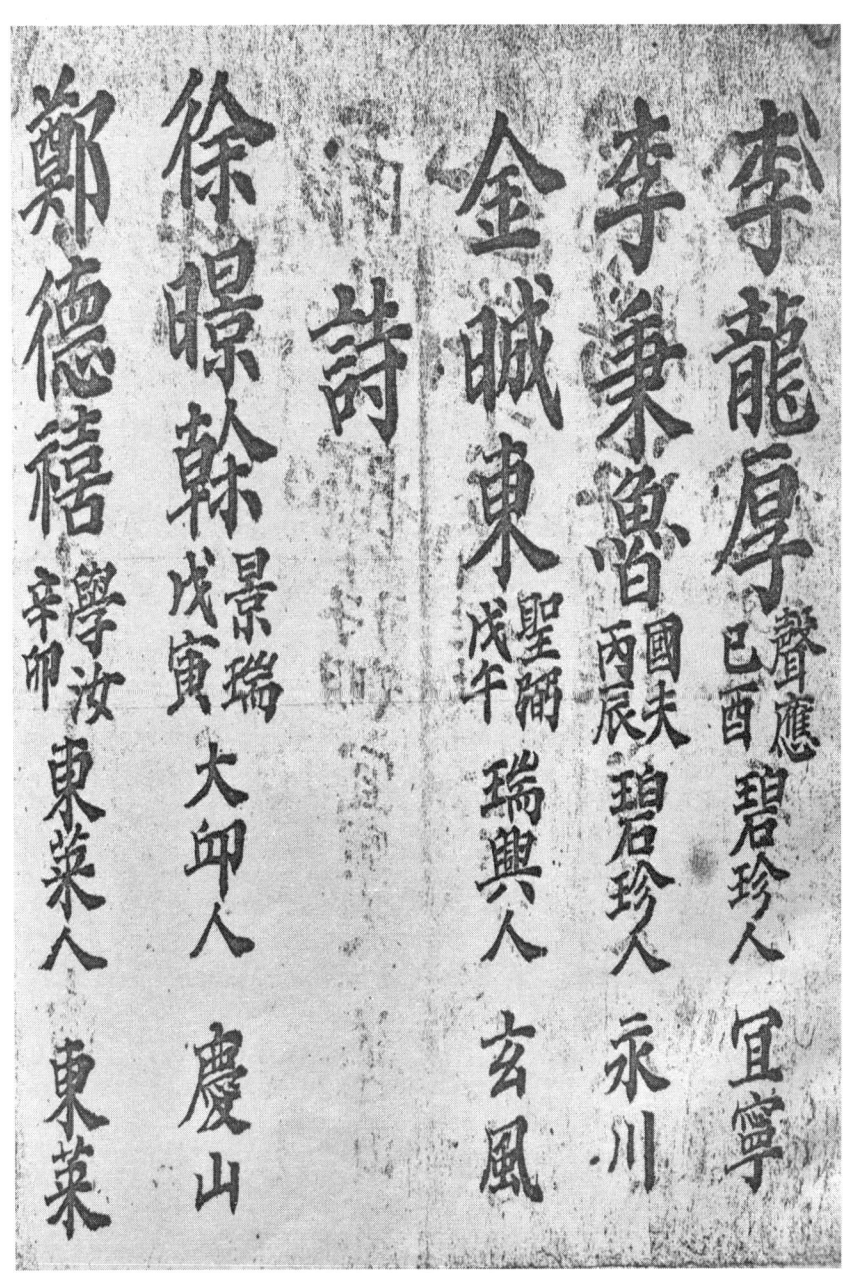

詩

李龍厚 己酉 聲應 碧珍人 宜寧
李秉曾 丙辰 國夫 碧珍人 永川
金賊東 戊午 聖湖 瑞興人 玄風
徐暻鯀 戊寅 景瑞 大邱人 慶山
鄭德禧 辛卯 學汝 東萊人 東萊

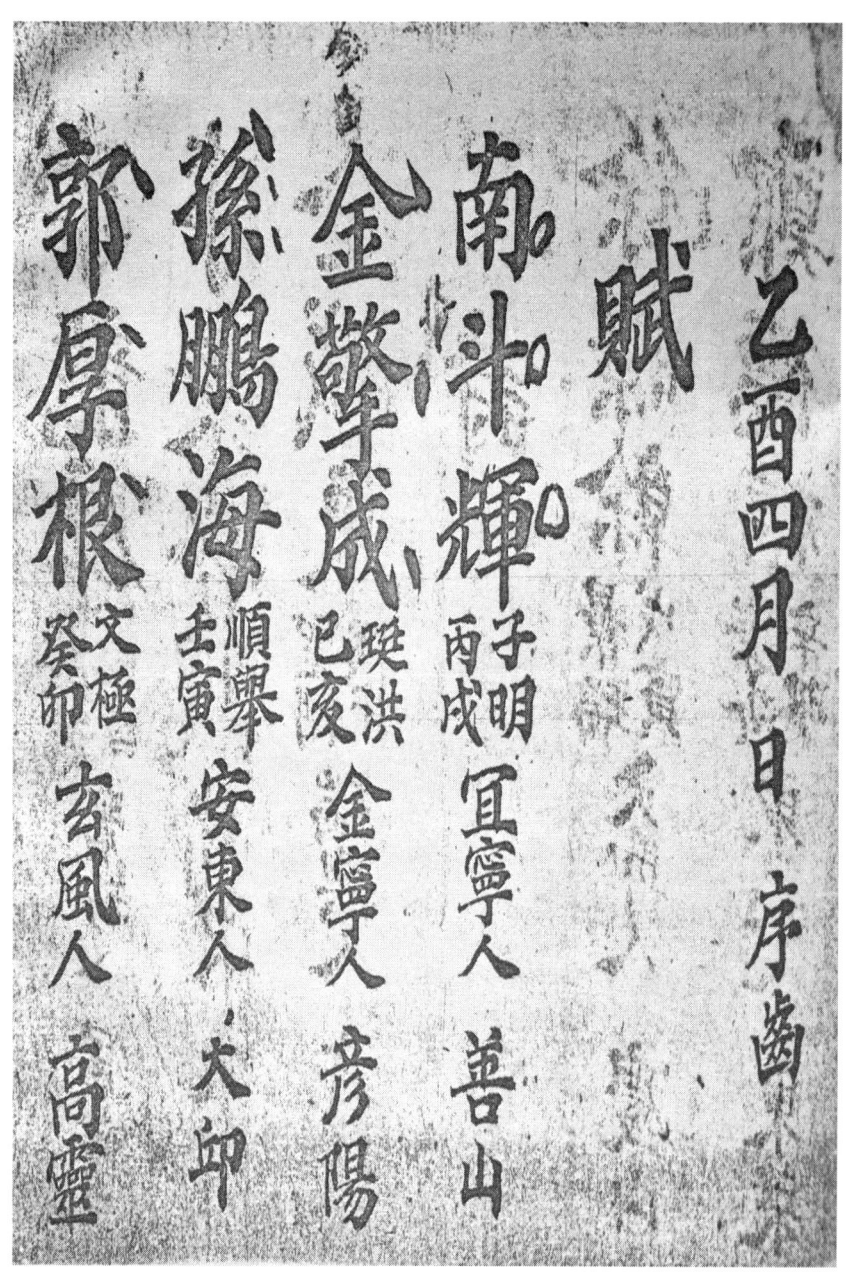

申泰曾 聖瞻 平山人 奉化
金斗河 而五 金海人 醴泉
黃在基 周八 昌原人 尚州
呂昌會 應天 星州人 星州
鄭鳳述 致賢 草溪人 慶山
田溶泰 聖希 潭陽人 宜寧
秋桂燁 士沃 秋溪人 大邱

乙酉正月日 仍居齋故不錄

芮大戢 聖集 義興人 清道
朴世明 舜文 密陽人 善山
趙寅夏 允萬 豊壤人 尙州
張龍矯 景三 仁同人 仁同
禹昌植 進叔 丹陽人 比安
李柄運 德七 仁川人 大邱
李柄洪 士範 仁川人 大邱
郭鍾健 可絢 玄風人 玄風
詩

金斗河 金海人 醴泉
黃在基 周八昌原人 尙州
呂昌會 應天星州人 星州
鄭鳳述 致題草溪人 慶山
田溶泰 聖希潭陽人 宜寧
秋桂燁 士沃秋溪人 大邱

甲申正月 日 仍居齋

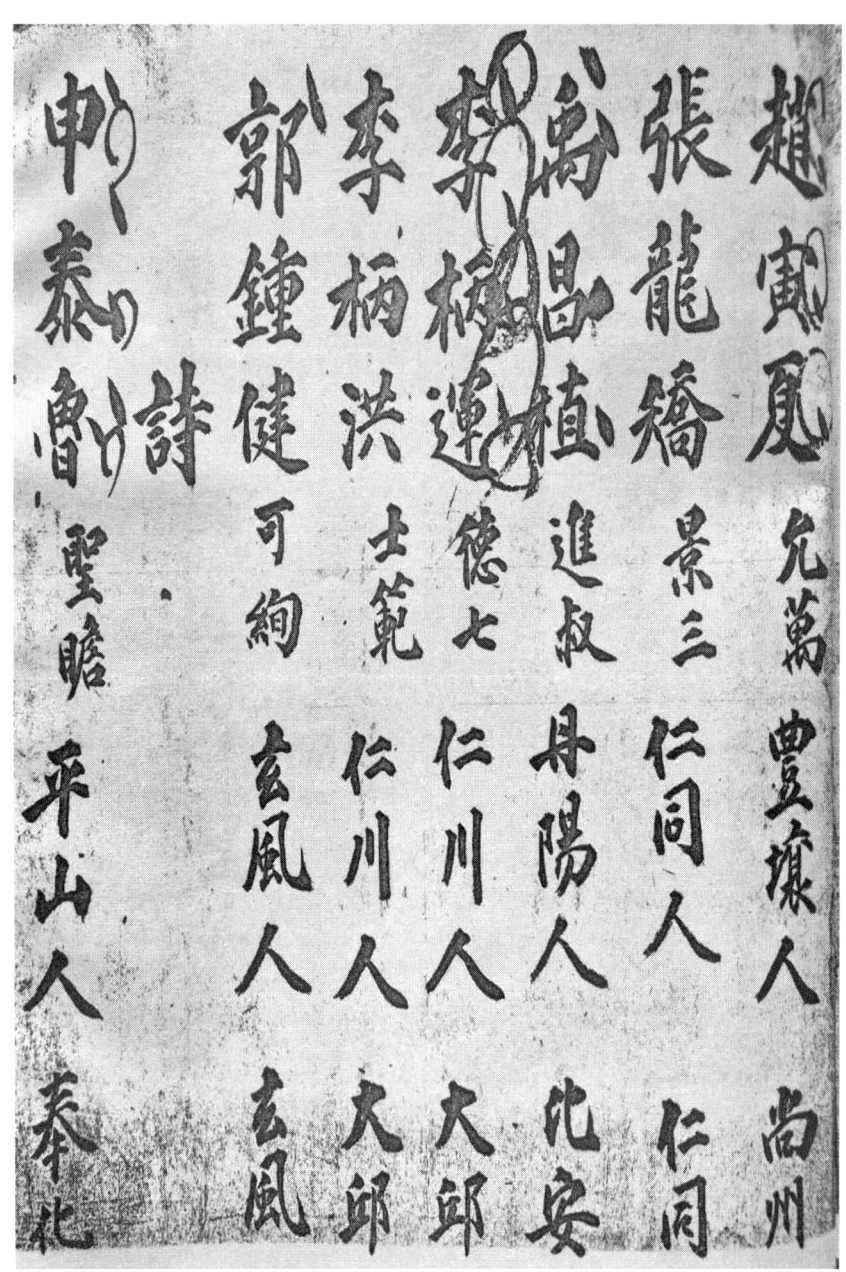

朴熏奎 章汝 密陽人 三嘉
許 壏 成輔 壬戌 金海人 善山
癸未五月日 榜目
兪大畿 聖集 義興人 清道
賦
朴世明 舜文 密陽人 善山

孔玹彪 甲申 汝曲 阜人 彦陽
劉柱昊 己丑 士猷 江陵人 安東
朴廷桂 壬辰 河源 密陽人 清道
李圭穆 丙午 慶州人 比安
文璟鍾 己酉 奇瑞 南平人 陝川
朴顯九 癸丑 明進 慶州人 義興

周時中 致庸 尚州人 茶原 丙午
趙龠秀 華彥 咸安人 山清 丙午
李璋祥 舜一 仁川人 大邱 甲寅
徐鑽華 仲蘊 大邱人 青松 庚申
崔正佑 純夫 完山人 三嘉 壬戌

詩

朴商奎 章汝 癸丑 密陽人 三嘉
許原 塽 成弼 壬戌 金海人 善山
申泰乙 星彦 己巳 寧海人 盈德
孫大巘 聖集 乙巳 義興人 清道
癸未正月 日 序齒 賦

孔玟彪 善汝 甲申 申阜人 彦陽
劉柱昊 士欽 己丑 江陵人 安東
朴廷桂 可源 壬辰 密陽人 淸道
李圭穆 壮和 丙午 慶州人 比安
文璟鍾 奇瑞 己酉 南平人 陜川
朴顯九 明進 癸丑 慶州人 義興

榮大職 乙巳 義興人 清道

周時中 丙午 致庸 尚州人 漆原

趙譱秀 丙午 和彦 咸安人 咸安

李埲祥 甲寅 舜一 仁川人 大邱

徐鑽華 庚申 仲蘊 大邱人 青松

詩

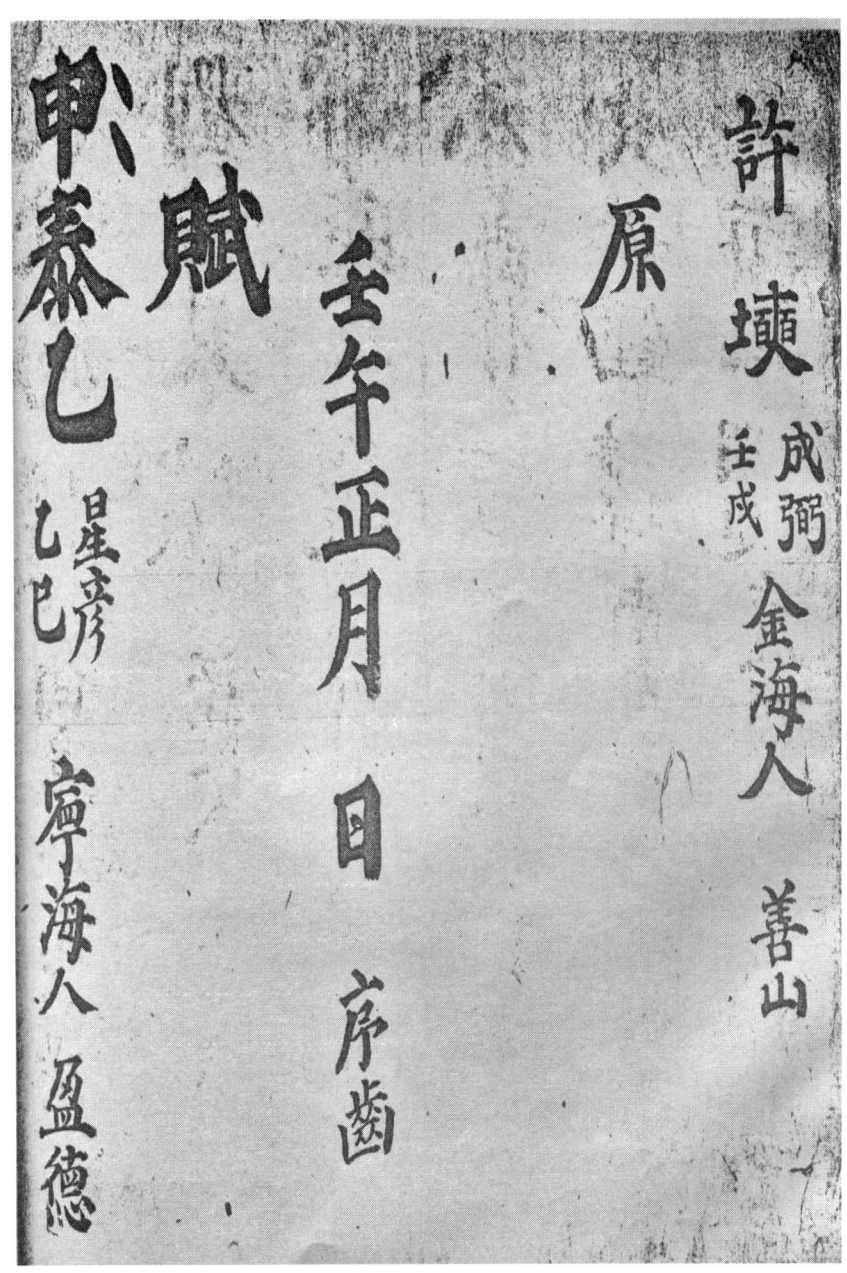

孔玟彪 善汝 甲申 曲阜人 彦陽

劉柱昊 士欽 乙丑 江陵人 安東

朴廷桂 可元 壬辰 密陽人 清道

李圭穆 士玉 丙午 慶州人 比安

文璟鍾 奇世 乙酉 南平人 陜川

朴顯九 明進 癸丑 慶州人 義興

金鎬相 宜叔 咸昌人 榮川
周時中 丙巳 致庸 丙午 尚州人 泰原
趙寅秀 華彦 丙午 咸安人 咸安
李瑃祥 甲寅 舜一 仁川人 大邱
徐鑽華 庚申 仲蘊 大邱人 青松

詩

秋普燁 士準 秋溪人 大邱 癸丑

原

辛巳五月日 選序齒

賦

申泰乙 乙巳 星彦 寧海人 盈德

尚大畿 乙巳 聖集 義興人 清道

詩

李中仁 真寶人 禮安
孔玖彪 甲申 善波 曲阜人 彥陽
河在一 庚子 致演 晉州人 咸陽
權心說 辛丑 子命 安東人 安東
李震詢 壬寅 孝能 咸安人 河東

李根萬 己亥 聖寶 金義人 宜寧
禹在東 辛丑 文黨 丹陽人 大邱
張錫義 辛丑 周伯 玉山人 仁同
洪憲愛 己酉 休萬 南陽人 軍威
朴海杓 庚戌 應斗 順天人 茶谷
權宜休 壬子 章汝 安東人 慶州

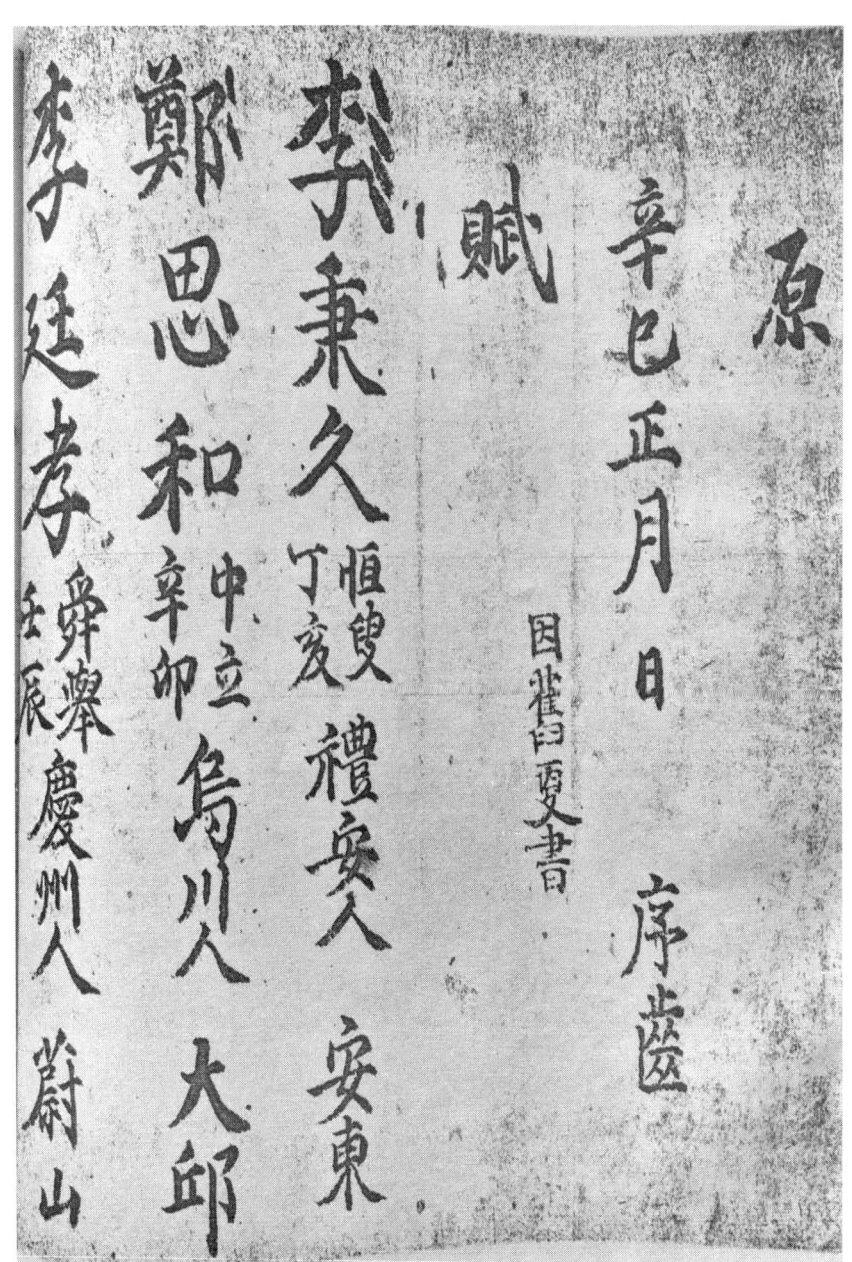

原

辛巳正月日 序齒

因崔白夏文書

賦

李秉久 恒叟 丁亥 禮安人 安東

鄭思和 中立 辛卯 烏川人 大邱

李廷孝 舜峯 壬辰 慶州人 蔚山

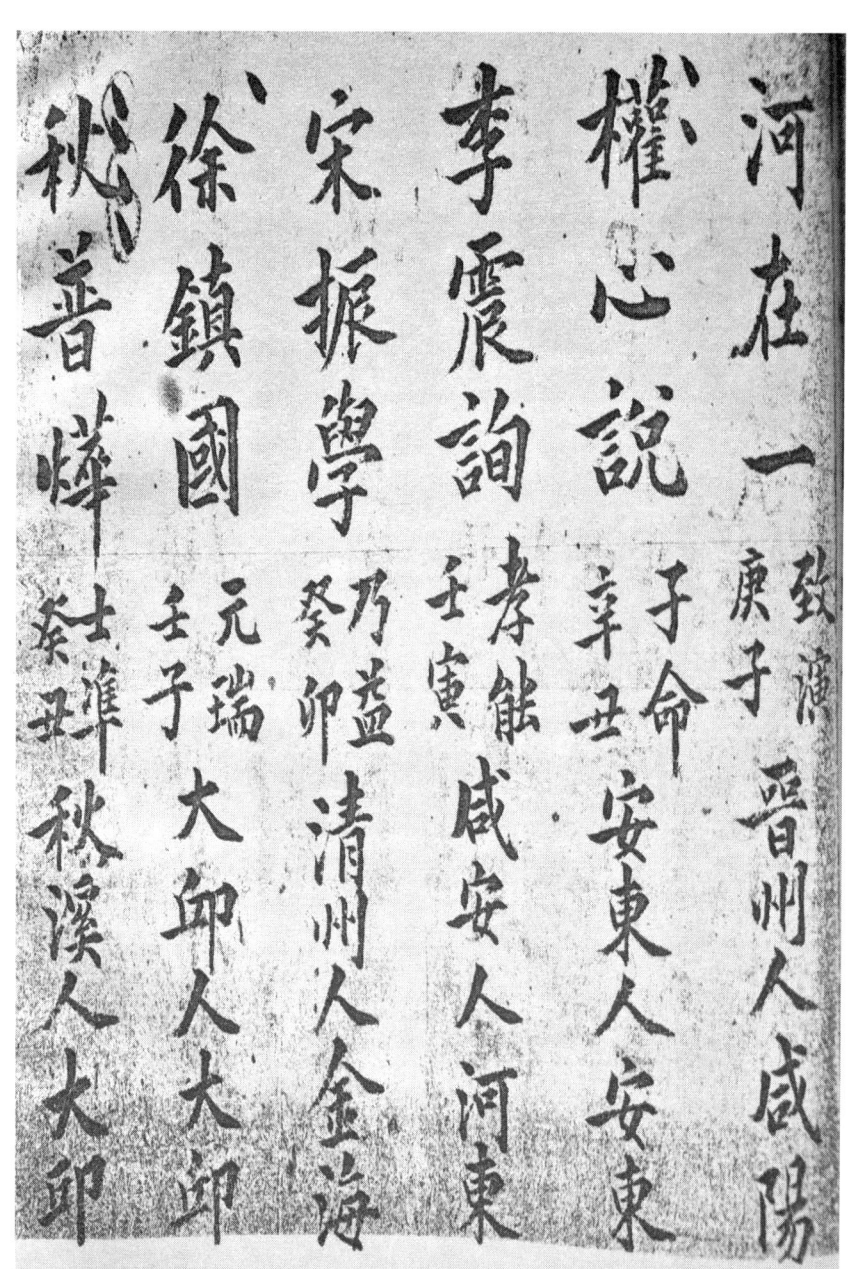

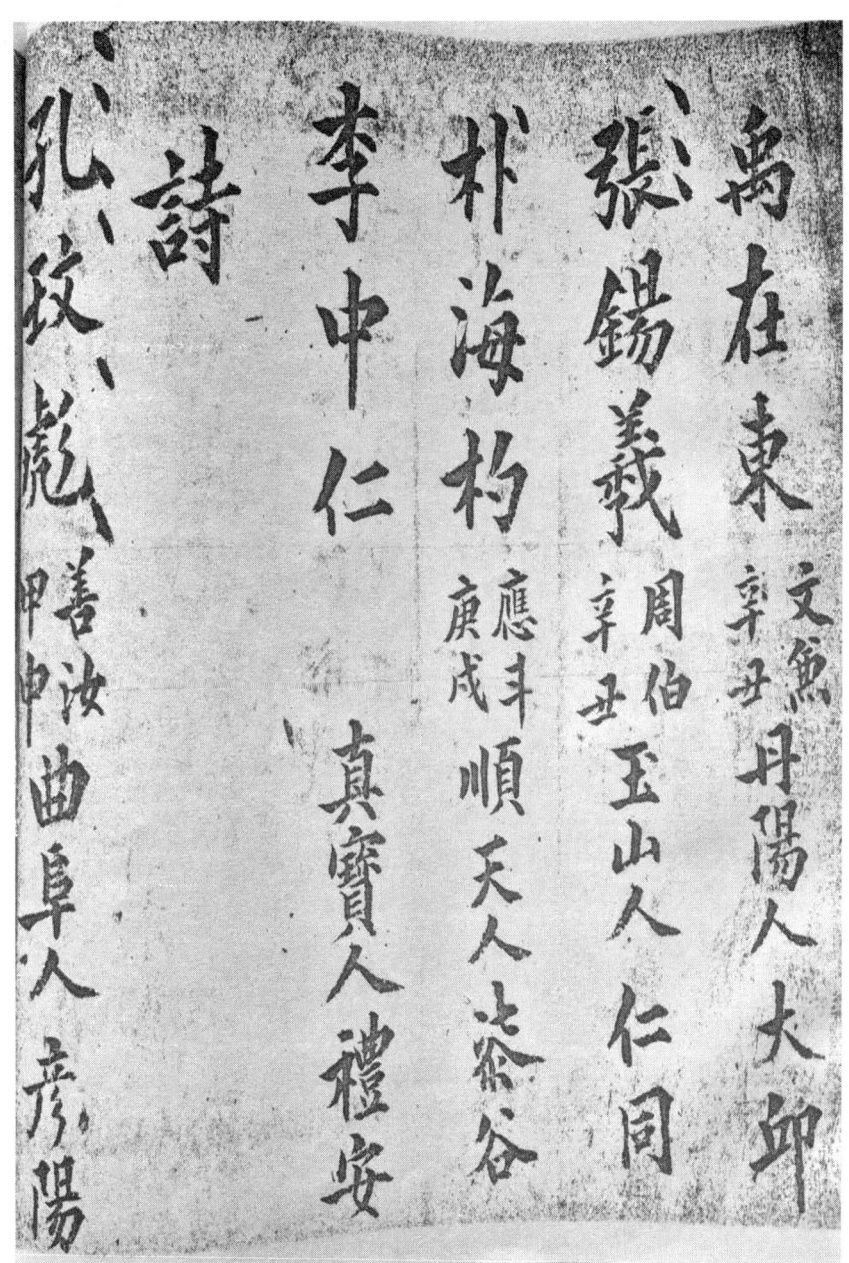

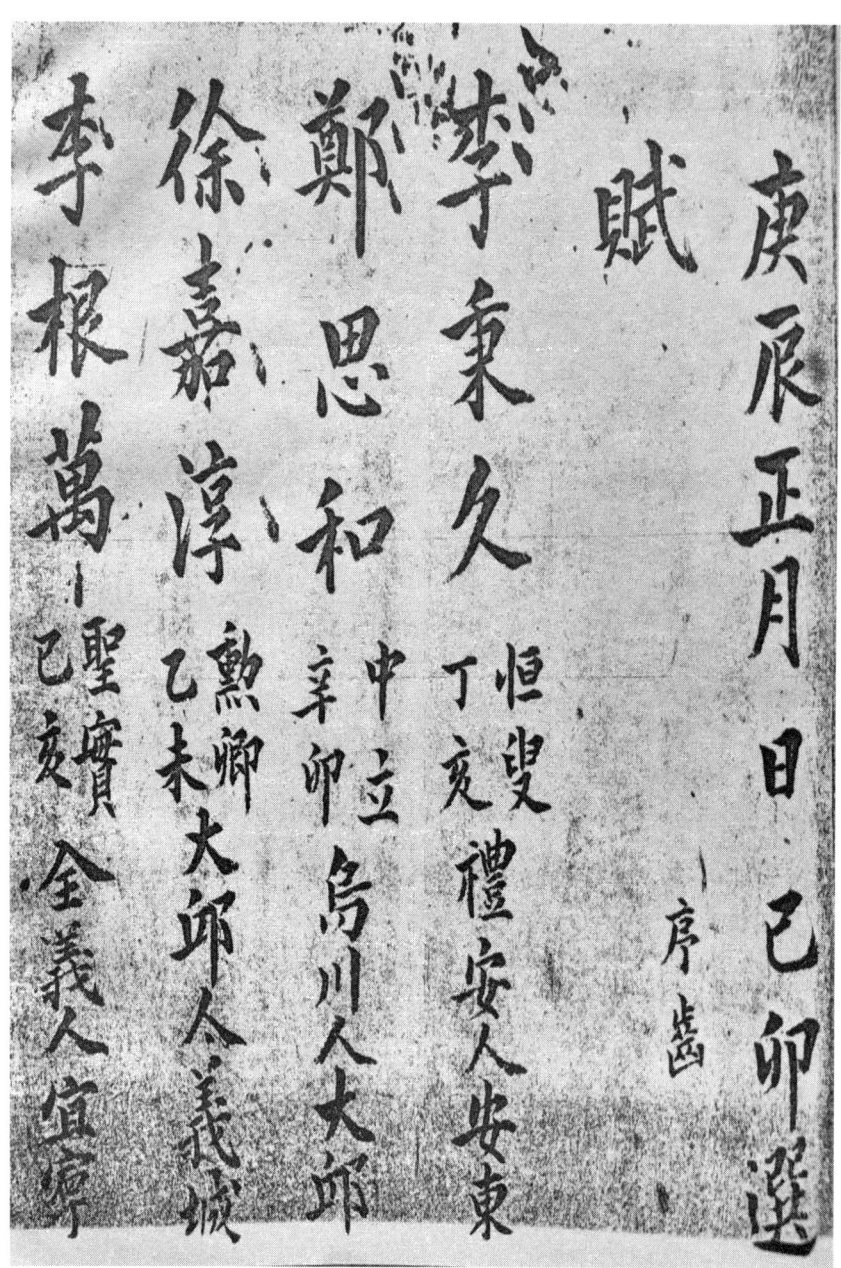

附錄 4 ≪ 낙육재『재록齋錄』영인본 ≫ 313

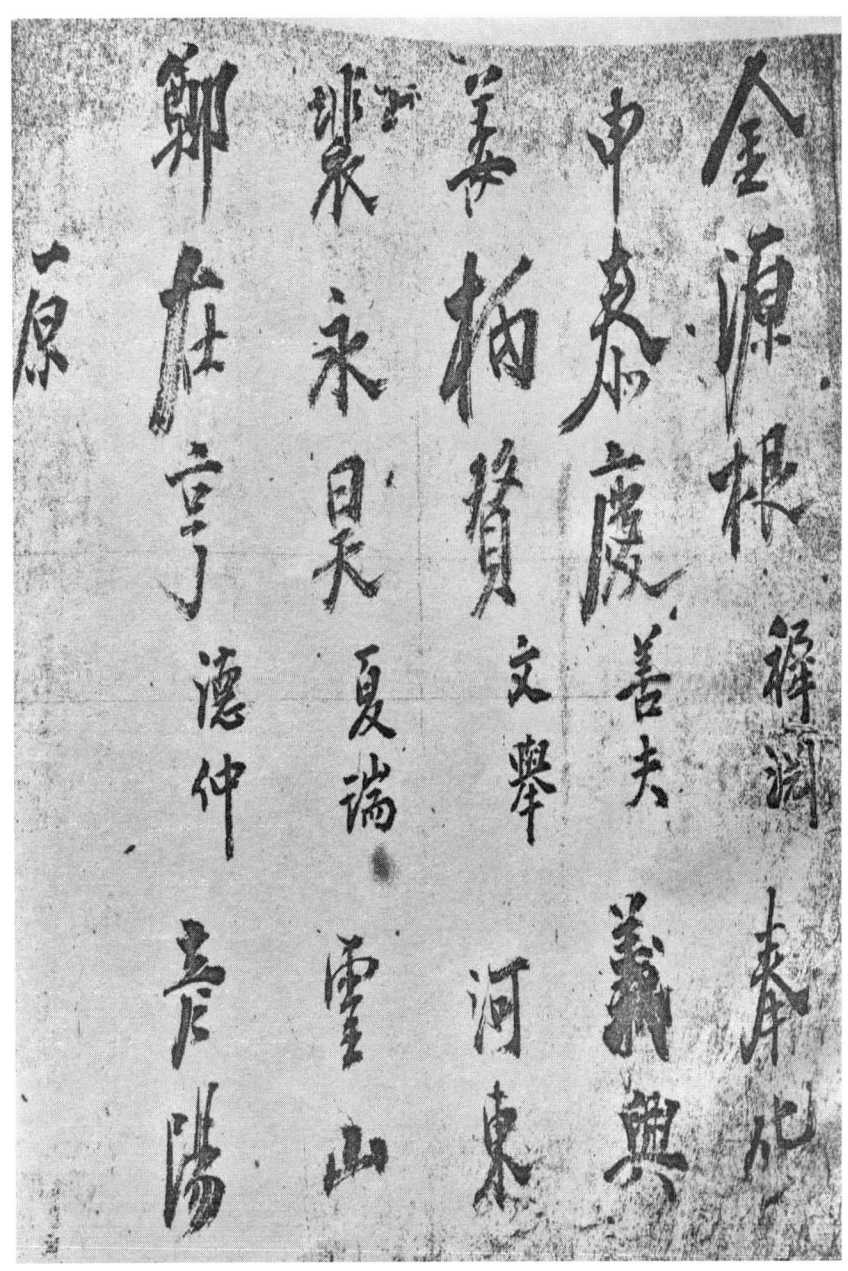

≺ 20 ≻

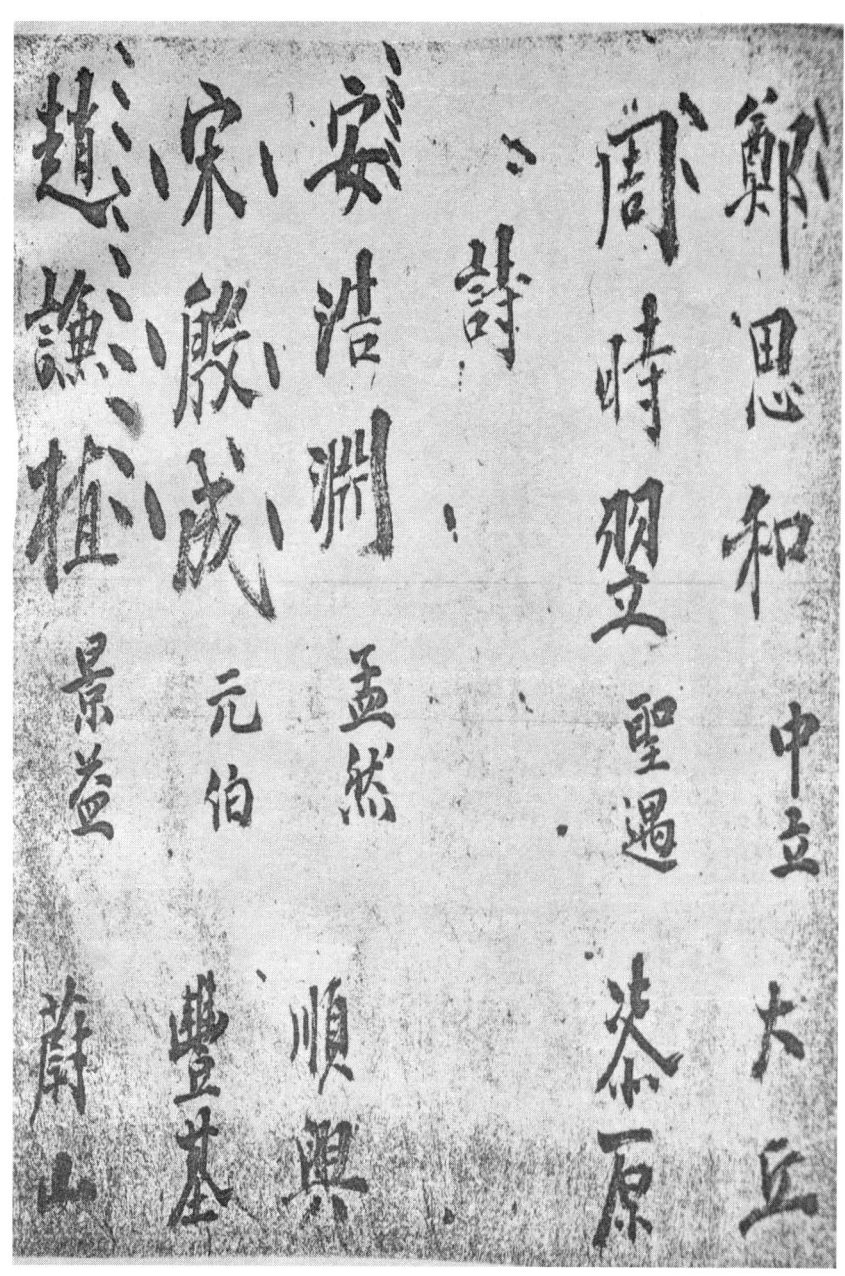

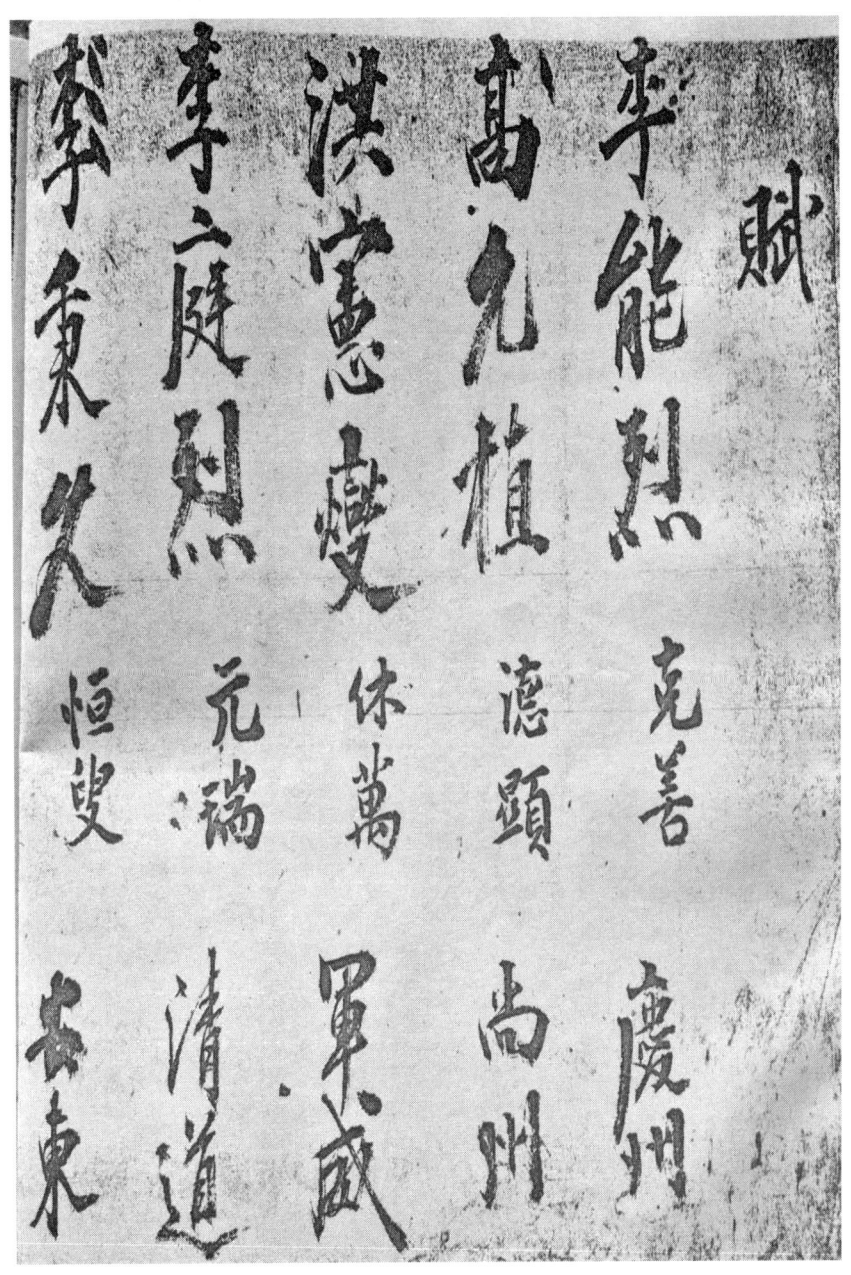

金翰奎 翼汝 辛亥 宣城人 順興
尹泰龍 應雲 壬子 坡平人 星州
蔡賢基 德綬 乙卯 仁川人 大邱
金容善 士極 乙卯 金海人 清道
原

戊寅十一月　日

朴台陽 丁未 三潘南人 醴泉
許杓 丁未 極夫 河陽人 河陽
盧秀源 己酉 仁可 光州人 昌寧
郭民鎬 庚戌 敬誡 玄風人 慶州
李敬容 庚戌 士彌 星州人 黍谷
李基升 辛亥 德造 碧珍人 永川

丁丑三月日 序齒

楊憲萬 甲申 元諡 中和人 大邱

金敬淵 庚寅 景若 延安人 昌原

尹德逵 丙烈 辛丑 坡平人 陝川

金基孝 忠兼 癸卯 商山人 尚州

徐鎭洪 範五 丙午 達城人 大邱

朴進默 汝晉 甲午 咸陽人 義興
李載岳 重汝 甲午 德山人 添谷
曹坰振 丁酉 慶九 昌寧人 金海
權啓和 繼賢 成成 安東人 安東
孫鵬海 順擧 壬寅 安東人 大丘
權道淵 學緒 丙午 安東人 醴泉
原

丙子正月日 序齒

朴相玉 英仲 丙寅 蔚山人 蔚山

金輝溫 景玉 戊辰 宣城人 順興

南熹熙 士膺 癸未 宜寧人 宜寧

朴永煥 而恆 丁亥 密陽人 鎮海

朴文性 公瑞 癸巳 春川人 慶州

權啓和 繼賢 戊戌 安東人 安東
金輝轍 應由 壬寅 宜城人 榮川

原

賦 盍達太子所以尊

詩 如大冬嚴雪松栢獨秀 宗廟

表 漢羣臣賀樂人作四重歌以餮太子之德

策問師道 面試

講九經

朴永煥 丁亥 密陽人 鎮海
趙泳 庚寅 益源 咸安人 咸安
趙譿植 癸巳 景益 咸安人 蔚山
朴進黙 甲午 汝晉 咸陽人 義興
李載岳 甲午 重汝 德山人 茶谷
曺坰振 丁酉 慶九 昌寧人 金海

權道淵 丙午 學緒 安東人 醴泉
卞相璐 戊申 路玉 草溪人 比安
夏錫圭 丁丑 致成 大邱人 大邱
南德熙 癸未 士膺 宜寧人 宜寧
安浩淵 丁亥 孟然 順興人 順興

金輝溫 景玉 戊辰 宣城人 順興

李尚斗 象七 甲申 驪州人 龍宮

朴文性 公瑞 癸巳 春川人 慶州

李圭一 極元 庚子 月城人 慶州

尹仁錫 元叔 壬寅 坡平人 慶州

孫鵬海 順擧 壬寅 安東人 大邱

金近性 聖彌 清風人 咸昌
金誠鍊 君典 丁亥 光州人 機張追
原
乙亥正月 日 序齒
賦
朴相玉 英仲 丙寅 蔚山人 蔚山

尹仁錫 元叔 壬寅 坡平人 蔚山
黃萬祚 孟綏 壬寅 長水人 河陽
朴奎晉 瑞長 癸卯 順天人 丹城
張仁燦 聖宅 甲辰 玉山人 仁同
金在瓘 舜五 乙巳 善山人 軍威
卞芝錫 聖九 丁未 密陽人 居昌

黃基萬 丁亥 致疆 昌人 豐基
閔致魯 乃 乙未 驪興人 山淸 義城
朴珪銓 廷玉 丙申 愼天人 慶州 義城
李圭一 極元 庚子 月城人 慶州 義城
尹彬 戊伯 戊戌 坡平人 大邱
鄭彙永 怔可 辛丑 淸州人 慶山
李進基 海卿 辛丑 延安人 義城

張仁燦 聖宅 甲辰生 山人 仁同
金在璿 舜五 乙巳 善山人 軍威
卞芝錫 聖九 丁未 密陽人 居昌
李鉉旼 佳生 戊申 延安人 知禮
金近性 聖弼 庚戌 清風人 咸昌
甲戌正月 日 仍存

尹彬 文伯 戊戌 坡平人 大邱
李圭一 極元 庚子 月城人 慶州
李進基 辛丑 延安人 義城
鄭彙永 卿卿 辛丑 海州人 慶山
尹仁錫 性可 辛丑 清州人 蔚山
 元叔 壬寅 坡平人
黃萬祚 孟綏 壬寅 長水人 河陽
朴奎晉 瑞長 癸卯 順天人 丹城

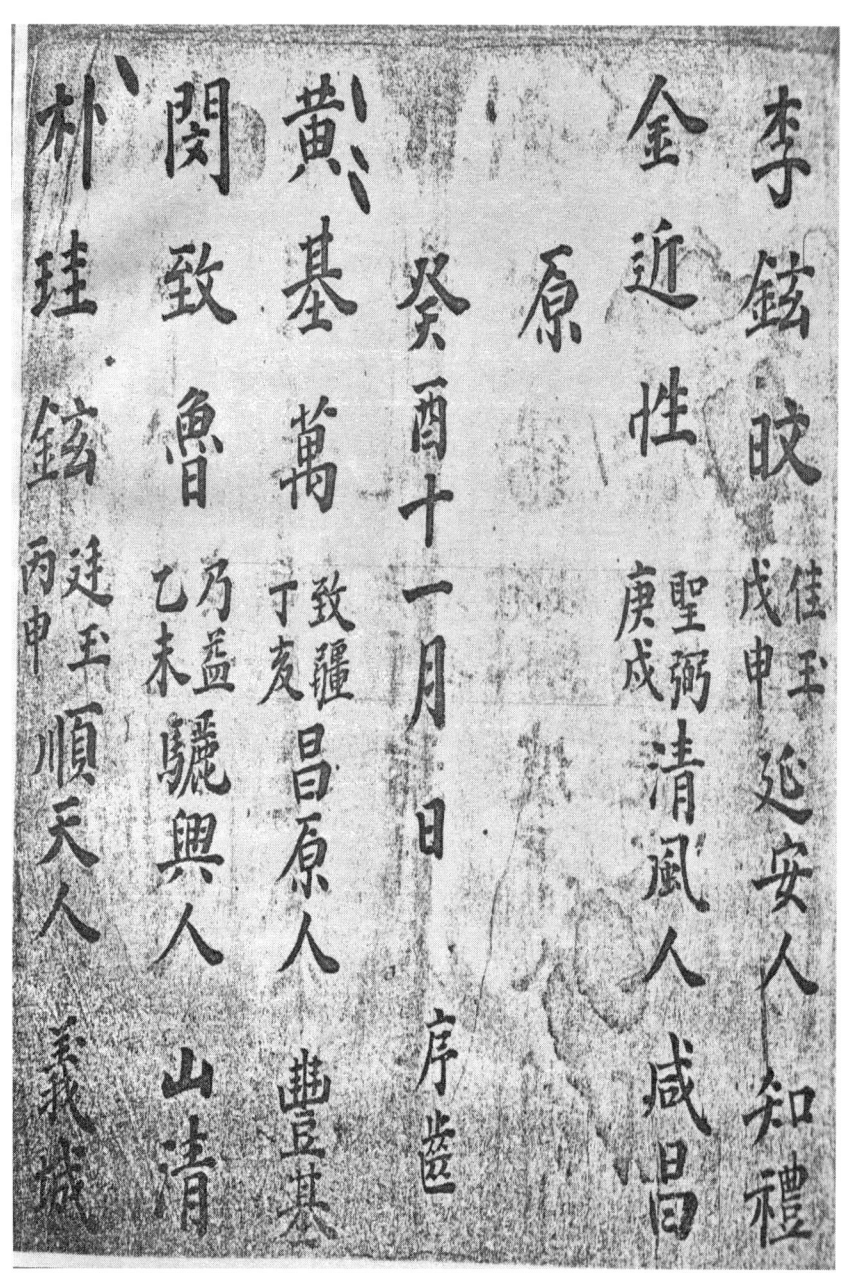

鄭彙永 辛丑 性可 淸州人 慶山
尹仁錫 壬寅 元叔 坡平人 蔚山
黃萬祚 壬寅 孟綏 長水人 河陽
朴奎晋 癸卯 瑞長 順天人 丹城
張仁燦 甲辰 聖宅 玉山人 仁同
金在瑢 乙巳 舜五 善山人 軍威
卞芝錫 ？？ 聖九 密陽人 居昌

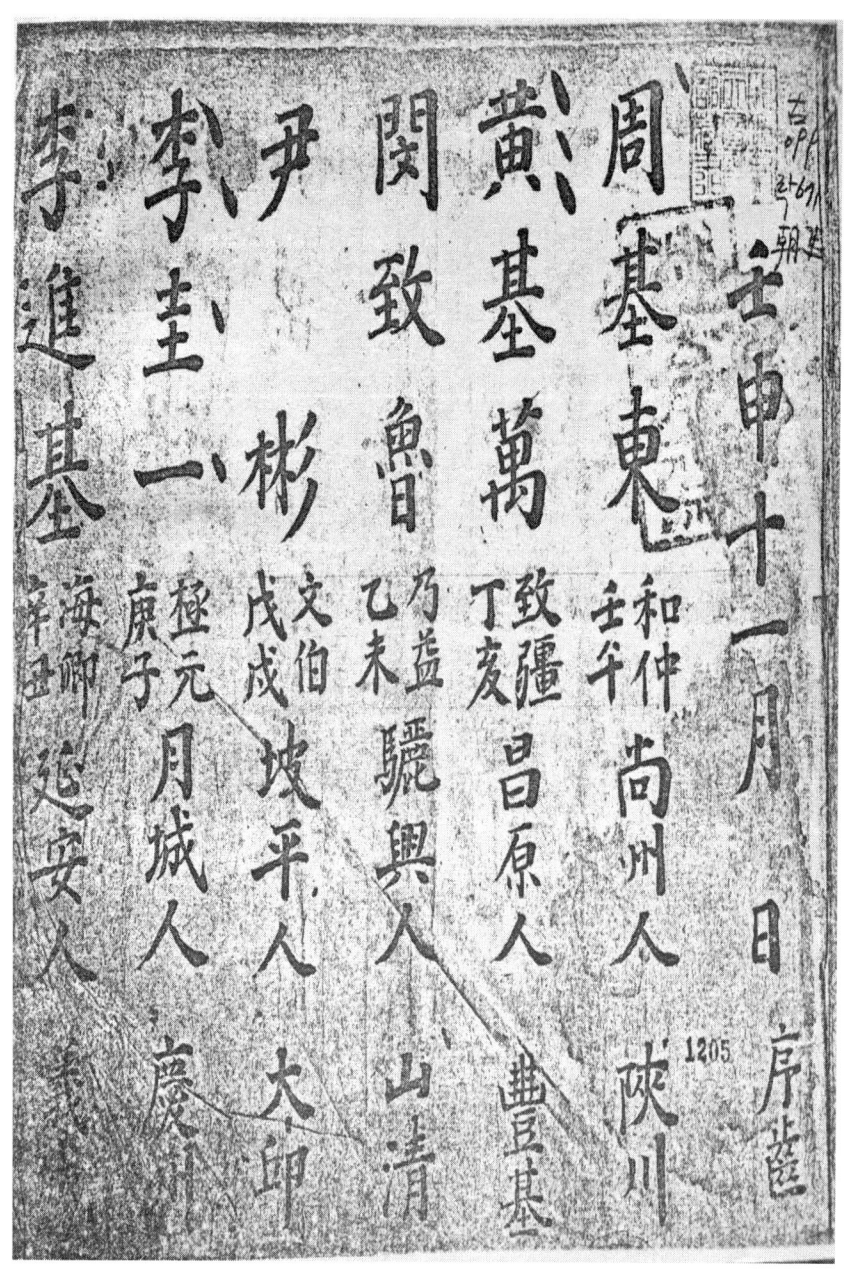

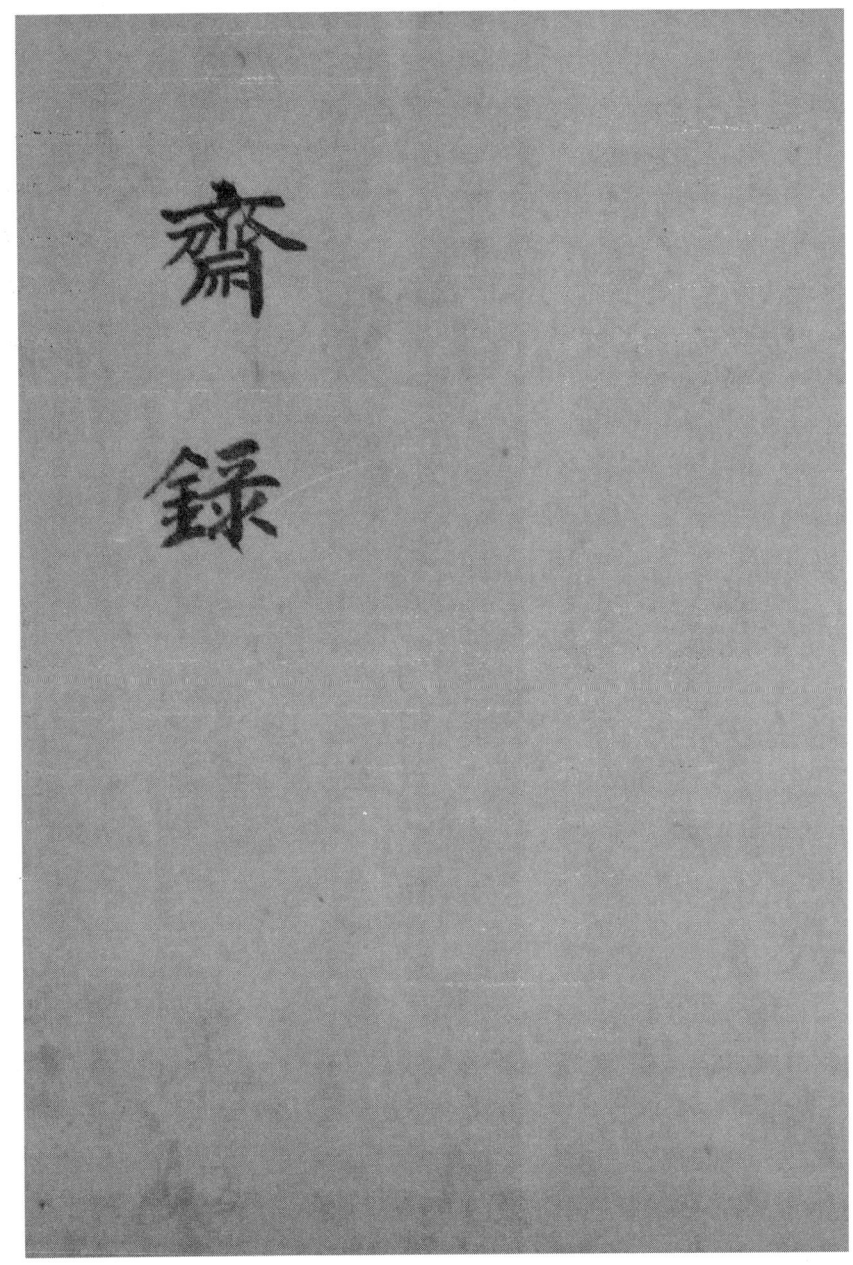

낙육재 『재록齋錄』 영인본

　이 자료는 대구광역시립중앙도서관 소장본인데, 필자가 1978년에 복사해 둔 것을 영인한 것이다. 그런데 자료를 복사한 이후 대구광역시립중앙도서관에 소장되어 있던 원본이 행방불명되었으므로 현재 이 도서관에는 필자 소장 복사본을 다시 베껴서 소장하고 있다. 따라서 이 자료는 원본으로서의 가치가 있다.